AF497673

Reisen und Reiserouten
durch Griechenland.

Von

Dr. LUDWIG ROSS

ehemaligem Oberconservator der Alterthümer, ord. Professor der Archäologie an der Kgl.
Otto's-Universität in Athen, corresp. Mitgliede der Kgl. Akademien der Wissenschaften
in Berlin und München, und des Instit. für archäol. Correspondenz in Rom, ord. Mitgliede
der Griech. Gesellschaft in Leipzig u. s. w.

Erster Theil:

Reisen im Peloponnes.

Mit zwei Karten und mehren Holzschnitten und Inschriften.

Berlin.
Bei G. Reimer.
1841.

Akademische Buchdruckerei.

Reisen im Peloponnes.

Von

Dr. LUDWIG ROSS.

Erster Theil:

Der ager Dentheliates, Phliasia, Sikyonia, Arkadien, Theile
von Argolis, Thyreatis, Theile von Lakonika.

Mit zwei Karten und mehren Holzschnitten und Inschriften.

Berlin.
Bei G. Reimer.
1841.

Akademische Buchdruckerei.

Oct. 12, 1847
Providence R.I.

Herrn Professor E. Gerhard

Archäologen des Kgl. Preufsischen Museums in Berlin.

Mein verehrter Freund und College.

Indem ich diesem Bande vermischter Abhandlungen und Reiseskizzen zur Kunde der Topographie des Peloponnes als ein Zeichen meiner Hochachtung für Sie und zum Andenken aufrichtiger Freundschaft Ihren Namen vorsetze, fühle ich mich dadurch zugleich aufgefordert, Ihnen über Entstehung und Zweck derselben Rechenschaft zu geben.

Die Zeit, wo ich durch meine amtliche Stellung als Unterconservator zunächst auf den Peloponnes hingewiesen, und durch meinen Aufenthalt in Nauplia, wie durch wiederholte Reisen in das Innere des Landes, recht eigentlich heimisch war in der schönen Halbinsel des Pelops, liegt nun bereits seit sechs Jahren hinter mir. Unter den damaligen Verhältnissen konnte ich nicht anders als erwarten, dafs ich noch Jahre lang in jener mir so lieben und werthen Stellung verbleiben würde; ich betrachtete daher meine in den Jahren 1833 und 1834 unternommenen Ausflüge durch Argolis, Arkadien und Lakonika nur als einen Anfang der Vorstudien für meine amtliche Wirksamkeit, bei denen ich vorzüglich den Gesichtspunct ins Auge zu fassen hätte, an welchen Orten zunächst mit glücklichem Erfolge Ausgrabungen anzustellen seyn möchten. Aus diesem Grunde suchte ich am liebsten die minder bekannten Ruinen, und die von der Hauptstrafse entlegenen Heiligthümer auf. Während des Sommers 1834 bearbeitete ich in Nauplia — Sie ahnen nicht, mit wie eingeschränkten Hülfsmitteln — das erste Heft meiner Inscr. Gr. Ineditae, und beabsichtigte dann im Spätsommer und Herbst die erste vorläufige Periegese des Peloponnes durch das nördliche Arkadien und Achaja, durch Elis und Messenien abzuschliefsen, um während des Winters mit Hülfe reicherer Geldbewilligungen, wozu die hohe Regentschaft dem Conservatorium Hoffnung gemacht hatte, in Sparta, Tegea und anderen Orten umfassendere Ausgrabungen zu unternehmen. Nach solchen Planen reiste und arbeitete ich damals.

Aber unerwartet wurde ich schon im August 1834 aus dem Peloponnes nach Athen versetzt, um bei der Regulierung des neuen Stadtplans und den Vorbereitungen zur Übersiedelung der Residenz von Nauplia nach Athen mitzuwirken; und nachdem ich im September und October die Ehre gehabt, S. M. den König auf einer Reise durch Nordgriechenland zu begleiten, blieb ich als Oberconservator der Alterthümer in Athen. Die neue amtliche Stellung, und vor Al-

lem die damals begonnenen und während des ersten
Jahres mit grofsem Eifer betriebenen Ausgrabungen
auf der Akropolis konnten nicht umhin, meine Aufmerksamkeit gänzlich vom Peloponnes abzuziehen;
die mit Vorliebe begonnenen Untersuchungen, namentlich über Sparta und die Umgegend, blieben un-
vollendet liegen, und nur von Zeit zu Zeit sah ich
meine Tagebücher wieder an, um einzelne Mittheilungen daraus zu machen. Gesundheitsrücksichten,
auch die Erwägung des nähern Zusammenhangs der
Inseln mit Athen, führte mich wiederholt ins Aegä-
ische Meer; kaum dafs ich im Februar 1836, im Gefolge S. M. des Königs von Baiern, Argolis wieder
auf einige Tage betrat. Sie erinnern sich selbst, wie
im Frühling 1837, als ich mit Ihnen nach Aegina über-
geschifft war, und Sie vielleicht bis in die Halbinsel
begleitet hätte, eine kleine Widerwärtigkeit uns zur
Rückkehr nach Athen nöthigte. So blieb mir der Peloponnes fünf Jahre lang wieder fremd: um so mehr,
als die Vertauschung des Oberconservatoriums mit
einem Lehramte an der Universität fortan die Gelegenheit zum Reisen beschränkte, oder doch die Reisen nicht mehr zu dem Kreise meiner Amtspflichten
gehörten.

Erst im September 1839 machte ich wieder, mit
Herrn von St. Marc-Girardin, einen Ausflug über Epi-
dauros und Argos nach Mykenä, und trennte mich am
Treton von ihm, um über Phlius und Sikyon nach
Stymphalos und Pheneos zu gehen. Mein früheres
Interesse für den Peloponnes wurde dadurch neu be-

lebt, und leicht entschlofs ich mich, in den Osterfe-
rien dieses Jahres mit Herrn Hofrath Göttling aus
Jena, dem ich bei dieser Gelegenheit einen herzlichen
Grufs senden möchte, eine Reise über Argos und Tegea nach Sparta, und über Thyrea, Astros, Hermione
und Kalauria zurück zu machen. Kaum nach Athen
zurückgekehrt, wurde ich angesagt, II. MM. den König und die Königin im Mai und Juni auf einer Rund-
reise durch den Peloponnes zu begleiten, welche fast
die ganze Halbinsel, namentlich Korinthia, Sikyonia,
das nördliche und südliche Arkadien, Elis, Messenien
und Argolis umfafste.

Auf diesen Reisen der letzten zwei Jahre sah ich
manche Puncte, die ich früher noch nicht berührt
hatte. Auch wurde ich dadurch zur Wiedervornahme
meiner alten Tagebücher veranlafst, und fand, dafs
auch in meinen früheren, wenn gleich damals mit bestimmter Aussicht auf öftere Revision und allmälige
Vervollständigung aufgezeichneten Bemerkungen Manches enthalten war, dessen Mittheilung noch jetzt dem
Studium der Topographie der Halbinsel und ihrer
Monumente förderlich seyn konnte. Überdies war
ich von Ihnen und andern Freunden öfter aufgefordert worden, über meine damaligen, obschon wenig
ausgedehnten Ausgrabungen in Tegea, Sparta und Megalopolis Bericht zu erstatten. Auf der andern Seite
schien mir die Form einer zusammenhängenden Reisebeschreibung, die aufser dem in topographischer
und archäologischer Beziehung Berücksichtigungswer-
then auch die Erlebnisse des Tages und Bemerkungen

über die heutigen Zustände und Sitten umfafst hätte,
für die zu machenden Mittheilungen wenig geeignet;
zumal nachdem die Länge der Zeit die Frische der ersten Eindrücke bei mir verwischt hatte, und ich mir
sagen mufste, dafs ich in diesem Lande bereits zu alt
geworden sey, um dasjenige, was für den Fremden
Interesse haben mag, von dem mir schon alltäglich
Gewordenen unterscheiden zu können. Daher zog
ich es vor, das Gewand der Reisebeschreibung nur für
einzelne bereits früher in solcher Form abgefafste Abschnitte beizubehalten, und übrigens eklektisch in einzelnen Abhandlungen, oder in kürzeren, kleinere Gebiete und Wegestrecken umfassenden Reiserouten, den
gesammelten Stoff niederzulegen. Hierbei schien es
mir auch passend, einige in den Schriften des Instituts
für archäologische Correspondenz in französischer
Sprache erschienene Aufsätze, wegen ihrer geringen
Verbreitung in Deutschland, übersetzt und umgearbeitet wieder mit aufzunehmen.

So ist denn, mein verehrter Freund, dieses erste
Bändchen von Beiträgen zur Topographie des Peloponnes, wie ich es eigentlich hätte nennen sollen, in
den Sommerferien dieses Jahres erwachsen, welches
vorzüglich Arkadien, aber auch gröfsere Theile von
Argolis nebst der Phliasia und Sikyonia, von
Messenien und Lakonika umfafst, während es an
den Gränzen von Elis nur im Vorbeigehen hinstreift.
Die grofse Karte des Peloponnes, von den Officieren
des Französischen Generalstabes, in sechs Blättern
nebst einem Supplementblatte, wird dabei in den Hän-

den des Lesers vorausgesetzt, oder doch andere neu-
ere, auf den Grundlagen jener Messungen entworfene
Karten, wie die von H. Kiepert, Berlin 1838. Unter
den neueren Reisebeschreibern habe ich fast nur auf
Leake, und auch auf ihn nur spärlich Rücksicht genommen, um jeder Polemik auszuweichen, der man
sonst so leicht anheimfällt. Auch habe ich mich in
meinen Mittheilungen der Kürze befleifsigt, und Wie-
derholungen bekannter Dinge, so wie lange Citate aus
dem Pausanias, möglichst zu vermeiden gesucht. Ich
setze Leser voraus, welche den alten Periegeten zur
Hand haben, und mit seiner Art und Weise vertraut
sind. Die Beigabe zweier Kärtchen vom Denthelia-
tischen Gebiet und von der Umgegend von Sellasia, so
wie einiger flüchtig mit der Feder in den Text hinein-
gezeichneten Skizzen, zur Verdeutlichung einzelner
Abschnitte, war unvermeidlich, und wird hoffentlich
nicht unwillkommen seyn. Von Inschriften habe ich
nur wenige unedirte aufgenommen, die zu den bespro-
chenen topographischen und archäologischen Fragen
in Beziehung standen.

Wenn die hier gegebenen Mittheilungen bei Ihnen und in einem weiteren Kreise eine freundliche
Aufnahme finden, und ihre Form nicht ungeeignet erscheint, werde ich bald einen zweiten Theil folgen
lassen, der Aufsätze zur Topographie von Korinthia,
Argolis und vorzüglich Lakonika umfassen wird.
Daran wird sich ein dritter und vielleicht ein vierter
Theil über das Griechische Festland anreihen;
mit Ausnahme Attikas, welches ich besonders zu be-

handeln gedenke. Immer aber werde ich bei der Topographie Griechenlands nicht blofs den historischen,
sondern ganz besonders den archäologischen Stand-
punct festzuhalten suchen: hoffend, dafs wir Beide
noch die Zeit erleben, wo das Griechische Antiquitä-
tengesetz, nach dem Vorgange der Italiänischen Regie-
rungen, die hier eine dreihundertjährige Erfahrung für
sich haben, auf billigere, das Privateigenthum mehr
achtende Grundsätze zurückgeführt, und dadurch im
Interesse der Geschichte, der Kunst und der Archäologie den Ausgrabungen gröfsere Freiheit gegönnt werden wird. Ich fühle mich um so mehr gedrungen,
diese Hoffnung und diesen Wunsch unumwunden aus-
zusprechen, als ich selbst früher mehr oder weniger
in der Ansicht befangen gewesen bin, dafs alle Ausgrabungen der Regierung allein, oder doch ihrer unmittelbaren bevormundenden Aufsicht vorbehalten werden müfsten; allein meine Erfahrung im Amte und
noch mehr das unbefangene Zusehen aufser dem Amte
hat mir im Laufe von sechs Jahren die Überzeugung
gegeben, dafs das Gesetz in seiner jetzigen Fassung
unausführbar, und in seinen Wirkungen für den Staat,
wie für die Kunst und Wissenschaft nachtheilig ist.
Unausführbar: denn Ausgrabungen sind nur verboten,
wenn sie sich als solche ankündigen; wer aber auf seinem Grunde und Boden eine Ausgrabung unternimmt,
um einen Brunnen, einen Keller, einen Weinberg an-
zulegen, kann nicht behindert werden. Nachtheilig:
denn die Bestimmung des Gesetzes, dafs der Staat an
allen auch auf Privatgründen gefundenen Antiquitäten

das Miteigenthum zur Hälfte hat — eine Bestimmung,
deren wohlthätige Absicht, die antiken Überreste unter sichern Schutz zu stellen, nicht zu verkennen ist —
hat in der Ausführung nur die Wirkung, dafs die meisten zufällig oder absichtlich gefundenen Alterthümer
der Regierung und ihren Beamten sorgfältigst verborgen gehalten, und von den Besitzern entweder, um
sich keinen Weiterungen auszusetzen, zwecklos zerstört, oder heimlich zur Ausfuhr ins Ausland verkauft
werden. Wenn dann auch die Gensdarmerie im Piräeus
einmal einige Grabstelen oder einen bocksbeinigen Pan
erwischt, der im Begriff stand sich nach England über-
zuschiffen, oder wenn auf Thera ein Basrelief aus der
Flagge des Holländischen Consuls herausgezogen wird,
die sein Knecht, zur Verwunderung der Zollbeamten,
zusammengewickelt unter dem Arm keuchend ihm
nachtrug, so kommen doch solche vereinzelte Erfolge
gegen den angerichteten Nachtheil kaum in Betracht.
Die Ausfuhr von Gegenständen geringeren Gewichts
und Umfangs, wie von Vasen, geschnittenen Steinen,
kleinen Bronzen, Münzen und goldenen Schmucksa-
chen, kann einmal durch die strengste Zollordnung
und die wachsamste Gensdarmerie nicht verhindert
werden. Beweis dafür, dafs von den auf Melos und
Aegina gefundenen Vasen und goldenen Schmuckge-
genständen gewifs zwanzigmal mehr in Französischen
und Englischen Sammlungen, als in Griechischen ist.
Und dafs in einem Lande, welches ringsum Küsten
und Häfen hat, und wo fremde Kriegs- und Handels-
schiffe überall anlegen, die heimliche Einschiffung

auch schwererer Gegenstände nicht immer verhindert
werden kann, läfst sich in thesi nicht bezweifeln. Beweis dafür eben jene einzelnen Beschlagnahmen. Solche heimlich ausgeführte Antiquitäten sind aber nicht
allein für den Staat, sondern zum guten Theile auch
für die Wissenschaft verloren; denn wenn sie auch
in den Europäischen Sammlungen wieder auftauchen
mögen, bleiben doch ihre Herkunft und die Umstände
ihrer Findung meistens unbekannt, und die Wissenschaft kann aus ihren localen Beziehungen auf den Boden, von welchem sie stammen, und auf die Monumente, denen sie ursprünglich angehörten, keine weiteren Folgerungen und keinen Gewinn ziehen.

Nach solchen Erfahrungen, die nicht in Abrede
gestellt werden können, hoffe ich von der Zeit ein re-
vidirtes Gesetz, welches an seiner Spitze eine Unterscheidung der Antiquitäten aufstellen würde in solche,
die als geschichtliche und nationale Denkmäler anzusehen sind, und in solche, die den Privat-
beziehungen und häuslichen Zuständen des
Lebens der Alten anheimfallen. Unter jenen ver-
stehe ich Ruinen von Städten, Tempeln, Theatern,
ansehnlichen Grabmälern und andern Gebäuden von
öffentlichem und monumentalem Charakter; Tempel-
bilder im weitesten Sinne und andere Sculpturen von
geschichtlicher Beziehung oder vorzüglichem Kunst-
werthe. Alle Denkmäler dieser Classe müssen unter
der besondern Obhut des Staates und unter dem streng-
sten Schutze der Gesetze bleiben. Daher sind die
Eigenthümer der Grundstücke, auf welchen sie liegen,

wo möglich durch Austausch ihrer Besitzungen gegen
Staatsländereien abzufinden; die hierher gehörigen
Sculpturen aber müssen um jeden billigen Preis er-
worben, und ihre Ausfuhr — wie noch unter dem Prä-
sidenten Kapodistrias mit den Metopen des Olympi-
schen Zeustempels geschehen! — nie und unter keiner
Bedingung gestattet werden, selbst nicht um den Kauf-
preis einer zweiten Schlacht bei Navarin.

Zu der zweiten Classe rechne ich Ruinen unan-
sehnlicher Wohnhäuser, wie sie z. B. auf Delos und
auf andern Inseln, weniger auf dem Festlande, in
Menge vorhanden sind, und in deren Trümmern, besonders in den Cisternen und Souterrains, hin und
wieder alte Kunstwerke oder doch Hausgeräthe und
dergleichen zu finden seyn mögen; vorzüglich aber
Gräber der gewöhnlichen Art, deren Vorhandenseyn
durch kein Monument über dem Boden angezeigt ist,
mit ihrer Ausstattung an umgestürzten Stelen mit Ab-
schiedsscenen in Relief, an gemalten und ungemalten
Vasen, thönernen Lampen und alabasternen Lekythen,
an Bronzegeräthen, wie Badestriegeln und schmuck-
losen Spiegeln, an Thonfiguren u. s. w. Die Menge
dieser Gegenstände wird, wenn die Ausgrabungen einmal in größerer Ausdehnung betrieben werden, so un-
geheuer seyn, daß der Staat, wenn er sie alle für sich
behalten will, ganze Palläste — die doch erst zu erbauen sind — damit wird anfüllen können; dieselbe
Darstellung wiederholt sich auf ihnen unzähligemal
oder doch nur mit geringen Abweichungen, und sie
sind — um nur bei den Attischen Grabstelen oder bei

den über den Gräbern der Inseln so häufigen ganzen
und halben Statuen stehen zu bleiben — gröfstentheils
nur von untergeordnetem Kunstwerth, fabrikmäfsig
aus Bildhauerwerkstätten hervorgegangen, so dafs sie
in dem künftigen Hellenischen Museum in Athen keinen Platz verdienen, während sie für Privatsammlun-
gen und selbst für öffentliche Museen des Auslandes
höchst schätzbar bleiben, als Kunstdenkmäler, die auch
in ihrer nachläfsigeren Behandlung den Stempel einer
ausgezeichneten Schule tragen (ἀπὸ τοῦ ἐργαϛηρίου τοῦ
Ἀττικοῦ!); oder durch ihre Vorstellungen, ihre Com-
positionen und deren Motive; oder wäre es auch nur
als Reliquien des Alterthums.

Warum soll es bei solcher Lage der Sache dem
Privaten, dessen Grundstücke vielleicht Tausende und
Myriaden alter Gräber umschliefsen, wie dies bei manchen Besitzern in der Nähe von Athen der Fall ist,
nicht vergönnt seyn, dieselben auszubeuten, da die
Regierung sich immer vorbehalten wird und mufs, die
Gegenstände von wirklichem Kunstverdienst oder besondern historischem oder archäologischem Interesse
um ihren Werth zu erwerben? Warum soll er weiter
diejenigen Sachen, welche die Regierungsbehörde der
Erwerbung für das Museum nicht würdig erachtet,
nicht frei veräufsern dürfen an Liebhaber im Inlande,
oder sie verkaufen ins Ausland gegen einen näher zu
bestimmenden Ausfuhrzoll? Die Eröffnung neuer
Hülfsquellen, welche Geld ins Land bringen können,
ist in Griechenland, wie anderswo in der Welt, auch
in staatswirthschaftlicher Beziehung gewifs nicht zu

verachten; und bald würden alljährlich Hunderttau-
sende von Drachmen für Alterthümer ins Land fliefsen.
Fürchtet man etwa eine zu schnelle Erschöpfung des
Bodens? In Italien wird seit drei Jahrhunderten gegraben, und der Boden ist so weit davon entfernt, ausgebeutet zu seyn, dafs sich vielmehr immer neue Fund-
gruben eröffnen. Man kann Griechenland auf eine
Reihe von Jahrhunderten dasselbe Prognostikon stellen, da allein Attika, ohne Überschätzung, mehre Mil-
lionen ungeöffneter Gräber umschliefst. Halten Sie,
lieber Freund, die Angabe für zu stark? Wenn Sie
einmal wieder nach Athen kommen, wollen wir eines
schönen Morgens über den Ilissos nach Cap Zoster
reiten und das Gebiet von Anxone und Halä Anxoni-
des zwischen dem Hymettos und dem Meere nach der
Länge und Breite durchstreifen: und Sie werden mir
beipflichten, dafs allein dort, auf einem Flächenraume
von einer bis anderthalb Deutschen Quadratmeilen,
mehr als eine Million Gräber ist. Nicht minder reich
daran sind nach Verhältnifs andere Gegenden des Landes, wie bei Prasiä und Vraona.

Und die Besitzer dieser Gräber? Sie dürfen nach
dem Gesetze keines eröffnen, es geschehe denn unab-
sichtlich oder zufällig. Was würde der verstorbene
Fürst von Canino gesagt haben, wenn er gesetzlich
dafür straffällig gewesen wäre, dafs er unserer Wissenschaft den gröfsten Dienst erwiesen, der ihr seit einem
Menschenalter erwiesen worden ist, und der eine neue
Epoche in der Archäologie begründet? Wenn er in
seinen ausgedehnten Nekropolen nur verstohlener

Weise oder unter dem Vorwande, Brunnen zu graben oder Weinstöcke zu pflanzen, hier und dort ein Grab hätte öffnen dürfen? Aber zum Glück für Kunst und Wissenschaft war Lucian Bonaparte nicht dafür strafällig; und so dürfen wir an die glänzenden Resultate seiner Ausgrabungen wol den Wunsch und die Hoffnung knüpfen, daſs den Griechischen Grundeigenthümern auf dem eignen Boden bald auch das Gleiche verstattet seyn möge.

Ich weiſs, daſs solche Wünsche und Hoffnungen, wie ich sie in dem Obigen ausgesprochen, gegen die hier jetzt noch herrschenden Ansichten verstoſsen, ja daſs ich vielleicht Gefahr laufe, von wohlmeinenden Eiferern deshalb verketzert zu werden. Aber das ist eine Gefahr, der man in keinem Verhältnisse entgehen kann, wenn man offen eine Meinung äuſsert, die den hergebrachten allgemein angenommenen und daher scheinbar allein gültigen Ansichten und Urtheilen widerspricht. Die Zeit und die durch die Zeit gereifte Erfahrung wird auch hier endlich entscheiden, ob das wohlverstandene Interesse Griechenlands in Bezug auf das Alterthumswesen verlangt, daſs die jetzt bestehenden Bestimmungen in Kraft erhalten werden, oder ob es besser ist, ein neues Gesetz auf andern Grundlagen aufzustellen. Bis dahin mögen denn diese Worte geschrieben und gedruckt stehen bleiben, um entweder als richtig anerkannt, oder als irrig für immer verworfen zu werden.

Athen, den 4 November 1840.

L. Roſs.

Inhalt.

—◄◄❉►►—

Verbesserungen.

S. 38 Z. 16 v. o. lies Euripidas.
„ 155 „ 1 v. u. „ ἀναφυομέναν.

I.

Das Heiligthum der Artemis Limnatis und der Ager Dentheliates zwischen Lakonika und Messenien (¹).

---

1. Westwärts von dem hohen Mittelrücken des Taygeton über dem Thal von Sparta erstreckt sich bis an die grofse Messenische Ebene ein vier bis sechs Wegestunden breites, durch viele und tiefe Schluchten zerklüftetes, daher rauhes, unfruchtbares und unwegsames Bergland, dessen höchste Gipfel, wie das Gomovuno (Γομοβοῦνον), nach den Messungen der Franzosen sich immer noch bis zu mehr als 1270 Metern oder nahe an 4000 Fufs über die Meeresfläche erheben. Gegen die Messenische Ebene fällt es zwischen Kalamata (dem alten Pherä) und den Ruinen der alten Thuria (über Veïs-Aga) in schön geformten und steilen, terrassenähnlichen Absätzen ab; die Wasser aber, die sich in seinen Klüften sammeln, und als kleine Bäche ihren Weg eben hierher nehmen, verlieren sich, wenigstens in der heifseren Jahrszeit, meistens schon am Rande der hier sandigen Ebene durch die Bewässerung der Oliven- und Feigenpflanzungen, ohne das Bette des Pamisos zu erreichen. Nur ein perennirender Flufs bildet sich in diesem Districte, der in zwei Hauptarmen bei Megale Anastasova und Sitzova entspringend und durch die Aufnahme mehrer Bäche verstärkt, in einem tiefen Bette das Bergland in südwestlicher Richtung durchschneidet, und sich als Ne-

---

(¹) Hierzu gehört das nach der französischen Karte durchgezeichnete Kärtchen des Ager Dentheliates.

[1]

don (²) bei Kalamata oder Pherä (³) vorüber ins Meer ergiefst. Der Menge von Kies und Sand, die er nach heftigen
Regengüssen mit sich zu führen pflegt, mag es zuzuschreiben
seyn, dafs wir jetzt die Küste einige Stadien weiter von Pherä
hinausgerückt finden, als dies nach der Angabe des Pausanias
vor bald siebzehn Jahrhunderten der Fall war (⁴). An den
Armen dieses Flusses liegen im Gebirge, aufser den bereits
genannten, noch vier andere Dörfer, welche man unter der
Benennung der ὀπισινὰ χωρία oder ὀπισινοχώρια (⁵), der hin-

(²) Strab. 8, p. 181 Tchn.: Παρὰ Φηρὰς Νέδων ἐκβάλλει, ῥέων διὰ τῆς
Λακωνικῆς, ἕτερος ὢν τῆς Νέδας· ἔχει δ’ ἱερὸν ἐπίσημον Ἀθηνᾶς Νεδουσίας. Vgl.
über diese Stelle Bröndsted, Voy. I. p. 88 seqq.

(³) Kalamata führt jetzt freilich officiell den Namen Kalamä,
allein dies ist ein Mifsgriff, wie deren leider nicht wenige in der
Wiedererweckung der alten Namen für die heutigen Gouvernements,
Ortschaften und Gemeinden begangen worden sind. Für den Beweis,
dafs Kalamata die Stelle des alten Pherä einnimmt, genügt es hier
auf Leake, Travels in the Morea, I, p. 343–45 zu verweisen. Der
alte Ort Kalamä (Καλάμαι χωρίον, Paus. 4, 31, 3. Polyb. 5, 91) mag
bei dem heutigen Dorfe Kalámi, drei Viertelstunden nordwestlich von
Kalamata, gelegen haben: vgl. Leake ebendas. S. 361. 362. Bei Polybios a. a. O. ist Ἔνδειαν (ἐπὶ βραχὺ προσβολὰς ποιησάμενος πρὸς τὴν Ἔνδειαν)
in Ἄνθειαν zu verbessern, nicht in Ἀνδανίαν, wie Leake vorschlägt.
Antheia war der alte homerische Name von Thuria (Paus. 4, 31, 2.
Strab. 8, p. 182 Tchn.), und pafst mithin ganz zu der Nachbarschaft
von Kalamä oder Kalámi. Die Ruinen von Andania aber hat K.
O. Müller bei Philia zwischen Messene und Megalopolis aufgefunden.

(⁴) Strab. 8, p. 182 Tchn. giebt die Entfernung Pherä's vom Meere,
ohne Zweifel nach älteren Schriftstellern, nur auf fünf Stadien an;
Paus. 4, 31, 1 aus Autopsie bereits auf sechs. Jetzt beträgt sie acht
bis neun Stadien. Vgl. Leake l. l. p. 344.

(⁵) Dieser Name, ὀπισινὰ χωρία, ist mithin keineswegs Slavisch, und
erinnert keineswegs an die Slavische Poststation Opschina über Trieste,
wie Herr Fallmerayer irgendwo gemeint hat. Dafs die Namen der
Dörfer selbst, wie Sitzova und Anastasova, zum Theil Slavisch sind,
wird nicht in Abrede gestellt, beweist aber nur (falls dies noch eines
Beweises bedürfte), dafs Slaven hier eine Zeitlang die Grundherren
waren, und den Griechischen Ortschaften Namen aus ihrer Sprache

tern Dörfer, zusammen zu fassen pflegt, weil sie seit un-
denklichen Zeiten und bis vor wenigen Jahren zum Verwal-
tungsbezirke von Sparta (Misthras) gehörten, für diese Stadt
also hinter dem Gebirge oder ob dem Walde gelegen waren.
Ihre Lostrennung von dem Kreise Lakonika und Vereinigung
mit dem Kreise Messenien war es aber, die im Jahre 1835
die erste Veranlassung zu den topographischen Entdeckungen
gab, von welchen hier Bericht erstattet werden soll.

Als nämlich der damalige Eparch von Kalamata, Herr
Perikles Zographos aus Athen, in der genannten Angelegen-
heit die hintern Dörfer besuchte, brachte er in Erfahrung,
dafs bis vor Kurzem auf einem der Gipfel der Wasserscheide
des Taygeton östlich über Sitzova, genannt τοῦ Γώλου, eine
grofse Marmorstele mit einer Inschrift gestanden; dafs aber
einige Bauern, auf die Versicherung eines Halbliteraten unter
ihnen: „die Bekanntwerdung dieser Inschrift könne für die
„Regierung einen Grund mehr zu der von ihnen, damals we-
„nigstens, nicht gewünschten Trennung von der Eparchie
„Sparta abgeben," den Stein nicht ohne Mühe in eine steile
Schlucht an der Ostseite des Berges hinabgewälzt hätten.
Der Eparch begab sich selbst an Ort und Stelle, und fand auf
dem glücklicher Weise nur wenig beschädigten Marmor in
grofsen Schriftzügen die völlig lesbare Inschrift:

ꓱ Ρ Ο Σ

ꓲ Α Κ Ε Δ Α ꓲ

Μ Ο Ν ꓲ Π Ρ Ο Σ

Μ Ε Σ Σ Η Ν Η Ν

Ὅρος Λακεδαίμονι πρὸς Μεσσήνην.

Fortgesetzte Erkundigungen liefsen ihn noch einen zweiten
ähnlichen Gränzstein weiter nördlich auf dem Rücken der

____

gaben. So führen ja noch heute die meisten Dörfer in der Messenischen Ebene Türkische Namen, wie Aslàn-Agà, Veïs-Agà, Tzefèr-
Emini, Hassàn-Paschà u. s. w.

Wasserscheide am Berge Malevòs entdecken, der den umwohnenden Bauern unter dem Namen γραμμένη πέτρα bekannt war. .Er hat, ganz ähnlich in vier Zeilen abgetheilt, dieselbe, nur stark beschädigte Inschrift:

. . O Σ

. . . E Λ A I

M O N I Π P O .

. . . Σ H N . .

[῎Oρ]ος [Λακ]εδαίμονι πρὶ[ς Μεσ]σήν[ην.]

Der Eparch sandte über diese Entdeckungen einen Bericht an das Cultusministerium ein, in Folge dessen verfügt wurde, dafs die Gemeinde Sitzova anzuhalten sey, den herabgestürzten Gränzstein auf ihre Kosten wieder an seine frühere Stelle zu bringen; allein diese Verfügung ist, wegen der Schwierigkeit des Transports, bis jetzt unausgeführt geblieben. Eine Bekanntmachung des interessanten Fundes verschob ich, weil ich damals hoffte, die Gegend bald selbst bereisen zu können; nur dem Obersten Leake machte ich über die Auffindung jener Gränzsteine eine kurze Mittheilung, von der ich jedoch nicht weifs, ob derselbe sie zur öffentlichen Kunde gebracht hat.

Der nämliche Bericht des Eparchen Herrn P. Zographos enthielt auch die Angabe, dafs er in einer abgelegenen Gebirgsgegend zwischen Sitzova und Poliani, an einer Βώλιμνος genannten Stelle, in den Ruinen einer Capelle der Panagia geringe Reste eines alten Tempels und zwei fast unleserliche Inschriften gefunden habe, von denen er Abschriften beischlofs. Aus diesen wenn gleich mangelhaften Abschriften liefs sich mit Sicherheit entnehmen, dafs jene Überreste die Lage des Heiligthums der Artemis Limnatis bezeichneten; allein die Ausführung meines Vorhabens, den Ort selbst zu besuchen, wurde durch verschiedene Umstände bis in das fünfte Jahr verzögert.

2.   Als ich im Mai und Junius dieses Jahres die Ehre
hatte, II. MM. den König und die Königinn auf ihrer Reise
durch den Peloponnes zu begleiten, benutzte ich eine mehr-
tägige Rast in Kalamata, um mir die Erlaubnifs zu erbitten, .
die Ruinen des Heiligthums der Artemis bei Volimnos aufsu-
chen zu dürfen; und nachdem ich im Archiv des Gouvernements die auf die erste Entdeckung der Ruinen und der Gränzsteine bezüglichen Actenstücke nochmals durchgesehen, machte
ich mich am 2. Junius Nachmittags in Begleitung zweier orts-
kundiger Führer auf den Weg. Nach drei Viertelstunden passirte ich das Kloster Velanidià (ἡ Βελανιδιά), und stieg dann in
nordöstlicher Richtung die steilen Berghänge hinan, auf so
rauhen und unwegsamen Pfaden, dafs selbst die Maulthiere
kaum fortkommen konnten. Um Sonnenuntergang, nach einem
Marsche von mehr als drei Stunden, erreichte ich hoch auf dem
Rücken des Berges einen kleinen Weideplatz, wo ich an dem
gastlichen Feuer der Hirten unter freiem Himmel die Nacht
zubrachte, und volle Gelegenheit hatte, durch die umständ-
lichsten Erkundigungen mich zu vergewissern, dafs diese des
Gebirgs so genau kundigen Männer in dem ganzen von ihnen
beweideten Districte keine andere Ruinen kannten, als bei
Volimnos. Am folgenden Morgen mit dem ersten Tagesgrauen
setzte ich meinen Ritt weiter fort, und erreichte nach einer
starken Stunde das Ziel meines Ausflugs.

Volimnos (ὁ Βώλιμνος) heifst eine an der Südseite des
Berges Gomovuno und östlich über dem tiefen Bette eines
jetzt trocknen Bergbaches, der in den Nedon sich mündet,
gelegene Einsenkung im Gebirge; ein auf allen Seiten ge-
schlossener, in die Länge gezogener, enger Kessel, der nur
gegen Süd-Westen, wo er sich gegen den Bergbach absenkt,
ein wenig weiter wird. Nur der Boden dieses Kessels bildet
eine einigermafsen ebene Fläche, welche in mehre stufen-
weise über einander sich erhebende Äcker von höchstens
funfzig Schritt Breite, aber gröfserer Länge, zertheilt ist. Dies

ist der einzige Raum, wo vielleicht zur Regenzeit oder im
Frühling, wenn der Schnee schmilzt, sich auf die Dauer einiger Wochen kleine stagnirende Wasserpfützen (λίμναι) bilden könnten; obgleich die Bauern, hierüber befragt, dies ausdrücklich verneinten, indem die Wasser sogleich dem Bergbache zufliefsen. Die Abhänge aber, welche den Kessel gegen Süden, Osten und Norden einschliefsen, sind sehr ab-
schüssig, und fast nur auf der Nordseite bis zu beträchtlicher
Höhe in kleine und schmale, durch Steinmauern (αἱμασιαί)
gestützte Äcker umgeschaffen, wo kein Raum für Wasserpfützen bleibt. Diese Äcker gehören dem ostwärts über zwei
Stunden entfernten Dorfe Tzernitza, und werden trotz ihrer
ärmlichen und steinigten Beschaffenheit gewöhnlich jedes
zweite Jahr von den Bauern mit Frucht bestellt. Heuer aber
lagen sie wegen der lange anhaltenden Dürre, die das Pflügen
verhindert hatte, völlig brach. Die Höhe von Volimnos über
dem Meere schätze ich auf mehr als drittehalb tausend Fufs;
daher im Winter hier einige Wochen lang Schnee zu liegen
pflegt. Der Name Βώλιμνος scheint nur von βοῦς (Βοΐδιον, Βώ-
διον) und λίμνη hergeleitet werden zu können, und Ochsen-
sumpf zu bedeuten; vielleicht weil man in früherer Zeit, ehe
der Platz in Äcker umgeschaffen worden war, und wo hier
folglich die Wasser mehr stagnirten und einen reicheren
Graswuchs beförderten, die Pflugochsen während der Monate, wo sie nicht gebraucht werden, nach Landesgewohnheit
hierher auf die Weide zu treiben pflegte.

Von Südwesten her in den eben beschriebenen Kessel
eintretend stieg ich, an einem einzelnen Hause vorüber, in
welchem zur Saatzeit die Ackergeräthe aufbewahrt werden,
den nördlichen Abhang fast bis zum äufsersten Rande der oben
erwähnten Ackerterrassen hinan, wo in einer Höhe von etwa
dreihundert Fufs über dem Boden des Thales unter einigen
Bäumen die verfallene Capelle der Mutter Gottes von Volimnos (Παναγία Βωλιμνιάτισσα) liegt. Ich fand meine Erwartun-

gen vollkommen bestätigt. Das Kirchlein steht auf einem ansehnlichen, aber leider mit Erde überdeckten und mit Gestrüpp überwachsenen Trümmerhaufen eines alten Heiligthums, und ist selbst aus solchen Trümmern zusammengesetzt. Durch eine Ausgrabung und Aufräumung des Platzes würde man die Überreste des Gebäudes noch ziemlich vollständig zu Tage bringen; doch scheint es nur ein Heiligthum (ἱερόν) der einfacheren und ärmeren Art, mit Cellamauern aus Bruchsteinen, wie beim Apollontempel auf Sikinos (⁶) gewesen zu seyn. Wenigstens liegen in dem jetzigen Zustande der Ruine sehr wenige regelmäfsig behauene Quadern zu Tage, und Bruchstücke ornamentirter Architectur vermochte ich gar nicht aufzufinden, mit Ausnahme von fünf oder sechs höchst eigenthümlichen, achtseitigen (⁷) Säulentrommeln aus Marmor, die gegen anderthalb Fufs im Durchmesser halten. In den Mauern der Capelle stecken aber zwei grofse, fast einen Fufs hohe und einige Fufs lange Marmorplatten, die zur Bekrönung eines Altars oder Piedestals von ansehnlichen Dimensionen gehört haben mögen, und die auf ihrer unteren glatten Vorderfläche, unterhalb der sehr einfachen Profilirung, die Inschriften tragen, aus denen sich die Identität dieser Ruinen mit dem Heiligthum der Artemis Limnatis herausstellt. Die Hauptseite der gröfseren Platte hatte zwei Inschriften; von der ersten (zur Linken) vermochte ich aber nur einzelne Worte zu entziffern, in der zweiten Zeile ΣΕΒΑΣΤΟ und in der vierten:

(⁶) Vgl. Kunstblatt 1837, N. 103.

(⁷) Gleich den ältesten Aegyptischen Columnen mit acht Seiten, z. B. bei Beni-Hassan. Siehe Lepsius, Sur l'ordre des colonnes-piliers en Egypte etc., in Annal. d. Inst. Arch. vol. IX, p. 69 seqq. und Mon. Ined. d. Inst. vol. II, tav. XLV, fig. II. a. Der gelehrte Verfasser jenes trefflichen Aufsatzes kannte noch keine octogone Säulen auf Griechischem Boden; hier können wir ihm also die ersten nachweisen.

.......ΝΟΣΣΕΒΑΣΤΟΥΘΕΟΥΣΕΒΑΣΤΟΥΘΕΟ . ΝΟΥ

Die Inschrift zur Rechten ist folgende:

ΧΑΡΤΟΣΕΥϹΥΚΛΕΟΣΙΕΡΕΥΣΑΡΤΕΜΙΤΟΣ
ΘΕΟΞΕΝΙΔΑΣΕΥΘΥΚΛΕΟΣ . . ΡΕ . . . . ΤΕΜΙΤΟΣ
ΝΙΚΗΡΑΤΟΣΘΕΩΝΟΣ ΣΤΡΑ— ΤΡΑΤ . ΝΟΣ
ΑΒΕΑΤΩΝΠΟΛΙΣ
ΜΟΣΣΧΟΥΤΟΥΜΕΝ
. . . ΤΑ

Auf der linken kürzeren Seite derselben Platte;

ΕΑΣΛ . ΜΝΑΤΙΔ . .
. ΣΛ Ι ϾΝΑΤΙΔ . .

Endlich auf der zweiten ganz ähnlichen Gesimsplatte:

ΛΤΟΥΥΕ Ⅎ ΘΑΥΡΠΡΕΙΜΟϹ
. Γ Ω Ν Ο Θ Ε Τ Η Ϲ Θ Ε Λ Ϲ Λ Ι Μ Ν Λ Τ Ι Δ Ο Ϲ

Alle diese Inschriften sind, wie die erste auf einen Kaiser sich beziehende und die Schriftzüge der übrigen zeigen,
nicht älter als die römische Kaiserzeit, und die beiden letzten
gar erst aus dem zweiten Jahrhundert unserer Zeitrechnung
unter der Herrschaft der Aurelier. Die drei ersten Zeilen
der zweiten geben einige Namen von Priestern der Göttinn:

Χάρτος Εὐθυκλέος ἱερεὺς Ἀρτέμιτος.
Θεοξενίδας Εὐθυκλέος [ἱε]οε[ὺς Ἀρ]τέμιτος.
Νικήρατος Θέωνος.   Στρατ[οκλῆς? Σ]τράτ[ω]νος.

Der Name Chartos (von χαίρω) hat nichts Anstöfsiges, wenn
er auch nicht anderswo nachgewiesen werden kann; ·sonst
könnte man auch Χάρτας schreiben, welcher Name als der eines
alten Spartanischen Erzgiefsers bei Pausanias (6, 4, 2) sich findet. Statt Εὐθυκλέος war ich früher, nach der Abschrift des Herrn
Zographos, geneigt Εὐρυκλέος zu lesen, an den berühmten Tyrannen von Sparta Cajus Julius Eurykles denkend, dessen
Namen man auf Lakedämonischen Münzen (ἐπὶ Εὐρυκλέους) so
häufig begegnet; allein der Stein hat, an der dritten Stelle
deutlich ein Θ, und überdies pflegen die Söhne und Nach-
. kommen dieses Mannes auf den Spartanischen Inschriften die
Vornamen C. Julius zu führen (⁸). Der Dorismus ist hier

(⁸) Über C. Julius Eurykles vgl. Strab. 8, S. 186 Tchn. Pausan.
2, 3, 5 und 3, 14, 6. Plut. βασιλ. ἀποφθ. in Augusto 14. Boeckh
. ad C. I. G. I, 1389. 1347.

in den Beugungssylben (Εὐθυκλέος und ᾿Αρτέμιτος) noch bei-
behalten. Der letzte Name: Στρατ[οκλῆς? Σ]τράτωνος ist mit
gröfseren Buchstaben und von einer andern Hand geschrieben.

Die dritte bis sechste Zeile dieser Columne enthielten
eine Aufzeichnung von der Stadt Abia, deren geringe Ruinen
drei Viertelstunden südlich von Armyros unweit der Küste,
an einem jetzt Paläochora oder Paläa Mantinia genannten
Platze, sich finden (vgl. Leake, Morea I, p. 324 seqq.). Vielleicht hatte die Stadt ein Weihgeschenk hierher gestiftet.
Was die Schreibung des Namens ABEATΩN anbetrifft,
so findet sich dieselbe Form auch im C. I. G. I, n. 1463, und
mit einem Diphthong, ABEIATAI, ebendas. n. 1457.

Die letzte Inschrift (auf der zweiten Platte), deren erste
acht Buchstaben ich nicht zu enträthseln vermag, bringt den
Namen eines Kampfrichters der Limnatischen Göttinn: Αὐρ.
Πρεῖμος [ἀ]γωνοθέτης θεᾶς Λιμνάτιδος. Hiernach scheinen auch
die zwei defecten Zeilen auf der linken Seite des ersten Steines: .... θ]εᾶς Λιμνάτιδ[ος, ähnliche Aufzeichnungen der
Namen von Kampfrichtern enthalten zu haben.

Etliche und zwanzig Schritt östlich von der Capelle ist
eine mit Steinblöcken ausgesetzte Quelle klaren und frischen
Wassers, und oberhalb und neben derselben sind zwei gröfsere künstlich geebnete Terrassen, wo mehre grofse Quadern
umherliegen, und wo vermuthlich einige Gebäude oder Monumente gestanden haben. In einer der Steinmauern, welche
diese Terrasse stützen, soll nach der Angabe meiner Führer
noch eine Inschrift eingefügt seyn; allein wir vermochten trotz
unserm beharrlichen Suchen nicht sie aufzufinden.

3. Schon die grofse Übereinstimmung der Namen Βώλιμνος und Λίμναι, Παναγία Βωλιμνιάτισσα und ῎Αρτεμις Λιμ-
νάτις ὸder Λιμνάς, so wie das Vorhandenseyn von Ruinen in
diesem abgelegenen Bergkessel, würde es wahrscheinlich machen, dafs jenes altberühmte Heiligthum der jungfräulichen
Göttinn in Limnä hier zu suchen sey; die eben mitgetheilten

Inschriften lassen jetzt keinem Zweifel Raum. Und doch war man über die Lage desselben bisher so sehr im Ungewissen, daſs selbst der landeskundige und umsichtige Leake (Morea I, p. 363-65) die Vermuthung aufstellen konnte, Limnä habe in der Ebene am linken Ufer des Pamisos der heutigen Stadt Nisi gegenüber gelegen.

Die Gränzen zwischen Lakonika und Messenien scheinen auf dieser Seite von jeher, seit der ersten Theilung des Landes unter die Herakliden, nur schwankend gezogen gewesen zu seyn. Die Lakedämonier, als unbestrittene Herren des gröſseren Theiles der ausgedehnten Bergkette des Taygeton, mochten auch diese Vorberge als ihr natürliches Eigenthum in Anspruch nehmen, eben wie sie auf der Ostseite ihres Landes das Gebiet von Kynuria den Argeiern streitig machten; die Messenier aber konnten es nicht gleichgültig ansehen, daſs die gefährlichen Nachbarn im Besitz dieser an sich wenig werthvollen Berge waren, von denen sie jeden Augenblick in ihre gesegnete Ebene (Μακαρία, Strab. 8, p. 182 Tchn.) hinabsteigen konnten. Alle Nachrichten der Alten bezeichnen übereinstimmend das Heiligthum in Limnä als an der Gränze (ἐπὶ τοῖς ὅροις) oder im Gränzdistricte (ἐν μεθορίοις) gelegen (⁹). Daſs die Veranlassung zum ersten Messenischen Kriege von hier ausging, und auf welche Weise, ist zu bekannt, als daſs es mehr als einer Erwähnung bedürfte. Damals scheint, so weit sich aus den dürftigen Erzählungen ab-

----

(⁹) Pausan. 3, 2, 6: Ἀπέθανεν ὑπὸ Μεσσηνίων Τήλεκλος ἐν Ἀρτέμιδος ἱερῷ. τὸ δὲ ἱερὸν τοῦτο ἐν μεθορίῳ τῆς τε Λακωνικῆς καὶ τῆς Μεσσηνίας ἐπεποίητο ἐν χωρίῳ καλουμένῳ Λίμναις. Ders. 4, 4, 2: Ἔϛιν ἐπὶ τοῖς ὅροις τῆς Μεσσηνίας ἱερὸν Ἀρτέμιδος καλουμένης Λιμνάτιδος· μετεῖχον δὲ αὐτοῦ μόνοι Δωριέων οἵ τε Μεσσήνιοι καὶ οἱ Λακεδαιμόνιοι. Ders. 4, 31, 3: Ἔϛι δὲ ἐν τῇ μεσογαίῳ (über Pherä nämlich, von wo er ausgeht) κώμη Καλάμαι καὶ Λίμναι χωρίον· ἐν δὲ αὐτῷ Λιμνάτιδος ἱερόν ἐϛιν Ἀρτέμιδος, ἔνθα Τηλέκλῳ - - τὴν τελευτὴν συμβῆναι λέγουσιν. Strab. 8, p. 184 Tchn.: Τὸ δ' ἐν Λίμναις τῆς Ἀρτέμιδος ἱερὸν - - ἐν μεθορίοις ἐϛὶ τῆς Λακωνικῆς καὶ τῆς Μεσσηνίας, ὅπου κοινὴν συνετέλουν πανήγυριν καὶ θυσίαν ἀμφότεροι.

nehmen läfst, der Ort als Messenisch betrachtet worden zu
seyn ([10]); obgleich die Lakedämonier die erste Gründung des
Heiligthums für ihre Vorfahren in Anspruch nahmen.   Nach
Strabon ([11]) wäre das Limnäon bei Sparta eine Pflanzstätte
(ἀφίδρυμα) dieses Heiligthums im Gebirge gewesen; aber eine
solche Annahme widerspricht den übrigen Überlieferungen,
nach welchen eben das städtische Limnäon als die ältere Gründung erscheint.   Denn hierher hatten, nach der Lakedämonischen Sage, welcher Pausanias ([12]) den Vorzug gröfserer
Glaubwürdigkeit vor der Attischen Tradition zuerkennt, Orestes und Iphigenia das Holzbild der Taurischen Göttinn gebracht, welches dann, vermuthlich in der grofsen heraklidi-
schen Umwälzung, verloren gegangen oder absichtlich verborgen worden war, und erst in der vierten Generation nach
Agis (um 900 v. Chr.) von Astrabakos und Alopekos in einem
Weidengebüsche aufrecht stehend wieder gefunden wurde.
Die beiden Finder wurden durch den Anblick des Bildes ra-
send; das Bild aber wurde fortan unter dem Beinamen Lygo-
desma, oder gewöhnlicher Orthia, in einem Heiligthume verehrt, welches von seiner Lage in der Vorstadt Limnä die Benennung Limnäon führte.   Folglich ist die Artemis Orthia
identisch mit der Limnatis oder Limnas (nicht aber mit der
Limnäa oder Issoria, welche nach Pausanias ([13]) nicht eigentlich die Artemis selbst, sondern vielmehr die Kretische Bri-
tomartis oder Diktynna, oder die Aeginäische Aghäa war);

([10]) Dies deutet auch Justin an, 3, 4: (Lacedaemonii) Messeniis
propter stupratas virgines suas in *solemni Messeniorum sacrificio*
bellum (intulerunt).

([11]) Strab. a. a. O.: Ἀπὸ τῶν Λιμνῶν τούτων καὶ τὸ ἐν Σπάρτῃ Λιμναῖον εἴρη-
ται τῆς Ἀρτέμιδος ἱερόν.

([12]) Paus. 3, 16, 6 und 7: Τὸ δὲ χωρίον τὸ ἐπονομαζόμενον Λιμναῖον Ὀρθίας
ἱερόν ἐςιν Ἀρτέμιδος. τὸ ξόανον δὲ ἐκεῖνο εἶναι λέγουσιν, ὅ ποτε καὶ Ὀρέςης καὶ Ἰφι-
γένεια ἐκ τῆς Ταυρικῆς ἐκκλέπτουσιν κ. ἑ.

([13]) Paus. 3, 14, 2; coll. 2, 30, 3.

und dieser Zusammenhang nachgewiesen, kann, meinen
wir, kein Zweifel bleiben, dafs der nur sehr uneigentlich sogenannte Ort Limnä im hohen steinigten Gebirge von der
Spartanischen Vorstadt seinen der Örtlichkeit widerspre-
chenden Namen erhalten hat, und dafs das dortige Heiligthum,
im umgekehrten Verhältnifs der Strabonischen Erzählung,
eine Pflanzstätte von dem Heiligthum der Artemis Orthia bei
Sparta war. Über das Wesen und den Cult der Orthia-
Limnatis, und über die weitere Verbreitung ihrer Verehrung
von Sparta aus nach andern Orten des Peloponneses ([14]) ist
es hier nicht der Ort zu sprechen. Wir hatten nur nachzu-
weisen, dafs unser Limnäon an der Messenischen Gränze
wirklich, in Übereinstimmung mit der Behauptung der Lakedämonier bei Tacitus ([15]) und trotz der entgegenstehenden
Angabe Strabons, zuerst von Sparta aus gegründet worden,
und dafs folglich in der allerfrühesten Zeit, noch vor jenem
Vorfalle, der zum ersten Messenischen Kriege die Veranlassung gab, die streitige Gebirgsgegend eine Zeitlang bereits zu
Lakonika gehört haben mufs. Aus Tacitus erfahren wir bei
dieser Gelegenheit auch den Namen des in Rede stehenden
Landstrichs; er heifst nach der am besten beglaubigten Lesart bei ihm *Dentheliates ager*, und wenn dies auch nicht ganz
die richtige Form seyn sollte, so verfehlen wenigstens die Ver-
besserungsversuche des Lipsius und anderer früherer Ausle-
ger das Ziel gänzlich. Denn es ist von späteren Erklärern
des Tacitus bereits bemerkt worden, dafs der von Stephanos ([16]) als eine zwischen den Messeniern und Lakedämo-

---

([14]) Nach Paträ in Achaia (s. die Erzählung bei Pausan. 7, 20,
4) und ohne Zweifel auch nach Tegea (Paus. 8, 53, 5), wie nach
Epidauros Limera (ders. 3, 23, 6). Vgl. weitere Beispiele der Verbreitung des Cults der Orthia bei Müller, Dorier, 1, S. 383, Anm. 4.

([15]) Tac. Annal. 4, 43; s. die ganze Stelle im Zusammenhange
weiter unten, Anm. 18.

([16]) Steph. Byz. v. Δελθάνιοι· πόλις μία τῶν περιμαχήτων Μεσσηνίων καὶ
Λακεδαιμονίων. τὸ ἐθνικὸν ὅμοιον.

niern streitige Stadt aufgeführte Ort Δελθάνιοι, wofür man Δενθάλιοι zu lesen vorgeschlagen hat, ohne Zweifel dem Dentheliates ager des Römers den Namen gegeben habe, und also von jener Form nicht weit abgegangen werden dürfe. Dabei scheint noch eine Stelle des Athenäos (¹⁷) übersehen geblieben zu seyn, wo nach Alkman unter verschiedenen Lakonischen Weinsorten auch der Denthische Wein (Δένθις οἶνος) aus einer Festung Denthiades (ἐκ Δενθιάδων ἐρύματός τινος) als ein vorzügliches und auch ohne künstliche Bereitung wohlduftendes Gewächs gerühmt wird. Diese Festung Δενθάλιοι oder Δενθιάδες wird an den Quellen des Flusses Nedon, in der Nachbarschaft der ὀπισινοχώρια, zu suchen seyn; wahrscheinlich lag sie auf dem schwer zugänglichen Berge des h. Georg, über Tzernitza, wo nach der Angabe der Bauern geringe alte Reste sich finden. Der Wein aber dieser Berge, wie auch der von Sellasia über dem Oenusthale, den Alkman ebenfalls rühmt, ist noch heute von ausgezeichneter Güte, wenn ihn gleich die übliche Mischung mit Baumharz, trotz ihrem classischen Ursprunge, dem Europäischen Gaumen fast ungeniefsbar macht. Aus der Vergleichung der drei ange-

---

(¹⁷) Athen. 1, S. 31: Ἀλκμὰν δέ που ἄπυρον οἶνον καὶ ἄνθεος ὄσδοντά φησι τὸν ἐκ Πέντε λόφων, ὅς ἐςι τόπος Σπάρτης ἀπέχων ςάδια ἑπτά, καὶ τὸν ἐκ Δενθιάδων ἐρύματός τινος, καὶ τὸν ἐκ Καρύςου, ὅς ἐςι πλησίον Ἀρκαδίας, καὶ τὸν ἐξ Οἰνοῦντος, καὶ τὸν ἐξ Ὀνόγλων καὶ Σταθμῶν. Χωρία δὲ ταῦτα τὰ καὶ πλησίον Πιτάνης. Φησὶ γοῦν „Οἶνον δ' Οἰνουντιάδην ἢ Δένθιν ἢ Καρύςιον ἢ Ὄνογλιν ἢ Σταθμίταν." Ἄπυρον δὲ εἶπε τὸν οὐχ ἑψημένον· ἐχρῶντο γὰρ ἐφθοῖς οἴνοις. Zur Erklärung der letzteren Stelle dient Folgendes. In vielen Gegenden Griechenlands, und namentlich am Taygeton, pflegt man noch heute, wenn man einen jungen Wein ohne Beimischung von Fichtenharz klären und auf mehre Jahre haltbar machen will, ein Fünftheil oder ein Viertheil der ganzen Quantität bis zur Kochhitze über dem Feuer zu erwärmen und dann wieder zu dem übrigen zu giefsen; was vorzugsweise bei rothem (schwarzem) Weine geschieht. Ein so zubereiteter Wein heifst κρασὶ βραςὸν, der ἑψημένος oder ἑφθὸς οἶνος des Athenäos; und der ἄπυρος οἶνος bei Alkman ist folglich ein ohne dieses Verfahren durch den natürlichen Gährungsprocefs geläuterter Wein.

führten Stellen ergiebt sich nun, daſs die Schreibung Dentheliates ager bei Tacitus wenigstens nicht weit von der Wahrheit sich entfernen kann, und wir wollen daher diese Namensform unangetastet lassen.

Die Messenischen Kriege brachten, mit dem ganzen übrigen Messenien, auch das Dentheliatische Gebiet und das Heiligthum der Artemis Limnatis wieder unter die Botmäſsigkeit der Lakedämonier. Sie scheinen selbst noch im Besitz dieses Landstrichs gelassen worden zu seyn, als Epaminondas nach dem Siege bei Leuktra (Ol. 102, 2) die Stadt Messene erbaute und die Reste der flüchtigen Messenier in ihr altes Vaterland zurückführte; sey es, daſs der Thebäische Feldherr ihre Ansprüche auf den Dentheliates ager wirklich als die älteren und besser begründeten erkannte, oder daſs er den kaum überwundenen Gegner nicht durch zu groſse Härte aufs Äuſserste reizen wollte. Sonst würden die Gesandten der Lakedämonier an Tiberius nicht unterlassen haben, auch über das von Epaminondas erlittene Unrecht zu klagen, oder die der Messenier, sich auf diesen Vorgang zu ihren Gunsten zu berufen (¹⁸). Erst als fast ein Menschenalter später Philipp, der Sohn des Amyntas, nach der Schlacht bei Chäroneia (Ol. 110, 3) in den Peloponnes eindrang, Lakonika verheerte und die

---

(¹⁸) Tacit. Ann. a. a. O.: Auditae dehinc Lacedaemoniorum et Messeniorum legationes de jure templi Dianae Limnatidis, quod „suis „a majoribus suaque in terra dicatum” Lacedaemonii firmabant annalium memoria vatumque carminibus: „sed Macedonis Philippi, cum „quo bellassent, armis ademptum, ac post C. Caesaris et M. Anto„nii sententia redditum.” Contra Messenii „veterem inter Herculis „posteros divisionem Peloponnesi” protulere, „suoque regi Denthelia„tem agrum, in quo id delubrum, cessisse; monimentaque ejus rei „sculpta saxis et aere prisco manere; quodsi vatum, annalium ad te„stimonia vocentur, plures sibi ac locupletiores esse, neque Philippum „potentia, sed ex vero statuisse. idem regis Antigoni, idem impera„toris Mummii judicium: sic Milesios permisso publice arbitrio, po„stremo Atidium Geminum, praetorem Achajae, decrevisse.” Ita secundum Messenios datum.

Lakedämonier auf den Antrieb ihrer feindlichen Nachbarn ([19])
schwer demüthigte, sprach er im Osten des Landes den Argeiern Kynuria, im Norden den Tegeaten und Megalopoliten
einige ihnen entrissene Districte, und im Westen den Messeniern das Dentheliatische Gebiet wieder zu ([20]). Doch hörten
die Lakedämonier nie auf, ihre Ansprüche darauf geltend zu
machen; daher denn, wie wir aus der Rede der Messenischen
Gesandten vor Tiberius erfahren, erst Antigonos (ohne Zweifel Antigonos Doson, nach der Schlacht bei Sellasia, Ol.139,3),
dann Mummius, hierauf die Milesier, denen von beiden ·
Partheien das Schiedsrichteramt übertragen worden war, und
endlich der Prätor von Achaja, Atidius Geminus, über diesen
Gränzstreit Recht zu sprechen hatten, welche sämmtlich sich
für Messenien entschieden. Etwas Näheres über diese Vor-
gänge ist nicht bekannt. So scheint inzwischen das Verhältnifs bis zu den Zeiten des Antonius und Augustus geblieben
zu seyn, wo das streitige Gebiet endlich auf ein halbes Jahrhundert wieder an die Lakedämonier kam. Über diese Thatsache stimmen Tacitus und Pausanias überein, nur weichen
sie in dem Bericht über die Umstände von einander ab. Nach
der Erzählung des Tacitus wäre der Landstrich „durch einen
Ausspruch des C. Cäsar (doch wol des Octavianus?) und des
M. Antonius” den Lakedämoniern zurückgegeben worden;
während dies nach Pausanias ([21]) durch Augustus allein ge-

____

([19]) Polyb. 17, 14, 6: - - τῶν ἐξ Ἀρκαδίας καὶ Μεσσήνης. Οὗτοι γὰρ,
ἐπισπασάμενοι Φίλιππον εἰς Πελοπόννησον, καὶ ταπεινώσαντες Λακεδαιμονίους κ. ἑ.

([20]) Vgl. Manso, Sparta, III, 1, S. 245, der die hierauf bezüglichen Stellen des Polybios und Pausanias nachweist. Sogar der ganze
südliche Küstenstrich von Kynuria bis Glympeis und Zarax scheint
damals von Lakonika abgerissen und zu Argolis geschlagen worden
zu seyn: vgl. Polyb. 4, 36, 5. 5, 20, 4. Vgl. unten VI, 1, Anm. 4.

· ([21]) Paus. 4, 31, 2: Λακεδαιμονίοις δὲ ἔχειν τοῖς ἐν Σπάρτῃ τὴν Θουρίαν
ἔδωκεν Αὔγουςος. Αὐγούςῳ γὰρ βασιλεύοντι Ῥωμαίων ἐπολέμησεν Ἀντώνιος, γένει
καὶ οὗτος Ῥωμαῖος. καὶ οἱ τῶν ἐν τῇ Ἑλλάδι ἄλλοι τε καὶ οἱ Μεσσήνιοι προσέθετο,
ὅτι ἐφρόνουν Λακεδαιμόνιοι τὰ Αὐγούςου. καὶ ὁ μὲν τούτων ἕνεκα Μεσσηνίοις καὶ τῶν

schah, und eben um die Messenier dafür zu strafen, dafs sie es im Aktischen Kriege mit Antonius gehalten hatten. Hier verdient aber Pausanias allein Glauben, sowohl wegen seiner genauesten Kenntnifs der Griechischen Verhältnisse überhaupt, als auch weil seine Darstellung mit dem, was wir sonst von der grofsen Begünstigung des oben erwähnten Spartiaten C. Julius Eurykles durch Augustus (²²) wissen, in gutem Einklange steht. Vielleicht ist die Stelle des Tacitus auch nur durch die Abschreiber corrumpirt worden, und könnte etwa so gelautet haben: post M. Antonii [*cladem* oder *mortem*] C. Caesaris sententia redditum. Dagegen übergeht Pausanias den Umstand, dafs, wie wir bereits gesehen haben, die Sache unter Tiberius (um 25 nach Chr. G.) abermals vor den Kaiser zur Entscheidung gebracht wurde, und dafs dieser nunmehr, im Widerspruch mit seinem Vater, das Heiligthum der Artemis und den Dentheliates ager den Messeniern zusprach. Stillschweigend aber wird diese letztere Thatsache auch durch den alten Periegeten bestätigt, insofern er, trotz seiner Erzählung von dem Ausspruche des Augustus zu Gunsten der Lakedämonier, die streitigen Landestheile dennoch unter Messenien aufführt, bei dem sie also seit der Regierung des Tiberius verblieben zu seyn scheinen. Und hiermit endigen die Nachrichten über die wechselnden Schicksale jener Gegend im Alterthum, deren Besitz, wie oben gezeigt worden, auch noch in den neuesten Zeiten zwischen Lakonika und Messenien hin und wieder schwankt.

ἄλλων τῶν ἀντιταξαμένων τοῖς μὲν αὐτῶν ἔλαττον, τοῖς δὲ καὶ ἐς πλέον ἐπεξῆλθε. Vgl. ebendas. 30, 2: Βασιλεὺς δὲ Αὔγουςος τοὺς ἐν Φαραῖς Μεσσηνίους συντελεῖν ἐπέταξεν ἐς τὸ Λακωνικόν. Wenn aber Thuria und Pharä, die den Dentheliates ager gegen Westen und Südwesten begränzen, Lakedämonisch geworden waren, so mufste auch das hinter ihnen gelegene Gebiet unter der Herrschaft der Lakedämonier stehen.

(²²) Vgl. oben Anm 8.

Einem nun der oben aufgeführten Schiedsrichtersprüche
zu Gunsten der Messenier verdanken die im ersten Abschnitte
mitgetheilten Gränzsteine ihre Errichtung; welchem aber, läfst
sich nicht genau bestimmen. Die gröfsere Wahrscheinlichkeit
spricht jedenfalls für die Zeit des Tiberius. Denn gewifs werden die Lakedämonier, nach der von Augustus erhaltenen ihnen günstigen Entscheidung, nicht unterlassen haben, alle etwanige früheren Gränzsteine, die den ager Dentheliates ihren
Gegnern zuwiesen, zu vernichten oder anderswie auf die Seite
zu schaffen; unter den „monimenta sculpta saxis et aere prisco"
aber, auf welche sich die Messenier bei Tacitus berufen, sind
keine in den letztverflossenen Jahrhunderten gesetzte Gränzsteine gemeint, sondern diese sollen sich auf die erste Theilung des Landes unter die Herakliden bezogen haben ([23]).
Auch spricht der paläographische Charakter der Inschriften
— wenn anders die von Herrn Zographos erhaltenen Copien
in dieser Beziehung ganz zuverlässig sind — für die aufge-
stellte Meinung. Selbst habe ich die Steine leider nicht besuchen können, weil die mir vergönnte Zeit nicht dazu aus-
reichte. Ob sie die Gestalt quadrater Hermen haben? Vielleicht werden andere Reisende, die künftig das Taygeton
zwischen Pharä und Sparta durchschneiden mögen, sich die
Mühe eines Abstechers dahin nicht verdriefsen lassen. Wenn
dann auch noch die Lage der Stadt Denthalii oder Denthiades ermittelt werden kann, so dürften wir mit der Topographie dieser Gegend, so weit die Nachrichten der Alten reichen,
chen, ganz auf dem Reinen seyn.

4. Kehren wir jetzt, nach Erörterung der topographischen Beziehungen, wieder zu der Limnatischen Göttinn und

---

([23]) Dafs auch auf anderen Seiten des Lakonischen Landes alte
Gränzsteine (ὅροι, Ἑρμαῖ, Ἑρμαῖα) gegen die Nachbarstaaten errichtet
waren, bezeugt Pausan. 2, 38, 7. 3, 1, 1. 3, 10, 7. 8, 34, 3. Vgl.
über die Gränzhermen gegen die Thyreatis und Tegeatis unten VI,
2, bei Anm. 21 und. 22.

den Ruinen ihres Heiligthums zurück. Von grofsen Festversammlungen (πανηγύρεις) bei diesem Tempel geben schon die Nachrichten von der Erschlagung des Teleklos Kunde ([24]); eigentliche Festspiele (ἀγῶνες) zu Ehren der Göttinn lernen wir erst aus den im vorhergehenden Abschnitt mitgetheilten Inschriften kennen. Zu den Kampfübungen mögen die früher erwähnten ebneren Flächen auf dem Boden des Thalkessels gedient haben; einen andern dazu geeigneten Raum giebt es in der Nähe des Heiligthums nicht. Worin die Spiele bestanden, läfst sich nicht angeben, da wir auch über die, welche der Artemis Orthia im Limnäon bei Sparta gefeiert wurden, nur wenig wissen ([25]); wahrscheinlich waren sie den letzteren mit einiger durch die Örtlichkeit bedingter Einschränkung nachgebildet. In jenen erschienen auch Knaben im Wettrennen (ἵππῳ κέλητι), welche Übung in dem engen Bergkessel von Volimnos vermuthlich wegfiel ([26]).

Der grofse Zudrang von Menschen zu den Opfern und Festversammlungen, wie zu den Kampfspielen der Göttinn konnte nicht ermangeln, ihr Heiligthum mit vielen Weihgeschenken zu bereichern; während andere kleinere Gegenstände von den Wallfahrern und Zuschauern hier zufällig verloren werden mochten. Daher pflegen die Bauern von Tzernitza in den terrassenförmigen Äckern, welche sich von den Ruinen des Heiligthums den Abhang hinunterziehen, bei der Feldarbeit, besonders nach den ersten Herbstregen (μετὰ τὰ πρωτοβρόχια), mancherlei Anticaglien zu finden: Statuetten aus Bronze und gebrannter Erde, kleine Gefäfse aus Thon und aus Blei, Münzen, geschnittene Steine, silberne und goldene Ringe, nach der Erzählung der Bauern gewöhnlich in

---

([24]) Vgl. oben Anm. 9 und 10.

([25]) Vgl. Müller, Dorier 1, S. 382, Anm. 3 und 4.

([26]) Inschrift in Sparta aus Cyriacus Papieren, C. I. G. I, n. 1416:
Δαμοκλείδας Χαλέα, ἐπὶ Ἀλκίππου νεικάσας τὸ παιδικὸν κέλητι, Ἀρτέμιτι Ὀρθείᾳ.

Gestalt einer Schlange mit aufgerichtetem Kopfe u. s. w. Auch findet man an dem Abhange viele verbrannte Knochen, ohne Zweifel von den Opferthieren: wie ich auch den konischen Gipfel des Lykäischen Berges, wo der Altar des Zeus stand, noch mit angebrannten Knöchelchen übersäet gefunden habe ([27]). Von den hier zum Vorschein gekommenen bronzenen Statuetten beschrieb mir ein Mönch in dem Kloster Velanidià zwei, welche bereits mehre Jahre vor dem Freiheitskriege an den damaligen Patriarchen Kyrillos nach Konstantinopel eingesandt worden waren, der ein Griechisches Nationalmuseum zu gründen beabsichtigte; die eine als einen Eros, der sich den Dorn aus dem Fuſse zieht; die andere als eine weibliche Figur, nach seiner Versicherung mit den Gesichtszügen einer Negerinn (Ἀράπα). Die zu Zeiten gefundenen goldenen und silbernen Ringe sollen alle in die Schmelztiegel der Goldschmiede in Misthras und Kalamata gewandert seyn. Ich lieſs durch einen nach Tzernitza zurückgehenden Hirten den Besitzern der Äcker von Volimnos sagen, wenn sie noch einige Anticaglien besäſsen, mir dieselben am folgenden Tage nach Kalamata zu bringen; allein man brachte mir nur eine Aeginetische Silbermünze mit der Schildkröte, und einen Carneol mit einem Porträtkopfe von guter Arbeit, welchen letzteren ich an mich kaufte ([28]).

Nachdem ich so die Örtlichkeit von Limnä und die geringen Überreste seines altberühmten Heiligthums so weit durchforscht hatte, als dies nach den Umständen, ohne eine hier freilich zu wünschende Ausgrabung, möglich war, trat ich gegen Mittag den Rückweg an. Ich folgte diesmal in mehr südlicher Richtung dem trocknen Bette des Bergbaches, das sich

---

([27]) Vgl. unten IV, 3, bei Anm. 52.

([28]) Es ist das Bild eines Mannes in vorgerücktem Alter, mit kahlem Oberkopf, lockigem Hinterhaar, langem Barte, spitziger Nase und etwas aufgeworfenen Lippen. Gerade über der Stirn hat der Stein leider einen muschelförmigen Bruch.

von hier in die Thalschlucht des Nedon hinunter zieht, kam
an zwei kleinen Höhlen vorüber, welche, weil sie im Winter
den Hirten zum Obdach zu dienen pflegen, das gute Haus
(τὸ καλὸ 'σπίτι) heifsen, und gelangte so nach einer Stunde
auf den abscheulichen Saumpfad, der von Megale Anastasova
über dem rechten Ufer des Nedon nach Kalamata führt. Von
diesem Puncte erreichte ich die Stadt in etwa drittehalb
Stunden.

5. Anhang. Der Zusammenhang der Limnatischen
Göttinn mit der Artemis Orthia im Spartanischen Limnäon
mag hier die Mittheilung einer Inschrift rechtfertigen, welche
in oder neben dem Heiligthum der Orthia errichtet war,
und im April dieses Jahres in Sparta, in den Fundamenten
eines Gebäudes aus dem Mittelalter, auf der sumpfigen Fläche
nördlich von dem kleinen Hügel Turkovuni, auf dem sich die
neue Stadt erhebt, südlich vom Theater und westlich vom
Issorion, in meiner Gegenwart ausgegraben wurde. Sie steht,
wie die übrigen so zahlreichen Ehreninschriften aus den ersten Jahrhunderten unserer Zeitrechnung in Sparta, auf einer
hohen quadraten Basis aus weifsem Marmor, und ist mit Ausnahme der letzten sehr stark zerfressenen Zeilen noch ziemlich leserlich. Zu Anfang mufs man die Worte ΗΠΟΛΙC
ergänzen, da sonst das Verbum ἱδρύσατο ohne Subject bleibt:

[ΗΠΟΛΙϹ]
ΤΗΝϹΕΜΝΟΤΑΤΗΝΚΑΙ
ΦΙΛΟϹΟΦΩΤΑΤΗΝΚΑΙ
ΕΥΓΕΝΕϹΤΑΤΗΝΗΡΑ
5. ΚΛΕΙΑΝ   ΤΕΙϹΑΜΕΝΟΥ
ΠΑΡΑΤΗΑΓΙΩΤΑΤΗΟΡ
ΘΙΑΑΡΤΕΜΙΔΙΙΔΡΥϹΑ
ΤΟΑΡΕΤΗϹΠΑϹΗϹΚΑΙ
ϹΩΦΡΟϹΥΝΗϹΚΑΙΕΥ
10. ϹΕΒΕΙΑϹΕΝΕΚΑΠΡΟϹ
ΔΕΞΑΜΕΝΟΥΤΟΑΝΑ
ΛΩΜΑΤΟΥΠΡΟϹΦΙΛΕ
ϹΤΑΤΟΥΑΝΔΡΟϹΑΥΤΗϹ
ΜΑΡΑΥΡΕΥΤΥΧΙΑΝΟΥ☙
15. ΤΟΥＳ≫ΑΛΛΗΝΠΗΝΕΛΟ
ΠΕΙΑΝΕΓΕΙΝΑΤΟΚΥΔΑΛΙΜΗ
ΧΘΩΝ≫ϹΠΑΡΤΗΤΙϹΑΜΕΝΟΥ
ΘΕϹΠΕϹΙΟΥΘΥΓΑΤΡΑ≫ΤΟΙΗ
ΜΗΤΙΝΕΗΝΝΗΔΗΘΕΑΚΑΙΝΟΟ̄
20. ΕϹΘΛΟΝΕΡΓΑΤΑΘΗΝΑΙΗϹ
ΗΔΕϹΑΟΦΡΟϹΥΝΗΝ≫ΤΑΥ
ΤΗΚΑΙΓΕΝΟϹΕϹΧΕϹΕΤΗΤΥ
ΜΟΝΗΡΑΚΛΕΙΑ≫ΗΡΑΚΛΕΟΥϹ
ΦΟΙΒΟΥΠΡΟϹΔΕΤ...ᴬΛΛ.
25. ΔΩΝ≫ΟΙϹΕΚΑΤΕ.......
ΡΑΙϹΙΝΑΝΗΡΕΙΨΑ..
ΛΙϹ≫ΑΥΤΟΚΑϹΙΓΙ......
ΘΑΚΟΝΕϹΕΘΝ ,......

[Ἡ Πόλις]

τὴν σεμνοτάτην καὶ

φιλοσοφωτάτην καὶ

εὐγενεστάτην Ἡρά-

5.   κλειαν Τεισαμενοῦ

παρὰ τῇ ἁγιωτάτῃ Ὀρ-

θίᾳ Ἀρτέμιδι ἱδρύσα-

το, ἀρετῆς πάσης καὶ

σωφροσύνης καὶ εὐ-

10.   σεβείας ἕνεκα, προς-

δεξαμένου τὸ ἀνά-

λωμα τοῦ προςφιλε-

στάτου ἀνδρὸς αὐτῆς

Μάρ. Αὐρ. Εὐτυχιανοῦ

15.   τοῦ [Εὐτυχιανοῦ.]

Ἄλλην Πηνελόπειαν ἐγείνατο κυδαλίμη χθὼν

    Σπάρτη, Τισαμενοῦ θεσπεσίου θύγατρα.

Τοίη μῆτιν ἔην ἠδ᾽ ἤθεα καὶ νόον ἐσθλὸν,

    Ἔργα τ᾽ Ἀθηναίης ἠδὲ σαοφροσύνην.

5.   Ταύτῃ καὶ γένος ἔσχες ἐτήτυμον, Ἡράκλεια,

    Ἡρακλέους, Φοίβου, πρὸς δέ τ᾽ ['Ολυ]μ[πιά]δων·

Οἵ σε κατ[οιχομένην ἔδ]ραισιν ἀνηρείψα[νθ'] αἷς,

    Αὐτοκασιγν[ήτην] θᾶκον ἐς ἑὸν [θέμενοι].

Die Inschrift besteht aus zwei, jedoch gleichzeitigen und
zusammengehörigen Theilen: einem Ehrendecret (Z. 1-15),
nach welchem einer Herakleia, Tochter eines Tisamenos, von
ihrem Manne M. Aurelius Eutychianus im Heiligthum der Artemis Orthia ein Standbild errichtet wird; und einem Lobge-
dichte in vier Distichen, aus dem man ersicht, daſs Herakleia
bereits verstorben war. Ein Tisamenos kommt unter den

-vornehmen Spartanern jener Zeit auch im C. I. n. 1361 und 1433 vor; ein Aur. Eutychos n. 1330, ein Eutychas n. 1285, ein Eutychion n. 1294. — In dem Epigramm wird Herakleia eine andere Penelope genannt, was zu jener Zeit eine in Sparta sehr beliebte Schmeichelei war (vgl. C. I. n. 1409. 1447), und wird an Geist, Sitten und Geschicklichkeit der Athene verglichen (wie auch eine Frau auf Sikinos in dem Epigramm an einem Thürpfosten des Apollontempels, vgl. Ztschr. f. Alterthumsw. 1838, N. 87). Deshalb erkennt der Dichter seiner Heldinn, auf ihren Namen anspielend, gegründeten Anspruch zu auf Verwandtschaft mit Herakles, Phoebos und den Bewohnerinnen des Olymp, welche — wenn wir das letzte Distichon richtig verstehen — sie im Sterben zu ihren Sitzen erhoben und als Schwester auf den ihr gebührenden Thron gesetzt haben. Anders als αἷς weifs ich die undeutlichen Buchstaben ΛΙϹ zu Anfang von Z. 27 nicht zu lesen; und wenn auch der Gebrauch des Pron. Poss. ἑὸς oder ὃς von der dritten Person der Mehrheit nur selten ist, so fehlt es doch bei den Dichtern nicht an Beispielen. Zweifelhafter ist die Ergänzung des letzten Pentameters. Man erwartet θᾶκον ἐς σὸν, was aber das Metrum nicht verträgt; und wiederum ἑὸν (einsylbig gelesen), während es eben als Possessivum der Tertia Pluralis da war, gleich im folgenden Verse auf die zweite Person der Einheit (Apoll. Rhod. 2, 634. Moschos 4, 77) beziehen zu müssen, scheint mir selbst eine unzulässige Härte. Vielleicht werden andere Erklärer dies Distichon glücklicher herstellen (²⁹).

(²⁹) Mein werther Freund und College Professor Ulrichs hat mir später zu lesen vorgeschlagen:

> Οἵ σε κατ[οιχομένην αὖ]ραισιν ἀπηρείψα[νθ᾿], αἷς
> Αὐτοκασιγν[ήτην] θᾶκον ἐς ἐὸν [κάϑισαν].

So dafs vor αἷς interpungirt, und dieses als Relativum genommen wird, ἐὸν aber im letzten Verse als Possessivum der zweiten Person stehen bleibt.

II.

Phlius und die Umgegend. Die Gränzfestungen der Sikyonia. Sikyon und der Tempel des Asklepios in Titane. Stymphalos und Theile der Stymphalia ([1]).

---

1. Auf einem Ausfluge, den ich zu Anfang Septembers 1839 in die nordöstlichen Gebirge des Peloponnes unternahm und bis Pheneos ausdehnte, war es mein Hauptzweck, die Gegend zwischen Phlius und Sikyon, auf beiden Seiten des Asoposthales, genauer zu durchforschen, und vorzüglich die Ruinen des Tempels des Asklepios in Titane aufzusuchen, die bis dahin noch nicht aufgefunden worden waren; und doch verdiente dieser Tempel ganz besonders die Aufmerksamkeit der Reisenden, weil er zu der kleinen Zahl derer gehört, von denen Pausanias ausdrücklich angiebt, daſs ihre Giebelfelder (ἀετοὶ) mit Statuen geschmückt waren.

Am 6 September Morgens verlieſs ich den Khan von Dervenakia, der am Wege von Mykenä nach Korinth am nördlichen Ausgange des Passes Tretos ([2]) liegt, und ritt

---

([1]) Der letzte Theil dieses Aufsatzes, die Sikyonia und die Ruinen von Titane betreffend, ist im Auszuge und in Französischer Sprache schon im Bull. d. Inst. Arch. 1840, p. 21 folgg. mitgetheilt worden.

([2]) Paus. 2, 15, 2 und 4. Zwei Wege führten nach Pausanias aus der Ebene von Kleonä nach Argos: eine Fahrstraſse durch den sogenannten Tretos, und ein kürzerer Pfad für rüstige Wanderer. Unter letzterem meint er den Saumpfad, der in mehr gerader Richtung bei

links in nordöstlicher Richtung über niedrige Höhen, die noch
zum Berge Treton (³) gehören, in das Thal von Nemea.
Der Tempel blieb mir eine Viertelstunde weit zur Rechten;
mein Weg führte gerade westlich quer über die Ebene, und
überstieg dann den Hügelrücken, durch welchen das Trikaranon mit der Kölossa zusammenhängt, und welcher das
Thal von Nemea von der Phliasischen Ebene scheidet; von
hier endlich ritt ich am Rande der Ebene längs dem Fufse der
Höhen hin nach dem grofsen Dorfe St. Georg ("A. Γεώργιος),
welches jetzt der Hauptort der alten Phliasia ist.

Hagios Georgios liegt an dem südlichen Fufse des Trikaranon, eines ansehnlichen, in drei stumpfe Spitzen aus-
laufenden Berges, der die Phliasische Ebene gegen Nordosten
begränzt. Die Ruinen von Phlius finden sich noch drei Viertelstunden weiter westlich, auf dem letzten niedrigen Vorsprunge dieses Berges gegen den Asopos. Dem Dorfe gegen-

---

H. Basilios über die Berge führt. Auf diesen bezieht Leake
(Morea III, p. 328) mit Recht den Namen Kontoporía, der bei
Polyb. 16, 16, 4 und 5 und in einem Fragment des Ptolemäos Phila-
delphos bei Athen. 2, S. 43 als der des kürzesten Weges von Korinth
nach Argos vorkommt; unter den Gründen aber, die er dafür anführt,
ist der etymologische wol der am wenigsten richtige. Leake erklärt
κοντοπορία durch *staffroad*, Stockpfad, und versteht darunter einen Weg,
dessen sich nur Fufsgänger am Wanderstabe bedienten. Allein κόντος
bedeutet niemals einen Wanderstab. Im sogenannten Neugriechischen,
welches von so vielen alten Worten die Grundform und Grundbedeu-
tung aufbewahrt hat, ist κοντός, ή, όν ein Adjectiv: kurz, gedrungen. Hiernach ist κοντοπορία soviel als κοντή (bei Pausanias ἐπίτομος)
πορεία, der kurze Weg, der Richtweg. Die alte Schriftsprache über-
liefs das Adjectiv den Dialekten, und nahm nur das Masculinum,
natürlich mit zurückgezogenem Accent, als Substantiv auf. — An dem
Passe Tretos lag irgendwo, vielleicht an der Stelle des heutigen Khans
von Dervenakia, der Thurm des Polygnotos, Πολυγνώτου πύργος, Plut.
Arat. 6 und 7.

(³) Als Berg erscheint das Treton (so genannt von den vielen
Höhlen, mit denen es gleichsam durchbohrt ist) bei Hesiod. Theog.
331 und Diod. Sik. 4, 11.

über, am südlichen Rande der Ebene, ist zwischen zwei hohen und schroffen, ganz mit Höhlen gefüllten Felsbergen der Pafs, durch welchen im Alterthum, wie heute, der directeste Weg aus der Argivischen Ebene, die er bei Saminthos ([4]) verliefs, in die Phliasia führte. Diese Localität, sey es der Pafs selbst oder einer der ihn einschliefsenden Berge, ist die Kölossa, Κοιλοῦσσα, d. i. κοιλόεσσα, der Alten. Als Berg kommt der Name bei Strabon vor; an demselben (πρὸς ὅρει Κοιλώσσῃ) lag die alte Hauptstadt des Ländchens, Aräthyrea, von dem späteren Phlius dreifsig Stadien entfernt, und an einem andern Theile des Berges, genannt Karneates, dem heutigen Megalovuni, entsprang der Asopos ([5]). Den Ursprung desselben aus der Kölussa bestätigt auch die Mythe, nach welcher Asopos, der dem Flusse den Namen gegeben, ein Sohn des Poseidon und der Keglusa, Κηγλούσης, war ([6]). Mit Recht aber wurde dieser Arm des Flusses von den Alten als der Hauptarm angesehen, weil er von hier aus die Ebene in ziemlich gerader Richtung gegen Norden durchschneidend denselben Lauf beibehält, während ein längerer aus den westlichen Theilen des Thales kommender Arm ein wenig oberhalb Phlius fast unter einem rechten Winkel in sein Bette fällt. Von Aräthyrea finden sich einige Ruinen auf dem Rükken und an der Westseite des Berges, der jetzt Polyphengos

---

([4]) Σάμινθος, Thuk. 5,58. Saminthos lag am westlichen Rande der Argivischen Ebene, Mykenä gegenüber, bei dem heutigen Dorfe Phiklia (τὰ Φίκλια), in dessen Nähe Spuren alter Gebäude sind.

([5]) Strab. 8. S. 217 Tchn.: Ἀραιθυρέα δ᾽ ἐςὶν ἡ νῦν καλουμένη Φλιασία· πόλιν δ᾽ εἶχεν ὁμώνυμον τῇ χώρᾳ πρὸς ὅρει Κοιλώσσῃ· οἱ δ᾽ ὕςερον ἀναςάντες ἐκεῖθεν, πρὸς τριάκοντα ςαδίων ἔκτισαν πόλιν, ἣν ἐκάλεσαν Φλιοῦντα· τῆς δὲ Κοιλώσσης μέρος ὁ Καρνεάτης, ὅθεν λαμβάνει τὴν ἀρχὴν Ἀσωπὸς ὁ παραρρέων τὴν Σικυωνίαν κ. ἑ. (Wenn nur Καρνεάτης nicht ein blofser Schreibfehler ist statt Ὀρνεάτης!)

([6]) Paus. 2,12,5: Ἀσωπὸς Κηγλούσης εἶναι λεγόμενος καὶ Ποσειδῶνος.

heifst (⁷); das Zutreffen der Entfernung von dreifsig Stadien
von Phlius läfst vollends keinem Zweifel Raum.   Hiernach
kann auch der Engpafs bei Kelusa (αἱ παρὰ Κηλοῦσαν ἐμβολαὶ),
der bei Xenophon vorkommt, kein anderer seyn als dieser. Die
Lakedämonier, die bereits seit längerer Zeit eine Besatzung in
Phlius hatten (⁸), unternahmen von hier aus einen Angriff auf
Argos, allein sie wurden von den starken Mauern der Stadt
zurückgeschlagen.   Agesipolis wollte nun an dem genannten
Bergpasse eine Befestigung anlegen, sey es zum Schutz der
Phliasia gegen die Argeier, oder um den Phliasiern und ihren
Bundesgenossen für künftige Fälle den Weg nach Argos offen
zu halten; da aber die Opfer ungünstig ausfielen, führte er
das Heer zurück, wahrscheinlich an den ersten Sammelplatz,
nach Phlius, und löste es auf (⁹).   Die Verschiedenheit der
Schreibung des Namens bei den drei Schriftstellern darf hier
kein Bedenken erregen.   Offenbar kommt die zweimal wiederholte Form Κοιλῶσσα bei Strabon, nach der oben angedeu-
teten muthmafslichen Etymologie, dem Richtigen am nächsten;
sie könnte vielleicht auch dialektisch gerechtfertigt werden,
durch die Voraussetzung einer unzusammengezogenen Form
κοιλώεσσα, wie κητώεσσα.   Bei Pausanias hat schon Schneider
vorgeschlagen, das gewifs verdorbene Κηγλούσης in Κοιλώσσης
(oder Κοιλούσσης) zu verbessern.   Die Stelle des Xenophon
ist, so weit ich sehe, noch von niemanden zu der Strabonischen Nachricht in Beziehung gesetzt worden; da aber der
Geschichtschreiber, wie oben gezeigt worden, ohne Zweifel

(⁷) Leake (Morea III, 339 flgg.) hielt die Ruinen auf Polyphengos irriger Weise für Phlius selbst.

(⁸) Xenoph. Hell. 4, 4, 15.

(⁹) Xenoph. Hell. 4, 7, 7: Agesipolis, von Argos zurückgeschlagen,
βουλόμενός τειχίσαι φρούριόν τι ἐπὶ ταῖς παρὰ Κηλοῦσαν (Κοιλοῦσσαν) ἐμβο-
λαῖς, ἐθύετο· καὶ ἐφάνη αὐτῷ τὰ ἱερὰ ἄλοβα. ὡς δὲ τοῦτο ἐγένετο, ἀπήγαγε τὸ
ςράτευμα καὶ διέλυσε.

dieselbe Örtlichkeit vor Augen hatte, so ist auch hier unbedenklich Κηλοῦσαν in Κοιλοῦσσαν umzuschreiben.

In Hagios Georgios selbst giebt es keine Ruinen des Alterthums, aufser den Überresten eines Gebäudes am Fufse der Höhe in der Ebene, welches ein altes Bad gewesen zu seyn scheint. Doch findet man in den Kirchen und Häusern des Dorfes einige antike Bruchstücke, z. B. in der Kirche Εἰσ-ίδια τῆς Παναγίας, in deren Mauer die Inschrift des C. I. G. I, n. 1113 ist, ein spätes Dorisches Capitell mit Ionischen Schnecken auf den vier Ecken des Echinos. Die Grabstelen, deren ich hier fast ein Dutzend sah, haben eine ganz eigenthümliche Form, die mir aufserhalb der Gränzen der Phliasia noch nirgend in Griechenland vorgekommen ist. Sie sind aus einem weichen körnigten Sandsteine gemacht, und bilden

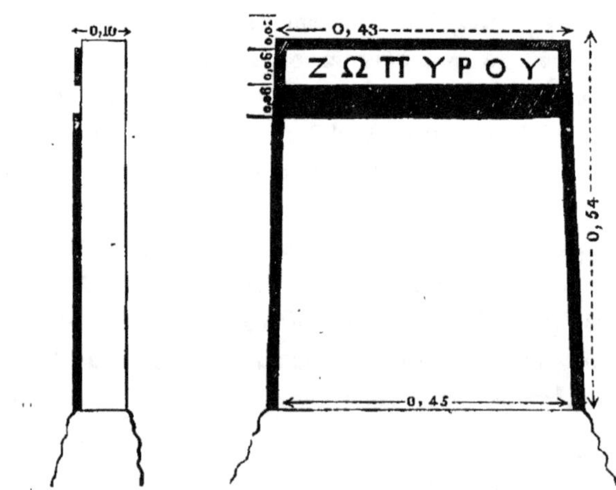

eine Platte von 0,10 bis 0,12 Meter Dicke, die von dem unbearbeiteten, zum Einsenken in die Erde bestimmten Fufse bis an den obern Rand 0,50 bis 0,60 M. hoch und unten 0,45 bis 0,50 M. breit ist; nach unten verjüngt sie sich um zwei bis drei Centimeter. Um die drei Seiten der Platte läuft ein

zwei bis drei Centimeter breiter und etwa um fünf Millimeter
vertiefter flacher Rand; und etwa acht Centimeter unter dem
obern Rande der Platte zieht sich ein sechs Centimeter breites und in der gleichen Tiefe von fünf Millimeter ausgeschnit-
tenes Band quer über den Stein. Die nebenstehende flüchtige Zeichnung wird dies besser verdeutlichen. Auf dem so
gebildeten erhöhten Streifen steht der Name des Verstorbenen im Genitiv, in dem vertieften Bande der seines Vaters in
demselben Casus ([10]). Auf einigen andern weniger sorgfältig
gearbeiteten Stelen steht nur Ein Name, gewifs der des Verstorbenen, in dem vertieften Bande; z. B. in der Capelle des
H. Joh. Prodromos: EΓIKPATEOΣ. Die ganze untere
Fläche der Platte ist glatt, ohne Schrift oder Sculpturen. Hier
ist nun wol die Vermuthung nicht abzuweisen, dafs so ein-
fache Glieder und Verzierungen, wie diese Ränder und Bän-
der, die durch ihre unbedeutende Vertiefung von 0,005 Meter selbst in geringer Ferne kaum ins Auge fielen, für sich
allein ihren Zweck nicht erfüllten, sondern lediglich dazu
dienten, die Abgränzungen der Felder zu bezeichnen, welche
mit verschiedenartigem Farbenüberzug geschmückt werden
sollten. Ich denke mir etwa den Rand und die vertiefte
Tänia roth, den erhöhten Streifen blau, und auf diesem
wieder den Namen ZΩΓYPOY mit rother, dagegen den
Namen APIΣTOBOYΛOY auf rothem Grunde mit
blauer ([11]), oder auch beide Namen mit schwarzer ([12]) Farbe
ausgemalt. Auf der untern glatten Fläche aber wird, eben wie

([10]) Z. B. auf einer ähnlichen Stele:

$$\Sigma\Omega\Sigma I K\Lambda E O \Sigma$$
$$\Theta [E O \Xi E N] O Y$$

([11]) Gr. Anthol. 7, 651: ἡ κυάνεον γράμμα λαβοῦσα πέτρη.

([12]) So war auf einer im Kunstblatt 1838 herausgegebenen poly-
chromen Attischen Stele der Name ΔIΦIΛOΣ blofs mit schwarzer
Farbe auf den Marmor gemalt.

auf den Attischen mit keinem Relief verzierten Stelen (¹³),
die gewöhnliche Abschiedsscene des Verstorbenen von seinen Verwandten gemalt gewesen seyn.

Einige Minuten oberhalb des Dorfes liegt an dem Abhange des Berges die sogenannte Metropolis, ein dem Bischof
von Korinth zuständiges Gehöfte, daher auch Δεσποτικόν genannt, mit einer ziemlich ansehnlichen Kirche des H. Nikolaos, die gröfstentheils aus alten Werkstücken erbaut ist, und
vielleicht die Stelle eines antiken Monuments einnimmt. Von
hier enthalten die Fourmontschen Papiere zwei sehr alte Inschriften (C. I. G. I, n. 21 und 37). Nach diesen suchend,
fand ich auf einer röthlichen Sandsteinquader in der südlichen
Aufsenwand der Kirche das nachstehende Fragment, welches
mit einer der Fourmontschen Inschriften (N. 37) nicht allein
in paläographischer Hinsicht zusammenstimmt, sondern auch
wenigstens Ein Wort (ὅρκον) gemein hat. Fourmont las:

..Ⅵ⊙ΦϘ⊙ΒΜ⊙ΤϚΑΤƎΞƎΔ

Meine Inschrift ist:

ꓹꓹϘ⊙ΑϚΤ⊙Ⅵ⊙ΦϘ⊙ΒΤϚ

Vielleicht entdecken künftige Nachforschungen an demselben
Orte weitere Fragmente, welche den Zusammenhang zwischen
diesen Bruchstücken herstellen können.

Noch etwas höher hinauf, als die Metropolis, liegt an
dem Berge eine kleine hellenische Ruine, Paläokastron genannt, welche höchst wahrscheinlich die von den Argeiern an
dem Trikaranon angelegte gleichnamige Festung (¹⁴) ist;

(¹³) Vgl. Kunstblatt 1837, n. 15, und die Abbildung zum Jahr-
gang 1838. Paus. 7, 22, 6. 2, 7, 3. Letronne, Lettres sur la peinture
murale p. 226 ss.

(¹⁴) Xen. Hell. 7, 2, 1. 5. 11. 13; ebend. 4, 11. Demosth. Megalo-
pol. S. 206. Harpokr. in Τρικάρανον. Steph. in Τρικάρανα.

denn auf dem höchsten Gipfel des Berges ([15]) selbst, wo
heute nur eine Capelle des Propheten Elias ist, konnte diese
nicht gelegen seyn, weil es dort an Wasser fehlte; auch zeigen sich dort keine Ruinen. Unterhalb der Burg Trikaranon
aber lag ([16]) ein Heiligthum der Hera ('Ηραῖον), also vielleicht an der Stelle der heutigen Metropolis, wenn es nicht
noch weiter gegen Phlius hin angenommen werden muſs. Ich
werde unten auf diese Örtlichkeiten wieder zurückkommen.

2. Nachmittags verlieſs ich H. Georgios, und ritt durch
die Ebene in einer halben Stunde nach den Ruinen von
Phlius. Am Wege zwischen den Weingärten an mehren
Stellen alte Quadern, und rechts auf einem Abhange des Trikaranon eine Capelle.

Das alte Phlius lag an und auf einem Hügel an der
Nordseite der Ebene über dem rechten Ufer des Asopos,
welcher Hügel ostwärts mit dem Trikaranon, nordwärts mit
dem noch höheren Berge Spirià (τὰ Σπιριὰ) zwischen den
Flüssen Asopos und Nemea zusammenhängt. In letzterem
Berge werden wir weiterhin den Berg von Thyamia erkennen. Die Ruinen von Phlius sind von ansehnlichem Umfange, aber bieten fast nur Fundamente und unscheinbare
Trümmerhaufen dar. Auf der Hälfte des südwestlichen Ab-
hangs der Anhöhe liegt die ansehnliche Kirche unserer Frau
vom Hügel (Παναγία 'Ραχιώτισσα), nach welcher die ganze
Örtlichkeit jetzt 'σ τὴν 'Ραχιώτισσαν heiſst. Sie ist ohne Dach,
fast ganz aus alten Quadern von verschiedenen Steinarten
erbaut, worunter jedoch wenig Marmor; vorherrschend ist
der einheimische Sandstein und eine Art Conglomerat (pud-
dingstone). Wahrscheinlich nimmt sie die Stelle des Tempels

([15]) Die Ebene von Phlius hat nach den Messungen der französischen Offiziere 292, die Spitze des Trikaranon 739 Meter, also mehr
als 2200 Fuſs Elevation über die Meeresfläche.

([16]) Xen. Hell. 7, 2, 1: τὸ ὑπὲρ τοῦ 'Ηραίου Τρικάρανον und ebend. §. 11:
διὰ τοῦ Τρικαράνου κατέβαινον ἐπὶ τὸ 'Ηραῖον.

des Asklepios ein, denn dieser lag, wenn man von der
Akropolis in die untere Stadt herabstieg, rechts, also westlich vom Wege, über dem Theater (^{17}); und wirklich scheint
das Theater unterhalb der Kirche gewesen zu seyn. Ich fand
hier mehre Dorische Säulentrommeln mit zwanzig Cannelirungen, einige Triglyphen und zwei Dorische Capitelle, die
unter dem Halse 0,48 Meter im Durchmesser halten, und deren Plinthe 0,60 M. ins Gevierte hat; Alles aus einem weichen weifslichen Kalkstein. Die Akropolis nahm das höchste Plateau des Hügels ein, wo man die Fundamente ihrer
Mauern zum Theil noch erkennt; und hier war an der nordöstlichen Ecke der Burg auf dem Rücken, durch welchen der
Hügel mit dem Trikaranon und dem Berge Spirià zusammenhängt, das nach Korinth führende Thor (^{18}). Innerhalb der
Akropolis lag in einem Cypressenhaine das vornehmste Heiligthum der Phliasier, das der Hebe oder Ganymeda, welches ein Asyl für Schutzsuchende war (^{19}). Der Umfang der
Akropolis ist nicht unbeträchtlich, so dafs die Phliasier in
Zeiten der Bedrängnifs sogar Getreide dort bauen konnten (^{20}). Von dem Korinthischen Thore ziehen sich die Trümmer der östlichen Stadtmauer noch sehr kenntlich den Ab-

---

(^{17}) Paus. 2,13,3: κατιόντων ἐκ τῆς ἀκροπόλεώς ἐστιν Ἀσκληπιοῦ ναὸς ἐν
δεξιᾷ — — ὑπὸ τοῦτον τὸν ναὸν θέατρον πεποίηται.

(^{18}) Xen. Hell. 7,2,11.

(^{19}) Paus. 2,12,4 und 13,3. Strabon 8, S. 217 Tchn. Auch bei
Xenoph. Hell. 7,2,6 möchte ich Ἡραῖον in Ἡβαῖον verändern. Es lag
freilich, nach der bessern Lesart bei Paus. 2,13,3, auch am Burghügel ein Tempel der Hera, aber schon aufserhalb (ἐξιόντων) der Akropolis. Bei Xenophon aber sucht der durch den plötzlichen Einbruch
der Feinde aufgeschreckte Burgwart am natürlichsten in das zunächst
gelegene Asyl, in das Hebäon, sich zu retten. Erst nachdem ihm
dies mifslungen, springen seine übrigen Gefährten über die Mauer der
Akropolis, und entkommen in die Stadt.

(^{20}) Xenoph. 7,2,8: τῶν δραγμάτων ἃ ἔτυχον ἐξ αὐτῆς τῆς ἀκροπόλεως
τεθερισμένα.

hang hinunter in die Ebene bis an einen vom Trikaranon
kommenden und in den Asopos fallenden Bach, der die Stadt
gegen Süden begränzt ([21]). Die Ufer des tiefen Bettes dieses

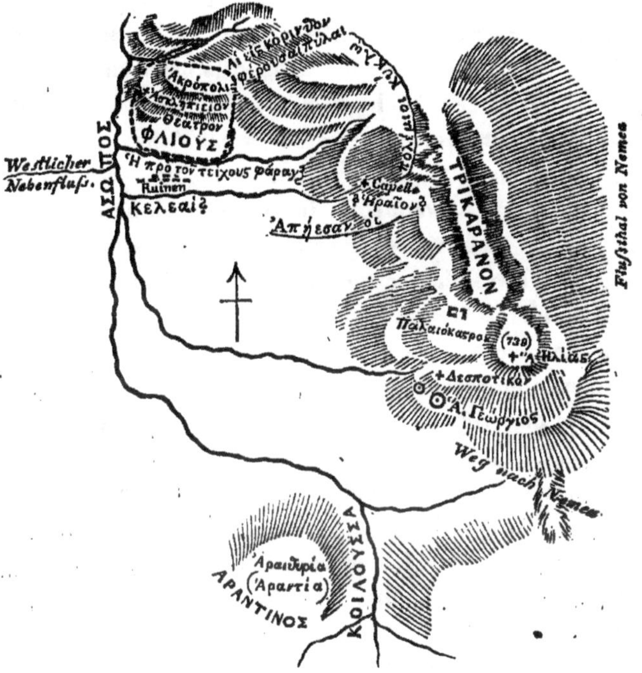

Baches waren mit polygonischen Mauern bekleidet, von de-
nen noch Reste erhalten sind, und auch südlich von dem
Bache finden sich viele Fundamente und Quadern, die von
Grabmälern herrühren mögen. Fünf Stadien oberhalb der
Stadt am Asopos sieht man endlich noch einige Trümmer von
dem Flecken Keleä ([22]), wo uralter Demeterdienst war.

Über die Örtlichkeiten von Phlius und der Umgegend
geben Xenophons Erzählungen von der Theilnahme der Phlia-

([21]) Xenoph. 7, 2, 13: ἡ πρὸ τοῦ τείχους φάραγξ.

([22]) Paus. 2, 14, 1.

sier als Bundesgenossen der Lakedämonier am Thebäischen
Kriege manchen Aufschlufs. Ich hebe nur das Wichtigste
davon aus. Als die Thebäer (Ol. 103,1) zum zweiten Male
in den Peloponnes einzudringen sich anschickten, und ein
Heerhaufe der Arkader und Eleier, ihrer Verbündeten, durch
das Thal von Nemea zog, um sich am Isthmos mit den Thebäern zu vereinigen, schlugen die Phliasischen Verbannten
jenen vor, einen Versuch zur Überrumpelung ihrer Vater-
stadt zu machen ([23]). Da man darauf einging, verbargen sie
sich mit andern Bewaffneten, in Allem Sechshundert, und
mit Leitern versehen, des Nachts am Fufse der Mauern der
Akropolis. Die Phliasischen Verbannten mögen damals, wie
sich aus einer späteren Erwähnung vermuthen läfst ([24]), die
von den Argeiern am westlichen Abhange des Trikaranon erbaute Feste innegehabt haben; die Bürger in der Stadt aber
hatten auf dem Gipfel des Berges eine Wache. Als diese nun
mit Tagesanbruch den Anmarsch der Feinde aus dem Thale
von Nemea durch die Ebene signalisirte, und die Städter ihre
Aufmerksamkeit nach dieser Seite gerichtet hatten, legten die
unter der Mauer ihre Leitern an, erstiegen die nur von zehn
Mann bewachte Akropolis, erschlugen zwei derselben, nö-
thigten die Übrigen, über die Mauer in die Stadt zu springen,
und bemächtigten sich so ohne Mühe der Burg. Während
sie aber durch das Thor in die untere Stadt zu dringen suchten, begegneten ihnen schon die Bürger, drängten sie in die
Akropolis und bald auf die Mauern derselben zurück, wo sie
sich noch in den Thürmen zu halten suchten. Man kämpfte

([23]) Xenoph. Hell. 7,2,5-9.

([24]) Ders. 7,4,11. Die Argeier verlangten bei dem endlichen Frie-
densschlusse, dafs die Phliasischen Verbannten im Besitze des Trikaranon bleiben sollten; und da sie diese Forderung nicht durchsetzen
konnten, behielten sie die Feste widerrechtlich (vgl. Demosth. Mega-
lopol. S. 206) in eignem Besitz. Daher nennt Harpokration das Trikaranon ein φρούριον τῆς Ἀργείας.

[3*]

erbittert an den Treppen, welche in Zwischenräumen auf die
Mauer führten, und auf dem Rücken der Mauer selbst. Un-
terdefs hatte die Hauptmacht der Feinde aus der Ebene die
Stadt umgangen, und suchte nun auch die Akropolis von
aufsen auf Sturmleitern zu ersteigen. Aber die unerschrocke-
nen Bürger schlugen zugleich die Stürmenden zurück, und
setzten den bereits Eingedrungenen, die sich in die Thürme
geworfen hatten, mit den Waffen und durch untergelegtes
Feuer — denn die innern Abtheilungen der Thürme waren
von Holzwerk — so heftig zu, dafs auch sie über die Mauer
sich ins Freie retten mufsten, wo sie noch von den Reutern
aus der Stadt verfolgt wurden. So schützten die Phliasier
ihre Burg. Xenophon, der partheiische Lakonenfreund, ver-
weilt mit Vorliebe bei dem Detail dieser Kämpfe, durch welche die Phliasier ihr treues Festhalten an dem Lakedämonischen Bündnifs bewährten.

Wichtiger noch ist die Erzählung (²⁵) von einem späteren Angriffe, den im folgenden Jahre der Thebäische Befehlshaber in Sikyon mit seiner Besatzung nebst den Sikyoniern
und Pelleneern, und der Tyrann Euphron von Sikyon mit
zweitausend Söldnern gegen Phlius unternahmen. Der Angriff ging wieder vom Trikaranon aus. Sie liefsen die Sikyonier und Pelleneer auf dem Hügelrücken nordöstlich von
der Akropolis vor dem Korinthischen Thore, um zu verhindern, dafs die Phliasier sie von hier aus in den Rücken fassen könnten; mit der Hauptmacht stiegen sie dann vom Trikaranon über das Heräon gegen die Ebene hinunter, um diese
zu verheeren (²⁶). Die Reuter und das beste Fufsvolk der

(²⁵) Xenoph. Hell. 7,2,11-15.

(²⁶) Οἱ μὲν οὖν ἄλλοι αὐτῶν διὰ τοῦ Τρικαράνου κατέβαινον ἐπὶ τὸ Ἡραῖον,
ὡς τὸ πεδίον φθεροῦντες· κατὰ δὲ τὰς εἰς Κόρινθον φερούσας πύλας ἐπὶ τοῦ ἄκρου
κατέλιπε Σικυωνίους τε καὶ Πελληνέας, ὅπως μὴ ταύτῃ περιελθόντες οἱ Φλιάσιοι
κατὰ κεφαλὴν αὐτῶν γένοιντο ὑπὲρ τοῦ Ἡραίου.

Phliasier rückten sogleich aus der untern Stadt aus, um die
Feinde nicht in die Ebene herunter zu lassen, und so schar-
mützelten sie den gröfsten Theil des Tages hin und her, indem sie bald die Feinde bis an das Heräon zurückdrängten,
bald wieder von diesen bis an den Rand der Ebene verfolgt
wurden, wo ihre Reuterei wirksam werden konnte. Gegen
Abend zogen sich die Feinde in einem bogenförmigen Marsche, um das tiefe Ravin der φάραγξ zu umgehen, am Trikaranon hin gegen das Korinthische Thor zurück (ἀπήεσαν οἱ
πολέμιοι κύκλῳ τοῦ Τρικαράνου); und die Phliasier benutzten
dies, um auf dem kürzeren Wege, über die Sehne des Bogens und längs der östlichen Mauer der Stadt (ἴεντο τὴν παρὰ
τὸ τεῖχος), einen Angriff auf die vor dem Korinthischen Thore
aufgestellten Pelleneer und Sikyonier zu machen, ehe sie
durch die Hauptmacht verstärkt werden konnten. Dies gelang; zuerst griffen die Reuter, dann auch die langsamer
nachgefolgten Fufsgänger an, und sie brachten den Pelleneern
einen empfindlichen Verlust bei, während Euphron und der
Thebäische Befehlshaber aus der Ferne der Niederlage der
Ibrigen zusehen mufsten. So zogen die Feinde unverrichte-
ter Sache wieder ab. Nichts kann verständlicher und klarer
seyn, als diese Erzählung des Xenophon, wenn man sie mit
den Örtlichkeiten vergleicht; nur scheint mir daraus zu folgen, dafs das Heräon nicht so weit von Phlius entfernt gewesen seyn kann, wie die Metropolis über dem Dorfe H. Georgios, sondern dafs es näher an der Stadt gelegen haben mufs;
vielleicht in der Gegend einer Capelle auf der Südseite der
φάραγξ, obgleich ich dort keine Ruinen erfragen konnte.

Zur Vervollständigung der Topographie des Phliasischen
Ländchens bleiben nur noch einige Worte über Arantia, den
Berg Arantinos und das Dioskurion zu sagen. Arantia war
nach Pausanias (²⁷) die älteste Stadt des Landes, gelegen auf

---

(²⁷) Paus. 2,12,4 und 5. Das Grab des Aras, des Erbauers von dem Berge **Arantinos**, der noch zu seiner Zeit diesen Namen führte; später erhielt Land und Stadt den Namen Aräthyrea. Der Arantinos sey aber nicht weit (οὐ πολύ) von dem Burghügel von Phlius entfernt. Folglich fällt die ursprüngliche Arantia mit der Aräthyrea Homers und Strabons zusammen, und der Arantinos kann kein anderer Berg seyn, als die Kölussa der Späteren. Daher habe ich oben die Vermuthung angedeutet, dafs Kölussa eigentlich der Name der Bergschlucht und des Passes gewesen, und erst von diesem auf den Berg übertragen seyn möge.

Das **Dioskurion** kommt nur bei Polybios vor, und lag an dem Wege, der von Korinth durch die Phliasia über den Berg Apelauron in die Stymphalia führte. Während Philipp der Dritte, auf einem heimlichen Einfalle in den Peloponnes zur Winterzeit, eine Nacht hier gelagert war ([28]), kam der Aetolische Anführer Euripides mit einem Heerhaufen aus Psophis durch das Thal von Pheneos und durch die Stymphalia herangezogen, um in die Sikyonia einzudringen, und er war während der Nacht schon über das Lager der Makedonier hinausgekommen ([29]), als er von einigen nach Beute umherstreifenden Plünderern, die in seine Hände fielen, die Anwesenheit des Königs erfuhr. Sogleich trat er den Rückzug an, konnte aber keinen so grofsen Vorsprung gewinnen, dafs er nicht beim Übergange über das Apelauron ([30]) mit den

---

Arantia, zeigte man in Keleä; die Gräber seines Sohnes Aoris und seiner Tochter Aräthyrea waren auf dem Arantinos.

([28]) Polyb. 4,67,9: der König, der von Korinth ausmarschirt war, κατεστρατοπέδευσε τῆς Φλιασίας περὶ τὸ Διοσκούριον.

([29]) Ebend. 68,2: παρηλλαχὼς τὴν στρατοπεδείαν τοῦ βασιλέως.

([30]) Der Pafs (ὑπερβολή) des Berges **Apelauron** war nur zehn Stadien von der Stadt Stymphalos entfernt. Polyb. 4,69,1: ἐπὶ τὴν ὑπερβολὴν τὴν περὶ τὸ καλούμενον Ἀπέλαυρον, ἣ πρόκειται τῆς τῶν Στυμφαλίων πόλεως περὶ δέκα ςάδια. Das Apelauron ist folglich der Berg, der den Stymphalischen See gegen Süden begränzt, und an dessen Fufse die

Makedonern, welche, ohne ihrerseits von seiner Nähe etwas zu wissen, mit frühem Morgen ihren Marsch fortsetzten, zusammengetroffen wäre. Das Weitere gehört nicht hierher; die bisher erzählten Umstände zeigen aber hinlänglich, daſs das Dioskurion im westlichen Theile der Phliasia gelegen war; wahrscheinlich am Fuſs des Gebirges unweit des Dorfes Botzika, wo der Weg von Stymphalos über den Berg . herunterkommt.

Der Bach endlich, welcher aus dem engen Thale von Lionti kommend den westlichen Nebenfluſs des Asopos zwischen Botzika und Galatas verstärkt, ist wahrscheinlich der Orneates des Strabon, und folglich jenes Thal das schon zu Argolis gehörige Gebiet von Orneä, wie ich in einem andern Aufsatze zeigen werde (³¹).

3. Ich verlieſs die Akropolis von Phlius bei dem ehemaligen Korinthischen Thore, und setzte meinen Weg anfangs in nordöstlicher, dann mehr nördlicher Richtung längs dem langgedehnten und hohen Bergrücken fort, welcher die beiden schmalen Thäler des Flusses Nemea oder Nemeas (³²) auf der Ost- und des Asopos auf der Westseite von einander scheidet. Die Berge zwischen Korinth und Sikyon bestehen gröſstentheils aus einem weichen Sandstein und einem

---

schroffe und glatte, einer Stirn (μέτωπον) ähnliche Felswand ist, durch deren Katabothra der See abflieſst, und von deren Gestalt die Nymphe dieser Gewässer den Namen Metopa erhalten hatte (vgl. Pind. Olymp. 6,134 mit d. Schol.; Aelian. Ποικ. ιϛ. 2,33. Kallim. H. an Zeus 26). An dem Berge scheint auch eine gleichnamige Ortschaft gelegen zu haben. Liv. 33,14: — Apelaurum (Stymphaliae terrae is locus est).

(³¹) Vgl. unten IV, 7, bei Anm. 131.

(³²) Ἡ Νεμεὰς καλουμένη χαράδρα bei Aeschin. π. παραπρ. S. 50 Steph. Diod. Sik. 14, 83 nennt ihn τὸν Νεμέαν ποταμόν. Er bildete auf dem gröſseren Theile seines Laufes die Gränze zwischen Korinth und Sikyon. Liv. 33,15: — ad Nemeam (amnis est Corinthium et Sicyonium interfluens agrum).

weifslichen Thon, daher denn ihre Abhänge gegen die Flufs-
thäler hin von unzähligen kleinen Ravins zerklüftet und meistens sehr steil sind. Nach einer Viertelstunde kam ich durch
das Dörfchen Kutzi, und nach weitern drei Viertelstunden
führte mich ein mitgenommener Bauer zur Rechten des Weges auf einen gegen das Thal des Nemea-Flusses vortretenden Gipfel, gerade dem hohen Tafelberge Apesas (Φοῦκα)
gegenüber, wo einige Spuren einer kleinen Hellenischen Befestigung sind, jetzt τὸ παλαιόκαστρον 'σ τὸ Κούτσι genannt.
Man findet nur einige Fundamente der Mauern aus unbehauenen Steinblöcken; die Mauern selbst scheinen nur aus
rohen an der Sonne getrockneten Backsteinen (πλίνθος ὠμὴ)
bestanden zu haben, daher keine Spur von ihnen mehr übrig
ist; eben wie die Mauern von Mantineia und die des Peiräeus, die aus Backsteinen waren, bis auf die Fundamente
verschwunden sind. Überhaupt sieht die ganze kleine Anlage mehr nur einer provisorischen Befestigung gleich. Wahrscheinlich ist es Phöbia oder Buphia (³³), ein fester Platz
der Sikyonier, den Epaminondas auf seinem Marsche aus
dem Thal von Nemea nach Mantineia einnahm, weil er von
Böotischen Verbannten besetzt war (³⁴). Der Ort selbst war
vielleicht unbefestigt, und diese kleine Burg oder Schanze
mochte nur während der Kriegszeiten errichtet worden seyn.

(³³) Steph. Byz. u. Φοιβία· πόλισμα Σικυωνίων. τὸ ἐθνικὸν Φοιβίας ἢ Φοι-
βιανός. Ders. unter Βρυφία· κώμη τῆς Σικυωνίας. Ἔφορος εἰκοστῷ πρώτῳ. τὸ
ἐθνικὸν Βουφιεύς. Diese beiden Namen scheinen, nach den Varianten
bei Pausanias (vgl. die folg. Anm.), denselben Ort zu bezeichnen;
was Gompf, Sicyonica (Berlin 1832), p. 42–43, nicht bemerkt hat.

(³⁴) Paus. 9, 15, 2: (Epaminondas) πόλισμα ἑλὼν Σικυωνίων Φουβίαν
(al. Φοιβίαν), ἔνθα ἦσαν τὸ πολὺ οἱ Βοιώτιοι φυγάδες, — — ἀφίησι τοὺς ἐγκατα-
ληφθέντας. — Ὡς δὲ ἀφίκετο πρὸς Μαντίνειαν κ. τ. λ. Xenoph. Hell. 7, 5, 6
erwähnt freilich die Einnahme von Phöbia nicht ausdrücklich; da
man aber aus seiner Erzählung sieht, dafs Epaminondas auf seinem
Marsche nach Mantineia durch das Thal von Nemea kam, so läfst
sich schliefsen, dafs Phöbia auf den Höhen gelegen seyn mufste,

Der höchste Gipfel dieses Bergrückens, jetzt Spiriá (τὰ Σπιριά) genannt, liegt noch eine starke Stunde nördlich von Phöbia. Da der Tag zu Ende ging, mufste ich in dem Dorfe Stimanga übernachten, und konnte den Gipfel erst am nächsten Morgen ersteigen. Er erhebt sich 806 Meter (³⁵) über die Meeresfläche, und seine Platform ist ganz mit Fundamenten überdeckt; auf dem höchsten Puncte unterscheidet man die Grundmauern eines grofsen runden Thurms. Nördlich von demselben ist noch eine Art Festungsgraben sichtbar. In einer zerstörten Capelle, τοῦ Εὐαγγελισμοῦ, unter einigen Eichen, finden sich Trümmer kleiner Säulen und andere Marmorfragmente. Die erste Anlage dieser Bergfeste ist entschieden hellenisch; im Mittelalter scheint hier aber auch eine Fränkische oder Byzantinische Burg gestanden zu haben, und von dieser dürfte der runde Thurm und der Graben herrühren.

Die Aussicht von diesem hohen und isolirten Gipfel ist unbeschreiblich weit und anziehend. Gegen Norden erblickte ich Sikyon, die Ebene, den Korinthischen Busen, den Parnafs und Helikon, das Hypaton und Ptoon in Böotien, darüber die Dirphis auf Euböa; weiter gegen Nordosten und Osten den Kithäron, die Halbinsel des Korinthischen Heräums, die Gerania, Salamis, den Hymettos, den Saronischen Busen, den Isthmos, Korinth, den Apesas; gegen Südosten und Süden das Thal und den Tempel von Nemea, die Berge von Argolis, Nauplia, Argos, den Argolischen Busen, die Küste von Kynuria und die zackigten Gipfel des Artemision; gegen Südwesten und Westen das Mänalon und die Kyllene,

---

welche dieses Flufsthal begränzen. Vielleicht ist eine Andeutung der Begebenheit in der Angabe enthalten, dafs Epaminondas hier einige Zeit sich aufhielt, wenn gleich Xenophon einen andern Grund dafür beibringt: ἐπεὶ δὲ ἐγένετο ἐν Νεμέᾳ, ἐνταῦθα διέτριβεν, ἐλπίζων τοὺς Ἀθηναίους κ. τ.

(³⁵) Nach der Französischen Karte des Peloponnes.

und zu meinen Füfsen die Ebene von Phlius und die ganze
Schlucht des Asopos mit den gegenüber liegenden Bergen.

Auch der südliche Abhang des Gipfels ist mit Bruchstücken schöner alter Ziegel mit glattem glänzendem Firnifs
überstreut; und am Fufs dieses Abhanges, etwa dreihundert
Schritte unter dem Gipfel, an einer Stelle, die Kamari ('σ τὸ
Καμάρι) genannt wird, finden sich noch viele alte Fundamente, Werkstücke, Ziegel und einige kleine Säulen. In
einer zerstörten Capelle der 'Αγία Τριὰς sah ich eine viereckige Stele aus weifsem Marmor, deren runder Fufs Dorische Cannelirungen hat, so dafs sie aus einem Säulenschafte
gemacht zu seyn scheint. Von der sehr unleserlichen Inschrift konnte ich nur mit grofser Mühe einige Buchstaben
entziffern:

```
          . . . . . . . . . \ Ν Ι
          . . . . . . . E . . Χ N
          . . . . . . E P O Y Δ .
          . . A N . Θ I I Σ . I ∩ .
  5.      . . . T O T E I M . . .
          . . V . . O T Δ . . . .
          . H M W X I K . . . . .
          . . . . . . . . . . . .
          . N A T . . . . . . . .
  10.     . . . . Y Σ I T E I . .
          N Σ . . N I I T . H E W .
          . O Y M . . H . H Π O . . .
          O Λ E I A Σ I O . . A Ν
          . . . H Φ . . . . T .
  15.     . . . . . . . . . . . .
```

Später habe ich geglaubt, in der 3 und 4 Zeile vielleicht
ΥΠ]ΕΡΘΥΑ[ΜΙ]ΑΝ, in der siebenten Δ]ΗΜΩΣΙ
Κ[ΥΩΝΙΩΝ, und mit gröfserer Sicherheit in der 12-14:

ΗΠΟ[ΛΙΣ]ΦΛΕΙΑΣΙΩ[ΝΚ]ΑΤ[ΑΤΑΨ]ΗΦ[ΙΣΜΑ]Τ[Α
herstellen zu können. Eine neue Vergleichung des Steines,
wobei vielleicht diese Vermuthungen die Lesung erleichtern
können, bleibt wünschenswerth. Aber auch ohne das Zeugnifs dieser Inschrift kann den beschriebenen Ruinen kein anderer alter Name zugetheilt werden, als der von Thyamia.

Thyamia war ein Gränzort zwischen den Gebieten von
Phlius und Sikyon. Die Sikyonier befestigten ihn während
des Krieges, um Phlius von hier aus zu bedrängen ([36]); allein
die Phliasier, unterstützt von Chares und seinen Söldnern,
überrumpelten die Feste noch während des Baues, und setzten hierauf das begonnene Werk fort ([37]), um ihrerseits einen
Stützpunct gegen die Sikyonier daran zu haben. Endlich
beim Frieden, der (Ol. 103,3) in Theben zwischen den Thebäern, Korinthiern und Phliasiern auf die Grundlage geschlossen wurde, dafs jeder Theil sein ursprüngliches Gebiet
zurückerhalten solle, räumten die Phliasier Thyamia wieder ([38]). Da nun Pausanias auf seinem Wege von Sikyon
nach Phlius längs der linken (westlichen) Seite des Asoposthales Thyamia nicht erwähnt, so mufs es auf der rechten
Seite des Flusses gelegen haben; und hier sind keine andern
Ruinen, die dafür gehalten werden könnten, als eben diese
bei Kamari und auf dem Gipfel Spiriá. Daher hat schon
Müller auf seiner Karte des Peloponnes Thyamia richtig in
dieser Gegend angesetzt.

([36]) Xenoph. Hell. 7,2,1: τῶν Σικυωνίων ἐπὶ τοῖς ὁρίοις αὐτῶν τειχιζόν-
των τὴν Θυαμίαν, μάλα ἐπιέζοντο οἱ Φλιάσιοι. Ebend. §. 20: χωρίον ἐπὶ τοῖς
ὅροις ἡμῖν οἱ Σικυώνιοι τειχίζουσιν, οἰκοδόμους μὲν πολλοὺς ἔχοντες, ὁπλίτας δὲ οὐ
πάνυ πολλούς.

([37]) Xenoph. Hell. 7,2,22.23, und 4,1.

([38]) Ders. 7,4,10: Friede auf die Bedingung, ἐφ' ᾧτε ἔχειν τὴν ἑαυ-
τῶν ἑκάςους. §. 11: Οἱ μὲν δὴ Φλιάσιοι, ἐπεὶ οὕτως ἡ ξύμβασις ἐγένετο, εὐθὺς
ἀπῆλθον ἐκ τῆς Θυαμίας. — Leake (Morea III, 375.376) ist über die Lage
von Thyamia und Phöbia gänzlich im Irrthum.

Von Thyamia stieg ich wieder nach Stimanga hinunter, welches eine halbe Stunde nördlich unter dem Gipfel liegt, und wo mir ein Bauer eine Byzantinische Goldmünze zeigte, mit den Legenden MIXAHΛ-S-CONSTANTIN und ΘEOFILOSBASILEIO. Von hier führte man mich zu einer Kirche des H. Athanasios, in einer tiefen Schlucht westlich unter dem Dorfe ([39]), wo man vor wenigen Tagen eine Marmorplatte mit folgender Inschrift gefunden hatte:

+ΕΝΘΑΔΕΚΙΤΕΑΔΕΛ
ΦΟCΑΓΑΘΟCΤΟΟΝΟΜΑΝΙΚΟC
ΤΡΑΤΟCΜΑΡΜΑΡΑΡΙΟCΔΙΑΤΟΝ
ΦΟΒΟΝΤΟΥΘΥΟΥCΩΦΡΟΝΑΒΙΟΝΔΙ
ΑΖΑCΗΤΙCΤΟΥΔΕCΠΟΤΟΥΧΥ
ΠΡΟCΕΡΧΕΤΑΙΥΠΕΡΠΑΤΡΟC
ΚΑΙΑΔΕΛΦΩΝCΩΦΡΟΝΑΚΑΙ
ΧΡΙCΤΟΝΒΙΟΝΠΟΛΙΤΕΥCΑΜΕ
ΝΟCΠΟΛΥΠΟΘΗΤΟCΠΑΡΑΠΑΤΡΟC
ΚΑΙΑΔΕΛΦШΝ.ΗΓΟΡΑCΘΗΔΕΗΘΗΚΗ
ΕΝΘΑΚΙΤΕΠΑΡΑΘΕΟΔШΡΜШΛΙШΝΟCΧΡΥCΙΝΑ

'Ενθάδε κ[ε]ῖτ[αι] ἀδελ-
φὸς ἀγαθὸς τὸ ὄνομα Νικό-
στρατος μαρμαράριος, διὰ τὸν
φόβον τοῦ Θ[εο]ῦ σώφρονα βίον δι-
5. άξας· [εἴ] τις τοῦ δεσπότου Χ[ριστο]ῦ
προσέρχεται ὑπὲρ πατρὸς
καὶ ἀδελφῶν σώφρονα καὶ
χριστὸν (χρηστὸν) βίον πολιτευσάμε-
νος, πολυπόθητος παρὰ πατρὸς
10. καὶ ἀδελφῶν. 'Ηγοράσθη δὲ ἡ θήκη,
ἔνθα κ[ε]ῖτ[αι], παρὰ Θεοδώρ[ου] Μωλίωνος χρυσίν[ου ἑνὸς
καὶ ἡμίσεος].

([39]) Diese Capelle ist auf der Französischen Karte angegeben, zwischen Stimanga und Skrapani.

Diese Inschrift ist bemerkenswerth, weil in Griechenland die Zahl der monumenta literata aus den ersten Jahrhunderten des Christenthums sehr eingeschränkt ist. Die
μαρμαράριοι finden sich auch in einer Inschrift an dem unterirdischen Portal der Peirene auf Akrokorinth ([40]). Die
Construction des Zeitworts προσέρχεσθαι mit dem Genitiv,
statt des Dativs, gehört schon ganz dem heutigen Volksdia-
lekt an, wie z.B. λέγω τινὸς, γράφω τινός. Theodoros Mo-
lion (wenn anders dies ein Eigenname ist), von dem der
Sarg (θήκη) um anderthalb Goldstücke gekauft worden war,
hatte vielleicht ein Privilegium für diesen Industriezweig
erhalten ([41]). Es ist nicht unwahrscheinlich, dafs diese tiefe
und abgelegene Schlucht, die aüfser dem H. Athanasios
noch mehre andere Capellen enthält, einer der Ursitze des
Christenthums während der Jahrhunderte der Verfolgun-
gen war.

Von Stimanga ritt ich in etwas mehr als einer Stunde
in die Ebene hinab, die ich über dem Dorfe Ibrahim-Bei
ungefähr in der Mitte der Flüsse Asopos und Nemea erreichte. Ich bemerkte zu meiner Rechten, auf einer der
letzten Abstufungen des Berges, ziemlich ansehnliche Hellenische Fundamente. Vielleicht war dies Epieikia oder
Epeikia([42]), ein Demos der Sikyonia, der am Rande der
Ebene nicht weit vom Austritte des Flusses Nemeas lag ([43]),

---

([40]) Ross, J. G. J. fasc. I, n. 61.

([41]) Vgl. Müller, Handb. d. Archäol. §. 207, 5, wo Beispiele dieser Art aus der späteren Römerzeit angeführt sind.

([42]) Der Name hängt ohne Zweifel mit dem Attischen Demos Ἐπι-
εικίδαι (Steph. u. d. W.) zusammen, den die Inschriften (C. I. G. I,
p. 191. 275) richtiger Ἐπεικίδαι schreiben. Hiernach ist auch die Rechtschreibung des Sikyonischen Ortes zu verbessern.

([43]) Man vergleiche die Umstände der grofsen Schlacht, in welcher die Korinthier und ihre Bundesgenossen hier (394 v. Chr.) von
den Lakıdämoniern geschlagen wurden, bei Xenoph. Hell. 4, 2, 14

und der im Korinthischen Kriege (393 v. Chr.) von dem
Lakedämonier Praxitas befestigt wurde ([44]). Falls aber Epeikia näher an den Nemeas gesetzt werden mufs, so können
diese Ruinen von Derä oder Gerä herrühren, einer andern kleinen Festung der Sikyonier, welche dem Asopos
und der Stadt selbst näher gelegen zu haben scheint ([45]).
Von dort folgte ich dem Fufse der Höhen bis Sikyon.

4. Es ist nicht meine Absicht, mich hier bei den Ruinen von Sikyon aufzuhalten, die von vielen Reisenden
besucht und beschrieben worden sind. Der ausgedehnte
Tafelberg, den sie einnehmen, besteht aus zwei Flächen;
auf der untern lag die spätere Stadt, die obere war die
Akropolis. Ich war überrascht durch die Regelmäfsigkeit

---

flgg.: Οἱ περὶ τοὺς Κορινθίους ἐν τῇ Νεμέᾳ ἦσαν, οἱ δὲ Λακεδαιμόνιοι καὶ οἱ
ξύμμαχοι ἐν τῷ Σικυῶνι. ἐμβαλόντων δὲ αὐτῶν (die Lakedämonier) κατὰ τὴν
Ἐπεικίαν, πρῶτον ἐκ τῶν ὑπερδεξίων βάλλοντες αὐτοὺς καὶ τοξεύοντες μάλα
κακῶς ἐποίουν οἱ γυμνῆτες τῶν ἀντιπάλων. Epeikia lag folglich am Fufs der
Höhen, welche die Lakedämonier auf ihrem Marsche von Sikyon gegen das Flufsthal von Nemea zur Rechten hatten. Deshalb wandten
sie sich links gegen das Meer hin (κατέβησαν ἐπὶ θάλατταν u. s. w.).
Darauf lagerten sich beide Theile, ehe es zur Schlacht kam, auf zehn
Stadien Entfernung einander gegenüber, die Korinthier und ihre Verbündeten hinter dem Giefsbach, ἔμπροσθεν ποιησάμενοι τὴν χαράδραν.
Dafs hiermit der Flufs Nemeas gemeint sey, zeigt Diod. 14,83: γενο-
μένης παρατάξεως παρὰ τὸν Νεμέαν ποταμόν. Aus dem Rest der Erzählung Xenophons ist für die Topographie nichts weiter zu entnehmen, als dafs die Gegend mit Bäumen und Gesträuch bewachsen war
(ἦν λάσιον τὸ χωρίον), so dafs die Lakedämonier anfangs das Anrücken
der Feinde nicht bemerkten. Man sieht aber aus dem ganzen Her-
gange, dafs Epeikia nicht unmittelbar am Flufsbett des Neneas gelegen haben kann, sondern wenigstens zehn Stadien weiter gegen
Westen.

([44]) Xenoph. ebend. 4,13: τειχίσας Ἐπεικίαν, ἵνα φρούριον εἴη πρὸ τῆς
φιλίας τοῖς ξυμμάχοις.

([45]) Ders. 7,1,22. Vgl. Gompf, Sicyonica p. 47. Auch in Messenien gab es einen Ort Δέραι, Paus. 4,15,2.4.

der Strafsen dieser neuern von Demetrios Poliorketes (⁴⁶)
angelegten Stadt; ihre Richtung ist durch die gröfstentheils
noch vorhandenen Fundamente der Häuser deutlich bezeichnet, und sie scheinen, nach der von Vitruv (⁴⁷) erwähnten
Regel, immer zwischen zwei Hauptwinden gelegen zu haben, indem sie von Nordost nach Südwest, oder von Nordwest nach Südost liefen.

Die Berge, welche die Westseite des Asoposthals begränzen, und von denen Sikyon die letzten Abstufungen
gegen Norden einnimmt, sind noch beträchtlich höher (⁴⁸)
als der Berg von Thyamia, von dem ich eben herunter
kam. Sie bilden gegen den Flufs, der in einem tiefen und
engen Bette fliefst, fast unzugängliche Steilwände, auf deren obern sanfteren Abhängen mehre kleine Dörfer liegen.
In der Umgegend dieser Dörfer, sechzig Stadien oder reichlich drittehalb Stunden von Sikyon (⁴⁹) und vierzig Stadien
oder ungefähr sieben Viertelstunden von Phlius (⁵⁰) — das
Zeitmafs ohne Rücksicht auf das bergigte Terrain berechnet — hatte ich Titane und den Tempel des Asklepios zu
suchen; und nach den eingezogenen Erkundigungen mufste
es dort wirklich verschiedene alte Ruinen geben. Ich schlug
also den Weg nach jenen Dörfern ein.

Von Basilikà, das am nördlichen Rande des alten Sikyon liegt, ritt ich zwischen dem Theater und dem Stadion durch, und über die Tafelfläche der Akropolis,
die ein Dreieck bildet, dessen Spitze nach Süden gerichtet

(⁴⁶) Diodor. 20,102. Plut. Demetr. 25.

(⁴⁷) Vitruv. 1,6,7.8.

(⁴⁸) Der Gipfel des Vesiza über Titane ist 1211 Meter oder etwa
3700 Fufs hoch.

(⁴⁹) Paus. 2,11,3: ἡ ἐς Τιτάνην ὁδὸς σταδίων ἐστὶν ἑξήκοντα, καὶ ζεύγεσιν
ἄβατος διὰ στενότητα.

(⁵⁰) Ders. 2,12,3: Τιτάνης τεσσαράκοντα σταδίους ἀπέχει μάλιςα ἡ πόλις (Phlius).

ist. Hier, wo man noch ansehnliche Reste der alten Mauer
sieht, fällt die Höhe wieder steil ab, und hängt nur durch
einen schmalen Isthmos, auf welchem Reste von Pfeilern
einer Wasserleitung stehen, mit dem dahinter liegenden höheren Berge zusammen. Diese Wasserleitung führte ihr
Wasser in unterirdische, unter der Fläche des Tafelberges
durch das weiche Gestein durchgetriebene Canäle, von deren einem die Mündung östlich vom Theater zu sehen ist.
Noch mehre solche unterirdische Wasserleitungen, in welche von oben Brunnen hinabgehen, ziehen sich unter dem
Boden der untern Stadt hin, wie den Einwohnern von Basilikà wohl bekannt ist; sie zeigten mir westlich von ihrem
Dorfe die jetzt vermauerte Mündung eines derselben, der
nach ihrer Angabe vom Theater herunterkommt. Auch die
Alten erwähnen diese Aquäducte in Sikyon; durch sie ent-
floh der Tyrann Nikokles, als Aratos die Stadt überrum-
pelt hatte (⁵¹). Überhaupt sind solche unter der Erde durch-
geführte Wasserleitungen (ὑπόνομοι) in den Griechischen
Städten häufig, und gehören der Zeit des freien Griechenlands an; während die auf gemauerten Bogen ruhenden
Aquäducte, wie bei Athen und Sparta, sämmtlich erst Werke
der Römischen Jahrhunderte sind.

Von dem Isthmos, von dem man rechts und links in
die Betten der Flüsse Helisson und Asopos hinunter-
blickt, ritt ich über rauhe Höhen, deren schroffe zerklüf-
tete Gipfel voll Höhlen sind, in zwei Stunden nach dem
Dörfchen Paradisi, wo ich übernachtete. Südwestlich über
dem Dorfe ist ein sehr steiler Gipfel, H. Elias genannt (⁵²),

____

(⁵¹) Plut. Arat. 9: Ὁ μὲν οὖν Νικοκλῆς ἔλαβε διά τινων ὑπονόμων ὑπεκ-
δὺς καὶ διαδρὰς ἐκ τῆς πόλεως.

(⁵²) Dieser Gipfel mit der Capelle ist sehr deutlich auf der Französischen Karte angegeben; nur hätte er etwas mehr südlich gerückt
werden sollen, an die Stelle, wo die Buchstaben *ar* des Namens Paradisi sind.

wo nach Sir W. Gell ([53]) der Tempel des Asklepios gestanden haben sollte; aber kaum hatte ich ihn am folgenden Morgen erstiegen, als ich mich überzeugte, dafs der berühmte
Reisende ihn nicht selbst besucht hatte, sondern durch die
von Andern eingezogenen Erkundigungen irre geleitet worden war. Denn auf der kleinen Felskuppe findet sich keine
Spur antiker Baulichkeiten, aufser der Ruine eines runden
Hellenischen Thurmes, von 22 Fufs Durchmesser, aus
grofsen Quadern erbaut, und noch in einer Höhe von fast
zwei Metern erhalten. Es ist ein Wachthurm oder Lugins-
land (σκοπή), wie man sie so häufig auf den Inseln des Ägäi-
schen Meeres, aber auch in andern Theilen Griechenlands,
vorzüglich auf Bergen und an den Küsten findet, und die gewöhnlich Viglen (βίγλαι) genannt werden. Die Ruine des
Thurmes ist von den Mönchen des benachbarten Klosters Lechova dem Propheten Elias geweiht worden, woher die Felskuppe ihren Namen hat.

Eine Viertelstunde südlich vom H. Elias ist das Dorf
Liopesi, ohne Spuren von Alterthümern; aber noch ein Vier-
telstündchen weiter in derselben Richtung, zur Linken des
Weges, der nach Voïvonda führt, fand ich auf einer Art Vorgebirge ein Hellenisches Paläokastron, von ziemlich
ansehnlichem Umfange, und von sehr unregelmäfsiger Gestalt,
weil seine Mauern allen Krümmungen des Vorgebirges folgen.
Zwanzig Schritte von seinem Eingange liegt der Unterbau
eines isolirten Thurmes ([54]), aus grofsen regelmäfsigen Qua-

---

([53]) Gell, Itin. of the Morea, p. 17: „On the summit of the hill
right, the site of the temple of Titanos. Below it, the village Paradisi. — — The summit where stood the temple is called Agios Elias.
The peribolus and other traces remain." Es ist einleuchtend, dafs
Gell den Ort nicht selbst gesehen hatte, sonst würde er nicht einen
kleinen Hellenischen Thurm für den Peribolos eines so namhaften
Tempels gehalten haben.

([54]) Vitruv. 2, 9, 15 hat aus Cäsars Feldzügen in Gallien eine Er-

dern, der acht Meter im Viereck hält und noch zwei Meter
Höhe hat. Die Mauern der Festung hatten ungefähr sechs
Fufs Dicke; ihre äufsere Front ist aus grofsen Steinblöcken
von fast regelmäfsiger Quaderform erbaut, die Mitte mit
Bruchsteinen in Mörtel ausgefüllt; sie haben hin und wieder
viereckige Thürme. Im Innern des Paläokastron aber sieht
man keine Ruinen, kaum einige Ziegelscherben; so dafs es,
wie die Burg von Phöbia auf dem gegenüber gelegenen Berge,
nur ein befestigter Zufluchtsort für Kriegszeiten gewesen zu
seyn scheint, während die Einwohner vielleicht gewöhnlich in
einer offenen Ortschaft an den Quellen bei Liopesi wohnten.
Pausanias erwähnt diese Feste nicht; auch finde ich sonst
keinen alten Namen, der darauf angewandt werden könnte,
denn Gonussa lag ohne Zweifel westlich von Sikyon, gegen
Pellene hin ([55]), und Ephyra an einem Flusse Selleeis ([56]).
Aufser Gonussa und Ephyra kennen wir nur noch einen Sikyonischen Demos, Platää ([57]); allein dieser mufs, wenn sein
Name nicht lügt, irgendwo auf den flach abgestuften Tafelber-
gen gegen die Ebene hin gelegen haben. Auch das Böotische
Platää liegt auf einer ähnlichen Tafelfläche zwischen dem
Fufs des Kithäron und dem Flüfschen Oeroe oder Peroe.

Ich setzte von hier den Weg nach Voïvonda fort, und
kam endlich nach einer halben Stunde, nur wenige Minuten
nördlich von dem genannten Dorfe, zu einem andern viel an-
sehnlicheren Paläokastron, das auf einem ähnlichen, nur regelmäfsiger geformten und ebneren Vorgebirge liegt. Dies
Vorgebirge läuft ostwärts, gegen das Flufsthal hin, in einen
kleinen Hügel aus, der mit schönen Hellenischen Mauern ein-

zählung, wo auch von einem isolirten Thurme vor dem Thore des
Castelles Larignum die Rede ist.

(^{55}) Vgl. Gompf, Sicyonica p. 50.
(^{56}) Strab. 8, S. 146 Tchn.
(^{57}) Strab. 9, S. 266 Tchn.

gefafst ist, die auf der Süd- und Südwestseite noch 20 bis 30
Fufs Höhe haben, und von drei oder vier viereckigen Thürmen flankirt werden. Die Thürme sind aus grofsen Quadern
in regelmäfsigen horizontalen Schichten erbaut; die dazwischen liegenden Mauerflächen (μεταπύργια) sind fast von polygonischer Bauart. Auf der Fläche dieser kleinen Akropolis sind verschiedene alte Fundamente, und eine Capelle des
H. Tryphon mit Bruchstücken Dorischer Säulen, nebst einem
kleinen Dorischen Gebälk, dessen Triglyphen 40 Centimeter
Höhe, und die Metopen 33 Centimeter Breite hatten. Diese
Verhältnisse lassen auf Säulen von 9 bis 10 Fufs Höhe schliefsen. Der langgedehnte und flache Rücken des Vorgebirges
ist ganz mit alten Fundamenten, Ziegel- und Vasenscherben,
Quadern und Bruchstücken dünner weifser Marmorplatten
übersäet, und die Ränder dieser Fläche, auf welcher das Städtchen lag, waren auch mit Festungsmauern eingefafst, deren
Fundamente man noch sieht.

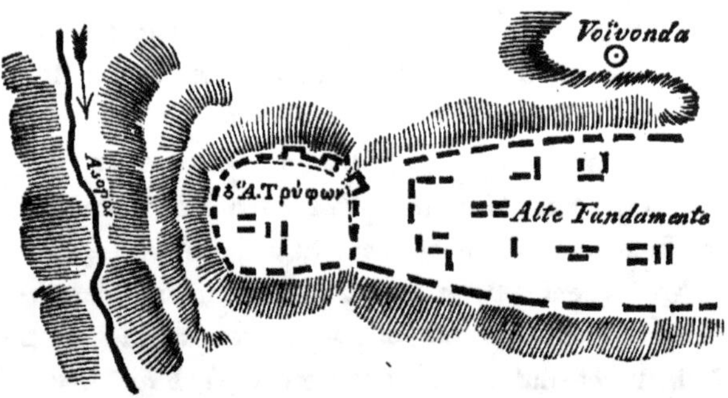

Es kann keinem Zweifel unterliegen, dafs die eben beschriebenen Ruinen das bisher vergebens gesuchte Titane
oder Titana (⁵⁸) sind. Denn erstlich giebt es auf dem linken

(⁵⁸) Steph. Byz. in Τίτανα· χωρίον τῆς Σικυωνίας. λέγεται καὶ ἑνικῶς·
„Τιτάνειό τε λευκὰ κάρηνα" (Hom. Il. 2, 735). τὸ ἐθνικὸν Τιτάνιος καὶ Τι-
τανία. νῦν δὲ Τευτάνιον καλεῖται. Nur irrt Stephanos sich in dem Citat

[4*]

Ufer des Asopos, zwischen Sikyon und Phlius, keine andere
Ruine von einem entsprechenden Charakter; zweitens stimmen
die Entfernungen von diesem Paläokastron nach den beiden
genannten Städten, wenn man die schlechte Beschaffenheit der
Saumpfade mit dabei in Rechnung bringt, so genau als man
nur wünschen kann, mit den von Pausanias angegebenen Entfernungen überein; und drittens pafst seine Beschreibung von
Titane vollkommen auf diese Örtlichkeiten. Der alte Reisende, von Sikyon ausgehend (⁵⁹), stieg das Asoposthal her-
auf. Zwanzig Stadien von der Stadt ging er links über den
Asopos und besuchte, am Fufse des Berges von Thyamia, einen
Eichenhain mit einem Tempel der Eumeniden (⁶⁰); dann passirte er den Flufs zurück, und erstieg, um nach Titane zu gelangen, auf der rechten (westlichen) Seite des Thals einen
Berggipfel (⁶¹). Das spitzige Vorgebirge aber, welches sich
ungefähr 500 Meter über das Bette des Flusses erhebt, erscheint von unten gesehen wie ein Gipfel, wenn es gleich gegen Westen noch von andern bis zu 1200 Meter hohen Gipfeln beherrscht wird. Den Tempel des Asklepios, der
hier lag, fand Pausanias von einem uralten Cypressenhain

---

aus Homer, welches sich auf Titanon in Thessalien bezieht. Vgl.
Gompf p. 39.

(⁵⁹) Es ist nicht zu übersehen, dafs Pausanias 2, 11, 3 flgg. zwei
verschiedene Wege beschreibt. Der erste ist der geradeste Weg (ἡ
κατ᾽ εὐθύ) nach Phlius, der gewifs gleich bei Sikyon über den Asopos
führte, und die Abhänge des Berges von Thyamia hinanstieg. Hier
bleibt also, nur zehn Stadien von der Stadt, die Lage des Hains Py-
räa mit den Heiligthümern der Demeter Prostasia und Kore zu
suchen.

(⁶⁰) Bei Statius (Thebaïs 4, 52 folgg.) scheinen die Eumeniden bei
Sikyon am Elissos zu wohnen, in welchem sie nach der Darstellung
des Dichters sich zu baden pflegen und so sein Wasser vergiften.

(⁶¹) Paus. 2, 11, 5: ἀναστρέψασι δὲ ἐς τὴν ὁδὸν, διαβᾶσί τε αὖθις τὸν
Ἀσωπὸν, καὶ ἐς κορυφὴν ὄρους ἥξασιν ἐνταῦθα λέγουσιν οἱ ἐπιχώριοι Τιτᾶνα
οἰκῆσαι πρῶτον.

und von menschlichen Wohnungen umgeben (⁶²); dies sind
die Ruinen des Städtchens auf dem flachen Rücken des Vorgebirges. Er bemerkt endlich, dafs es in Titane auch ein
Heiligthum der Athene gab, auf einem Hügel gelegen, in
welches man bei gewissen Opfern das hölzerne Schnitzbild
der Koronis hinaufführte (⁶³), das gewöhnlich in dem grofsen
Tempel aufbewahrt wurde (⁶⁴). Dieser Hügel ist die kleine
Akropolis; das Hieron der Athene ist durch die Capelle des
H. Tryphon ersetzt worden, und die oben beschriebenen Fragmente Dorischer Ordnung und von kleinen Dimensionen gehören zu diesem Heiligthum. Hieraus folgt, dafs der grofse
Tempel des Asklepios, mit Statuen des Herakles und von Sie-
gesgöttinnen in seinen Giebelfeldern (⁶⁵), und mit andern
Götterbildern in seinen Hallen (ἐν τῇ ςοᾷ), so wie mit Athle-
tenstatuen in seinem Peribolos, auf dem flacheren Rücken des
Vorgebirges gelegen haben mufs. Leider läfst sich das Fundament des Tempels nicht mehr erkennen; da aber die Ausdehnung der Platform nicht sehr grofs ist und das Erdreich

(⁶²) Ders. ebend. §. 6: περιοικοῦσι μὲν δὴ καὶ ἄλλοι, καὶ τὸ πολὺ οἱ
ἱκέται τοῦ θεοῦ, καὶ κυπαρίσσων ἐςὶν ἐντὸς τοῦ περιβόλου δένδρα ἀρχαῖα.

(⁶³) Ders. 2, 11, 9: ἐν Τιτάνῃ καὶ Ἀθηνᾶς ἱερόν ἐςιν, ἐς ὃ τὴν Κορωνίδα
ἀνάγουσιν. Und 2, 12, 1: ἐκ τούτου τοῦ λόφου καταβᾶσιν (ᾠκοδόμηται γὰρ
ἐπὶ λόφῳ τὸ ἱερὸν) βωμός ἐςιν ἀνέμων κ. τ. λ.

(⁶⁴) Ders. 2, 11. 7.

(⁶⁵) Ders. 2, 11, 8: Τὰ δὲ ἐν τοῖς ἀετοῖς, Ἡρακλῆς καὶ Νῖκαι πρὸς τοῖς
πέρασίν εἰσιν. Diese Stelle ist sehr dunkel. Waren in beiden Giebelfeldern Statuen oder nur in einem? Und war Herakles hier mit den
Niken zusammengruppirt, oder standen die Niken auf den Seiten-
akroterien des Giebels? Das Wort πέρας kann beides bedeuten, sowohl das äufsere Akroterion (5, 10, 2: λέβης ἐπίχρυσος ἐπὶ ἑκάςῳ τοῦ
ὀρόφου τῷ πέρατι ἐπίκειται), als auch den innern spitzigen Winkel des
Giebelfeldes (ebendas.: πρὸς αὐτῷ δὲ κατάκειται τῷ πέρατι Κλάδιος; und
weiter unten: αὖθις ὁ ἀετὸς κάτεισιν ἐς ςενὸν, καὶ κατὰ τοῦτο Ἀλφειὸς ἐπ'
αὐτοῦ πεποίηται). Jedenfalls wird Herakles schwerlich mit den Niken
allein dort gewesen seyn, und es ist nach Ἡρακλῆς eine Lücke im
Text zu vermuthen.

sich hier nicht bedeutend erhöht haben kann, so würde diese
Stelle vor vielen andern eine Ausgrabung verdienen, um so
mehr als die Abgelegenheit des Ortes hoffen läfst, dafs die
Statuen sich noch finden.

5. Nachdem ich so den Hauptzweck meiner Wanderung durch die Sikyonia, die Lage der alten Gränzfestungen
und die von Titane zu ermitteln, ziemlich vollständig erreicht
hatte, stieg ich von Voïvonda über das Kloster Lechova, das
auf dem Rücken des Berges Vesiza in einer Höhe von tausend Meter über dem Meere liegt, und über Asprokampos in
die Stymphalische Ebene hinunter. Am Ausgange des kleinen Thals von Asprokampos in die grofse Ebene liegt zur
Linken eine kleine Anhöhe mit terrassenförmigen Absätzen,
auf welchen eine alte Ortschaft gestanden zu haben scheint.
Doch versichern die Bauern, dafs keine Trümmer dort sich
finden. — Die Ruinen von Stymphalos, fast in der Mitte
der Ebene, auf einem in die sumpfigen Wiesen ostwärts vortretenden Bergrücken, dem Berge Apelauron und der Katavothra Metopa gegenüber ([66]), sind weit bedeutender und
interessanter, als ich nach der ungewöhnlich dürftigen Beschreibung des Pausanias ([67]) erwarten konnte. Das Gemäuer
der kleinen viereckigen Akropolis, auf dem höchsten Puncte
gegen Westen, ist polygonisch, die Reste aber der sehr starken, 3,20 Meter dicken Stadtmauer mit runden Thürmen sind
von einer fast regelmäfsigen Bauart. Östlich unter der Akropolis auf dem niedrigeren Rücken sind die Fundamente eines
Tempels in antis; noch weiter östlich eine runde Basis von
1,50 Meter im Durchmesser, aus dem lebenden Felsen ausge-
hauen. Das Wichtigste aber sind die an der Südseite des
Hügels in den lebenden Felsen ausgehauenen Überreste verschiedener Bauanlagen, worunter ein grofses viereckiges Ge-

---

([66]) Vgl. oben 2. Anm. 30.
([67]) Pausan. 8, 22, 3 flgg.

bäude über einer Quelle; östlich von diesem mehre Sitzreihen
(vivo sedilia saxo), die zu einer Art Stadion mit Einer Seite
($\varsigma \acute{a} \delta \iota o \nu$ $\mu \iota \tilde{a}$ $\pi \lambda \epsilon \nu \rho \tilde{a}$) gehört haben mögen, und an der äufsersten Südostecke eine sehr sorgfältig ausgehauene Exedra,
deren Bank wenigstens dreifsig Personen fassen konnte. Diese
Anlagen verdienen genau aufgenommen zu werden.

Dagegen ist die Ruine Kionia, zehn Minuten nördlich
von der Stadt am Fufs der Kyllene, keineswegs ein alter Tempel, sondern ein Gebäude — ich zweifle, ob eine Kirche —
aus dem fränkischen Mittelalter. Es bildet ein von West
nach Ost gerichtetes Viereck von etwa vierzig Meter Länge
bei achtzehn Meter Breite. Die Mauern, von denen fast die
Hälfte noch steht, sind aus antiken Werkstücken verschiedener Art und Gröfse aus den Ruinen von Stymphalos, die mit
Kalkmörtel verbunden sind, ziemlich nachlässig zusammengesetzt, und haben inwendig kleine unansehnliche Halbsäulen
in einem Abstande von ungefähr sieben Meter von einander.
Bei der Breite des Gebäudes ist anzunehmen, dafs noch zwei
Säulenreihen durch das Innere liefen. Einen halben Büchsenschufs westlich von dieser Ruine steht ein mittelalterlicher
Thurm von derselben Bauart, mit einer von Westen nach
Osten gerichteten, das untere Geschofs durchschneidenden
Durchfahrt, die in Spitzbogen gewölbt ist; so dafs dieser
Thurm als Eingang in eine Art Burghof gedient zu haben
scheint, von dessen ehemaliger Umwallung auch noch die
Fundamente und ansehnliche Steinhaufen sich finden, und
in dessen Mitte jene grofse einer Basilika ähnliche Halle liegt.
War diese ganze Anlage ein fränkisches Kloster? war sie das
Schlofs eines der fränkischen Fürsten oder Ritter? In der
Chronik der Franken in Morea, so weit ich sie aus der Übersetzung kenne, finde ich nichts darüber. — Von Stymphalos
setzte ich damals meinen Weg nach Pheneos weiter fort.

Als ich später (im Mai 1840) Gelegenheit hatte, von Sikyon auf dem Gebirgswege nach Trikkala zu reiten, berührte

ich wieder einen Theil der Sikyonia und Stymphalia. Wir
stiegen auf der Nordwestseite der Akropolis von Sikyon in
das Thal des Helisson herunter, überschritten diesen Flufs,
und ritten auf seinem linken Ufer längs der Thalschlucht
eines seiner Arme gegen das Dorf Suli hinauf. Hier fand ich
nach etwa vierzig Minuten von Sikyon, und noch zwanzig
Minuten südöstlich von Suli, auf einem hohen Punkte südlich
über der Schlucht des erwähnten Bergbaches, die nicht unan-
sehnlichen Spuren einer alten Ortschaft, bestehend in Fundamenten und zerstreuten Quadern. Ist dies vielleicht die Si-
kyonische E p h y r a des Strabon, die unweit des Flusses S e l -
leis lag (⁶⁸)? Der Flufs Selleis war nach dem Geographen
bei Sikyon; wenn er daher auch nicht — was mir nicht undenkbar scheint — mit dem Helisson des Pausanias oder Elissos des Statius zusammenfällt, den wir in dem Flusse auf der
Westseite der Stadt wieder erkennen (⁶⁹), so kann recht wohl
dies von den reichen Quellen unterhalb Suli genährte Neben-
flüfschen darunter zu verstehen seyn. An Gonussa kann
nicht gedacht werden, denn diese Feste mufs auf einem höhern
Gipfel und näher an Pellene gelegen haben.

Von Suli über bewaldete Bergrücken westwärts fortreitend kamen wir nach einer Stunde über den obern Theil eines
langen und schmalen Thales, welches sich gegen die Stymphalia hinunterzieht und wahrscheinlich zu diesem Gebiet gehörte. Doch haben die Wasser des Thales keinen sichtbaren Abflufs in die Stymphalia, sondern bilden an seinem un-

---

(⁶⁸) Strabon 8, S. 146: Ἔςι καὶ περὶ Σικυῶνα Σελλήεις ποταμὸς, καὶ
Ἔφυρα πλησίον κώμη.

(⁶⁹) Pausan. 2, 12, 2 geht westlich vom Hafen von Sikyon über
den Ἐλισσών. Malerisch beschreibt ihn Statius, Thebaïs 4, 53, an-
fractu riparum incurvus Elissos. Eine Nebenform dieses öfter sich
wiederholenden Flufsnamens war auch Helissa, z. B. bei Kyllene in
Elis, Strabon 8, S. 145 Tchn: Αὐτοῦ δέ που καὶ ὁ Ἐλισσὼν ἢ Ἔλισσα ῥεῖ
ποταμός.

tern Ende einen kleinen See. An den Abhängen der Kyllene westlich über dieser Thalschlucht liegen die Dörfer Klimenti und Käsari (Κλημέντι und Καίσαρι, auch τὰ Κλημεντοκαίσαρα genannt), deren Namen von Clemens und Caesar abgeleitet zu seyn scheinen. Ich hatte mir Hoffnung gemacht, hier vielleicht Spuren eines Denkmals kaiserlicher Munificenz zu finden; allein die Bauern versicherten mich, dafs es in dem ganzen Umfange ihres Thales keine Spuren des Alterthums gebe.

III.

Pallantion und das Heiligthum der Athene Soteira auf dem Berge Boreion ([1]).

D er Oberst Leake, der gründlichste und verdienstvollste aller Englischen Reisenden in Griechenland, erzählt in seinem Werke über den Peloponnes ([2]) von seinen vergeblichen Bemühungen, die Ruinen von Pallantion zu entdekken. Später scheint er ([3]), obgleich nicht ohne Bedenken, die irrige Meinung Sir W. Gell's ([4]) angenommen zu haben, daſs Pallantion an der Stelle des heutigen Dorfes Thana, südlich von Tripolis, gelegen haben müsse. Erst die Französischen Genieofficiere sind so glücklich gewesen, die Ruinen dieser Stadt, die gewissermaſsen für die Mutterstadt Roms galt ([5]), aufzufinden und in ihrer Karte zu verzeichnen.

Von der Französischen Karte geführt, ritt ich den 8. Mai 1834 aus Piali ([6]), einem Dorfe auf den Ruinen der alten Tegea, um Pallantion zu besuchen. Ich hatte also densel-

---

([1]) Umgearbeitet und erweitert aus einem Aufsatze in den Annali d. Inst. Arch. vol. VIII, p. 10 ss.

([2]) Travels·in the Morea I, p. 100 seqq.

([3]) Ebendas. III, p. 36.

([4]) Itinerary of the Morea p. 136.

([5]) Paus. 8, 43. Liv. 1, 5. Justin. 43, 1.

([6]) Für die chorographischen Details dieser Gegend wird die Vergleichung der französischen Karte des Peloponnes vorausgesetzt, vorzüglich des Supplementblattes, wo die Ebene von Tegea und Mantineia in gröſserem Maſsstabe gezeichnet ist.

ben Weg, den Pausanias im 44sten Capitel seiner Arkadica beschreibt, nur in umgekehrter Richtung zu machen. Ungefähr zwanzig Minuten westlich von Piali, bei Kerasitza, bemerkte ich eine Quelle, welche die κρήνη Λευκώνιος des Periegeten (⁷) zu seyn scheint. Ein halbes Stündchen weiter in derselben Richtung ist das Dorf Vunò, so genannt von einem kleinen isolirten Felshügel, an welchem es liegt. Ich bemerkte dort Fundamente und Reste alter Mauern aus grofsen polygonischen Steinblöcken; und ich bin ziemlich überzeugt, dafs dies der Berg Kresion ist, auf dem ein Heiligthum des Aphneios stand. Pausanias (⁸) nennt das Kresion einen nicht grofsen Berg, den er auf seinem Wege von Pallantion nach Tegea zu seiner Rechten hatte. Dies pafst genau auf den Hügel von Vunò; denn wenn man von dem Choma, welches die Ebene der Pallantier von der der Tegeaten scheidet, in gerader Linie nach Tegea geht (⁹), dessen gröfserer Theil noch nördlich von Piali lag, so läfst man Vunò nothwendig zu seiner Rechten. Ich kann daher den Herausgebern der französischen Karte nicht beistimmen, welche Kresion den sehr beträchtlichen Berg genannt haben, der im Süden an die Tegeatische Ebene stöfst, und der wenigstens eine Stunde zur Rechten des Weges des alten Reisenden blieb. Hätte er diesen Berg unter dem Kresion verstanden, so würde er ihn erst bei der Angabe des Weges von Tegea nach Sparta, der darüber führt, erwähnt haben.

Zehn Minuten hinter Vunò fängt' die sogenannte Taka an, das heifst der niedrige und sumpfige Theil der Ebene, der

---

(⁷) Paus. 8, 44, 7. Die Franzosen setzen die Quelle Leukonios, mit geringerer Wahrscheinlichkeit, südlich von Tegea an. Dann würde Pausanias sie am Wege nach Lakonika (53, 5) erwähnt haben.

(⁸) Ders. 8, 44, 6: Ἔςι δὲ ὄρος οὐ μέγα ἐν δεξιᾷ τῆς ὁδοῦ καλούμενον Κρήσιον· ἐν δὲ αὐτῷ τὸ ἱερὸν τοῦ Ἀφνειοῦ πεποίηται.

(⁹) Ein Thor von Tegea hiefs das Pallantische, αἱ ἐπὶ τὸ Παλλάντιον φέρουσαι πύλαι, Xen. Hell. 6, 5, 9.

im Winter einen See von beträchtlichem Umfange bildet.
Der Weg, die Taka vermeidend, zieht sich hinüber an die stei-
nigte Hügelkette, die sich von hier bis Tripolis erstreckt, und
läuft dann in südwestlicher Richtung längs ihrem Fufse. Jetzt
im Mai, nach einem regnichten Winter, hatte der Sumpf sich
doch schon sehr zusammengezogen, und ein klarer Wasser-
spiegel zeigte sich nur noch in der Mitte der Ebene und vor
der grofsen Katavothra (¹⁰), die am südlichen Rande des Sum-
pfes am Fufse des Berges Boreion ist. Im Winter aber steht
hier manchmal so viel Wasser, dafs es den Fufs der Hügel
bis zu halber Manneshöhe und darüber bedeckt. Neben meinem Wege bemerkte ich sieben oder acht kleine Katavothren,
die bereits trocken lagen. Es sind dies natürliche Spalten
und Öffnungen in den Kalkfelsen, durch die das Wasser ab-
fliefst. Sie hauchen eine verpestete Luft aus, wegen der vielen vegetabilischen Substanzen, die das Wasser darin absetzt,
und die bald in Fäulnifs übergehen. In Hinsicht auf den
Abflufs der grofsen Wassermassen, welche hier unter dem
Boden verschwinden, stimmen die Eingebornen nicht überein.
Die Einen glauben, dafs diese Wasser die grofse Quelle Vivari ernähren, am linken Ufer des Eurotas, unweit Koniditza,
drittehalb Stunden nördlich von Sparta (¹¹); die Andern behaupten dagegen, dafs sie die Quelle des Alpheios bei Asea
in der Ebene von Frankovrysis bilden, die von der Taka nur
durch das Boreion getrennt sind. Allein auch die Wasser
von Frankovrysis verlieren sich aufs Neue unter der Erde,
um südlich vom Berge Tzimberu die Quellen des Eurotas
und Alpheios zu nähren. Kurz, diese ganze Gegend ist so
reich an Quellen und Flüssen, die eins ums andere erschei-
nen und wieder verschwinden, dafs es schwer ist, ihre unter-

(¹⁰) Das Wort ist immer weiblichen Geschlechts, ἡ καταβάθρα, nicht
τὸ καταβόθρον, wie viele Reisende schreiben.

(¹¹) Vgl. unten VII, 2, bei Anm. 30.

irdischen Verbindungen zu ermitteln und ihren wahren Lauf
zu bestimmen. Daher glaube ich auch, mich des Versuches
enthalten zu dürfen, die vielfachen Angaben der Alten hierüber (^{12}) ins Klare zu bringen. Denn ohne vieljährige genaue Beobachtungen läfst sich hier kein haltbares Resultat
gewinnen.

Von der Stelle, wo der Fufs der Hügelkette bei dem
Dorfe Birbati sich dem Berge Boreion am meisten nähert,
ziehen sich mehre parallele Reihen grofser Steinblöcke von
Nordost nach Südwest quer durch die Ebene der Taka, und
endigen am Fufse des Boreion. Die Franzosen haben diese
Steinreihen als Überreste einer Chaussée bezeichnet, und dagegen den Namen Choma, den sie bei Pausanias fanden,
durch einen seltsamen Mifsgriff auf den tiefsten und sumpfigsten Theil der Taka angewandt. Aber χῶμα bezeichnet bei
allen Griechischen Schriftstellern, von Homer bis auf Pausanias, und vorzüglich bei letzterem, eine künstliche Aufschüt-
tung von Erde, einen Tumulus (^{13}), Damm, Deich, Wall.
Der Perieget bezeichnet, in der hierher gehörigen Stelle (^{14}),
mit diesem Worte einen Damm oder Deich, der die Pallantische Ebene von der Tegeatischen, oder, um genauer zu sprechen, von der Manthurischen trennte; denn Manthurion (^{15}),

---

(^{12}) Paus. 8, 44, 3. 54, 1 und 2. Strab. 6, S. 38 Tchn. Dionys.
Perieg. 412. Vgl. Leake, Morea, III, p. 36–43, und die folgende
Abhandl. bei Anm. 12.

(^{13}) Paus. 2, 27, 6: Στάδιον, οἷα Ἕλλησι τὰ πολλὰ, γῆς χῶμα. — 2, 29,
7: Φώκου τάφος χῶμά ἐςι, περιεχόμενος κύκλῳ κρηπῖδι. Vgl. 8, 34, 2 und
öfter.

(^{14}) Paus. 8, 44, 4: Τὸ ὀνομαζόμενον Χῶμα ὅροι Μεγαλοπολίταις τῆς γῆς
πρὸς Τεγεάτας καὶ Παλλαντιεῖς εἰσι· καὶ τὸ Παλλαντικὸν πεδίον ἐςὶν ἐκτραπεῖσιν
ἐς ἀριςερὰν ἀπὸ τοῦ Χώματος. Und §. 6: Τοῦ καλουμένου Χώματος ἐν δεξιᾷ
πεδίον ἐςὶ τὸ Μανθουρικόν. ἔςι δὲ ἐν ὅροις ἤδη τῶν Τεγεατῶν τὸ πεδίον. Über die
Μανθουριεῖς vgl. 8, 45, 1 und 47, 1.

(^{15}) Steph. Byz. u. d. W. hat die Namensform Μανθυρία.

einer der neun Demen von Tegea, hatte den südlichsten Winkel der Tegeatis westlich vom Wege nach Sparta inne, wo
auch die unscheinbaren, aber ausgedehnten Ruinen des Ortes
am Abhange eines Berges liegen. An das südliche Ende des
Choma gränzten die Megalopoliten an; so dafs der ganze Berg
Boreion noch zu ihrem ausgedehnten, aus der Vereinigung
so vieler kleinen Städte erwachsenen Gebiete gehört haben
mufs. Die oben beschriebenen Steinreihen nun sind die noch
erhaltenen Unterbauten dieses Dammes. Ein ähnliches altes
Werk, von Pausanias ([16]) mit demselben Namen bezeichnet,
aber in einem Zustande besserer Erhaltung, existirt noch heute
bei Thisbe in Böotien, dessen Ebene gleichfalls temporären
Überschwemmungen ausgesetzt ist. Ein anderer Damm dieser Art war zwischen Orchomenos und Kaphyä in Arkadien ([17]).

Dem Choma folgend durchschnitt ich die Ebene, und
ritt dann rechts längs dem Fufse des Boreion. Nach einer
Viertelstunde liefs ich meine Pferde unweit der Ruine eines
mittelalterlichen Thurmes an dem Ausgange eines Reviers,
aus welchem ein kleiner Wasserlauf in die Ebene fliefst, und
von wo ein Pfad über den Berg in das Thal von Asea führt.
Von hier ging ich über die Felder in zehn Minuten nach Pallantion.

Pallantion nahm den Rücken und die Abhänge eines in
die Ebene vortretenden mäfsigen Hügels, so wie einen nicht
unbedeutenden Theil der Fläche nördlich und östlich an seinem Fufse ein. Die Stadt ist im Laufe so vieler Jahrhunderte,
durch die Bewohner der benachbarten Dörfer und durch die
von Tripolis, welche die Ruinen als Steinmagazin benutzten,

([16]) Paus. 9, 32, 2: Τὸ πεδίον τὸ μεταξὺ τῶν ὀρῶν ἐκώλυεν οὐδὲν λίμνην
ὑπὸ πλήθους εἶναι τοῦ ὕδατος, εἰ μὴ διὰ μέσου χῶμά σφισιν ἐπεποίητο ἰσχυρὸν κ. τ. λ.

([17]) Ders. 8, 23, 2: Ἐν δὲ τῷ πεδίῳ τῷ Καφυῶν πεποίηται γῆς χῶμα, δι'
οὖ ἀπείργεται τὸ ὕδωρ τὸ ἐκ τῆς Ὀρχομενίας μὴ εἶναι Καφυέων βλάβος τῇ ἐνέργῳ.

völlig zerstört worden, und über den Boden, wo sie gestanden, geht jetzt wieder der Pflug hin.   Daher hat ihre Lage so lange den Nachforschungen der Reisenden entgehen können.   Ich fand nur Fundamente, Ziegel und Scherben, und einzelne Steinhaufen.   Auf dem höchsten Puncte der Akropolis sieht man die Grundmauern des Heiligthums der reinen Götter ([18]) noch ziemlich vollständig.   Ein wenig weiter herunter, an dem südöstlichen Abhange, ist ein anderes Fundament ([19]); und um die Akropolis lassen sich noch einige Spuren von Einschliefsungsmauern erkennen.   Die ansehnlichsten Trümmerhaufen liegen in einiger Entfernung nördlich vom Hügel in den Äckern; hier sollen, wie mir bei einem zweiten Besuche im Jahre 1840 von mehren bejahrten Leuten versichert wurde, um das Jahr 1803 verschiedene Basreliefs und Statuen gefunden, aber zum Kirchenbau in den angränzenden Dörfern verwandt worden seyn.

Von Pallantion kehrte ich nach dem Thurme, wo ich meine Pferde gelassen, zurück, und verfolgte den oben erwähnten wenig betretenen Pfad über den Berg B o r e i o n, der jetzt Kravari heifst.   Nach einem halben Stündchen kam ich, auf dem höchsten Puncte des Weges und in einem ziemlich engen Passe zwischen Felsen, zu den Ruinen des H e i l i g t h u m s d e r A t h e n e S o t e i r a und d e s P o s e i d o n, dessen Gründung dem Odysseus, nach seiner Rückkehr aus Troja, zugeschrieben wurde ([20]).   Diese Ruinen sind auf der

---

([18]) Paus. 8, 44, 5: Τῷ λόφῳ τῷ ὑπὲρ τῆς πόλεως ὅσα ἀκροπόλει τὸ ἀρχαῖον ἐχρῶντο. λείπεται δὲ καὶ ἐς ἡμᾶς ἔτι ἐπὶ κορυφῇ τοῦ λόφου θεῶν ἱερόν· ἐπίκλησις μὲν δή ἐςιν αὐτοῖς καθαροί.

([19]) Es gab hier noch einen Tempel (ναός) des Pallas, mit seiner Statue und der des Evandros; ein Heiligthum (ἱερόν) der Kore, und eine Statue des Polybios.

([20]) Paus. 8, 44, 4: Ἔςι δὲ ἄνοδος ἐξ Ἀσέας ἐς τὸ ὄρος τὸ Βόρειον καλούμενον, καὶ ἐπὶ τῇ ἄκρᾳ τοῦ ὄρους σημεῖά ἐςιν ἱεροῦ· ποιῆσαι δὲ τὸ ἱερὸν Ἀθηνᾷ τε Σωτείρᾳ καὶ Ποσειδῶνι Ὀδυσσέα ἐλέγετο ἀνακομισθέντα ἐξ Ἰλίου.

Französischen Karte nicht angegeben, und aufser Leake ([21])
scheint sie kein neuerer Reisender gesehen zu haben. Im Alterthum führte die Hauptstrafse von Megalopolis und Asea
nach Pallantion und Tegea durch diese Schlucht; seitdem
aber Tripolis der Hauptort der Tegeatischen Ebene geworden, geht die grofse Strafse über einen anderen Pafs auf der
Westseite von Pallantion. Der flache Hügel, auf dem Asea
lag, ist von hier bereits sichtbar. Der Tempel war aus weifsem Marmor, vermuthlich ein Prostylos oder Amphiprosty-
los von Dorischer Ordnung; schon Pausanias fand ihn in
Ruinen, aber der gröfsere Theil seiner Trümmer schien mir
(1834) noch am Boden umherzuliegen. Die Säulen hatten
zwanzig Cannelirungen, und an ihrer Basis ungefähr fünf und
einen halben Fufs Englisch Umfang. Leake fand die Breite
der Cannelirungen zwischen $3\frac{2}{3}$ und 4 Zoll Englisch. An
einer der Säulentrommeln bemerkte ich, dafs man in der Mitte
der untern Fläche einen viereckigen steinernen Zapfen hatte
stehen lassen, der in eine entsprechende Vertiefung auf der
Oberfläche des untern Säulenstücks eingriff, um der Säule,
bei ihrem geringen Durchmesser, die nöthige Festigkeit zu geben. Die Schlitze der Triglyphen hatten 3 Zoll Breite. In
der Hoffnung, bald in Begleitung eines Architekten wieder
hierher zu kommen, nahm ich damals keine andern Mâfse,
und setzte meinen Weg über Asea nach Megalopolis fort.
Leider mufs ich die Nachricht hinzufügen, dafs, als ich im Junius 1840 Gelegenheit hatte, im Gefolge II. MM. des Königs
und der Königinn den Tempel zum zweiten Male zu besuchen, zu meinem nicht geringen Befremden sich nur noch eine
einzige zertrümmerte Säulentrommel am Platze fand. Auf
Befragen wurde in Erfahrung gebracht, dafs die Bauern des
zwei Stunden westwärts entlegenen Dorfes Valtetzi im Jahre
1837 sämmtliche Säulen und andere Werkstücke zum Behufe

([21]) Morea III, p. 34.

eines Neubaus ihrer Kirche weggeschleppt hatten. So verschwinden die Trümmer des Alterthums von Jahr zu Jahr immer mehr vom Boden Griechenlands. Nicht Zeit noch Wetter sind die Zerstörer, nur der Mensch.

IV.

Zur Topographie Arkadiens nebst Theilen von Messenien, Elis und Argolis.

In dem nachstehenden Aufsatze habe ich aus den Tagebüchern meiner Reisen in Arkadien im Winter 18$\frac{33}{34}$ und vorzüglich im April und Mai 1834 nur solche Bemerkungen und Schilderungen ausgehoben, welche entweder zur Vervollständigung oder Berichtigung der topographischen Kenntnifs auch oft besuchter Ruinen, wie Tegea und Megalopolis, beitragen können; oder Orte und Gegenden berühren, die von der gewöhnlichen Strafse der Reisenden entfernter liegen, wie Aepion, die Pholoe, Thelpusa, Teuthis; oder endlich sich auf Ruinen beziehen, die in der Französischen Karte noch nicht niedergelegt sind, wie Alipherä und Mänalos. Einiges davon ist schon in dem vorhergehenden Aufsatze über Pallantion und das Heiligthum der Athene Soteira behandelt worden. Nur die kleine Wegstrecke von Pallantion über Asea nach Megalopolis habe ich ganz übergangen, weil ich nichts Erhebliches darüber zu bemerken fand.

1. **Tegea.** Das Emplacement dieser alten Stadt, in einer fetten und fruchtbaren Niederung gelegen, ist im Winter den Überschwemmungen der von den umgebenden Höhen herabfliefsenden Wasser sehr ausgesetzt, welche im Laufe der langen Zeit den Boden durch den abgesetzten Niederschlag beträchtlich erhöht haben. Daher ist von den Ruinen fast nichts sichtbar, und der ehemalige Umfang Tegeas läfst sich nur aus den über die Felder verstreuten Scherben, Zie-

geln und andern Bruchstücken, so wie aus den Angaben der
Bauern über die Fundamente und Mauerreste, die sie bei der
Feldarbeit gelegentlich unter dem Boden finden, mit Wahr-
scheinlichkeit entnehmen. Die Französische Karte giebt die-
sen Umfang zu gering an; die alte Stadt dehnte sich von dem
Hügel von H. Sostis im Norden über Ibrahim-Effendi und
Paläo-Episkope wenigstens bis Achuria und Piali gegen Sü-
den aus.

Die Hauptkirche des Dorfes Piali scheint auf der Stelle
des Tempels der Athene Alea zu stehen. Viele Bauern
haben mir, auf meinen öfteren Reisen durch ihr Dorf, wiederholt versichert, daſs man bei Gelegenheit eines theilweisen
Neubaus ihrer Kirche, vor einem Menschenalter, unter dem
Boden auf grofse Säulentrümmer und andere Baureste gesto-
fsen sey (¹). An dem Brunnen des Dorfes liegen grofse zu
Wassertrögen verarbeitete Säulenreste. In der Kirche ist
ein kleines Dorisches Capitell. Auch fand ich in Piali eine
auf eine Priesterinn der Athene Alea und Demeter bezügli-
che Inschrift (²).

Diese Annahme ist in Übereinstimmung mit den Angaben des Pausanias. Von Pallantion kommend betrat er die
Stadt durch das Pallantische, also das südwestliche Thor (³),
welches in die Gegend von Piali fallen mufs, und beginnt
seine Beschreibung derselben mit dem Tempel der Athene
Alea (⁴). Nördlich von dem Tempel sah er eine Fontäne
(κρήνη) oder einen Brunnen (⁵); und wirklich findet sich we-

(¹) Im Jahre 1804 oder 5. Siehe Leake, Morea, I, p. 90. 97, wo
die damals gefundenen ansehnlichen Trümmer näher beschrieben werden. Vgl. ebend. II, p. 47.

(²) Ross. I. G. I. fasc. I, n. 2.

(³) Vgl. die vorhergehende Abhandlung (Pallantion u. s. w.) Anm. 9.

(⁴) Paus. 8, 45, 3—47, 2.

(⁵) Ders. 8, 47, 3: Ἔστι δὲ ἐν τοῖς πρὸς ἄρκτον τοῦ ναοῦ κρήνη. Leider
ist der Perieget in dem Gebrauche der Wörter κρήνη (Röhrenbrunnen)

nige Schritte nordwärts von der Kirche ein Wasserbassin, das auch im Sommer nicht austrocknet. Vom Tempel der Alea geht er dann über die grofse Agora nach dem Theater ([6]); und dieses glaube ich in den antiken Unterbauten zu erkennen, auf welchen die schöne Kirchenruine von Paläo-Episkope, die alte Kathedrale der ehemaligen Bischöfe von Nikli, erbaut ist. Die hintern Nischen der Kirche ruhen auf einem halbkreisförmigen Mauerreste aus grofsen Quadern, von denen noch mehre Schichten erhalten sind. Der Theil des Bogens, welcher blofs liegt und gemessen werden kann, hat 15 Meter Länge, und eine Abmessung von der Mitte der Peripherie bis auf die Mitte der Sehne dieses Bogens ergab ungefähr 30 Centimeter, welches Verhältnifs auf einen sehr beträchtlichen Umfang der Cavea (des κοῖλον) des Theaters schliefsen läfst. Die Öffnung des Sitzrundes war gegen Nordwesten, gegen den Hügel von H. Sostis und darüber die Gipfel des Mänalon (jetzt Apano-Chrepa) gerichtet ([7]). In den Mauern der Kirche sind viele architektonische Bruchstücke, Inschriften ([8]), Reliefs und Ornamente eingemauert.

Einige hundert Schritt ostwärts von der Kirche ist ein Brunnen und eine kleine Wasserlache. Daneben sollen die Türken vor etwa 40 Jahren viele Säulen und Quadern ausgegraben und zum Bau einer Moschee in Tripolis verwandt haben; die Säulen sollen gröfstentheils Monolith gewesen seyn. Vielleicht stand hier der Tempel der Demeter und

---

und πηγή nicht immer genau; so nennt er 8, 8, 2 die Arne bei Mantineia einmal eine κρήνη und dann eine πηγή. Vgl. 2, 3, 3. 5. 6, wo er von der Peirene und Glauke in Korinth ebenso beide Ausdrücke gebraucht.

([6]) Ders. 8, 48, 1 und 49, 1.

([7]) Ist dies dasselbe Theater, welches Antiochos IV Epiphanes um 175 v. Chr. hier zu bauen unternahm? Liv. 41, 20: Tegeae theatrum magnificum e marmore facere instituit.

([8]) Ross. I. G. I. l. l. n. 4. Boeckh, C. I. G. I, n. 1527. 1528.

Kore, der fruchtbringenden Göttinnen (Καρποφόροι), oder der
der Aphrodite Paphia, welche bei Pausanias (wenn man
die dazwischen stehenden Erörterungen über die Geschichte
des Philopömen und über gewisse Bilder des Apollon Agyeus
überspringt) zunächst auf das Theater folgen (⁹). Die Beschreibung Tegeas endigt mit der Erwähnung einer Anhöhe
(χωρίον ὑψηλόν), also nach unserer Annahme im Norden der
Stadt, mit dem Hügel von H. Sostis, wie auch schon Leake
angenommen hat; und diese Anhöhe ist vermuthlich dieselbe,
welche Pausanias anderswo den Wachhügel (λόφος Φυλακτρίς)
und Polybios die Akropolis (ἄκρα) nennt (¹⁰).

Es würde leicht seyn, an diese auf wiederholter Erwägung der örtlichen Verhältnisse ruhenden Vermuthungen noch
weitere Combinationen zu muthmafslicher Bestimmung der
Lage der übrigen Monumente Tegeas anzuknüpfen; allein ich
enthalte mich gern dieses müfsigen Spiels, bis die Zeit, durch
absichtliche Ausgrabungen oder zufällige Entdeckungen, über
den Grund oder Ungrund der obigen Festsetzung der zwei
Hauptpuncte, nämlich des grofsen Tempels der Athene und
des Theaters, entschieden haben wird. Mir bleiben nur noch
einige Bemerkungen über eine Ausgrabung bei Tegea nach-
zutragen.

Im Januar 1834, während der Sitz der Regierung noch
in Nauplia war, berichtete der Nomarch von Arkadien an das
Cultusministerium, dafs die Bauern im Felde zwischen Piali

(⁹) Pausan. 8, 53, 3.

(¹⁰) Ders. ebend. §. 4: Τὸ δὲ χωρίον τὸ ὑψηλὸν, ἐφ᾽ οὗ καὶ οἱ βωμοὶ
Τεγεάταις εἰσὶν οἱ πολλοί, καλεῖται Διὸς Κλαρίου κ. τ. λ. Vgl. über den
Hergang Polyän. Strateg. 1, 8. Ein andermal wurde mit den Lake-
dämoniern, unter ihrem Könige Charillos, am Hügel Phylaktris
gekämpft: ders. 8, 48, 3 und 8, 5, 6. Vgl. Polyb. 5, 17, 2 (von der
Einnahme Tegeas im Bundesgenossenkriege, durch Lykurgus): τῶν
δὲ σωμάτων ἀποχωρησάντων εἰς τὴν ἄκραν, ἐπεβάλετο πολιορκεῖν ταύτην. Das
Thor nach Mantineia (Xenoph. Hell. 6, 5, 9) mufs auch in dieser
Gegend an den Hügeln gelegen seyn.

und Achuria Reste eines alten Gebäudes und daneben einige
Sculpturen gefunden hätten. Ich erhielt als damaliger Con-
servator der Alterthümer im Peloponnes den Auftrag, an dieser Stelle weiter nachzugraben. Am 28. Januar in Piali an-
gelangt, fand ich ein sehr beschädigtes Hautrelief des Pan,
2 Fufs 7 Zoll hoch, auf einer mit einem kleinen Fronton gekrönten Stele aus weifsem Marmor, von 4 Fufs 4 Zoll Höhe
und 1 Fufs 6 Zoll Breite: Pan, ziegenfüfsig und bärtig, mit
zwei hohen Bockshörnern auf der Stirn und mit zottig be-
haarten Schenkeln, steht ganz nackt zwischen zwei blätterlo-
sen Baumstämmen, in der hoch erhobenen Rechten den ge-
krümmten Hirtenstab, in der gleichfalls erhobenen Linken die
Syrinx haltend; links neben ihm ein Bock; auf der Basis der
Stele eine gröfstentheils unleserliche Inschrift ([11]). Ferner
das Vordertheil eines schreitenden Löwen im flachem Relief und von mittelmäfsiger Arbeit; wahrscheinlich nur ein
Bruchstück von der Hinterseite eines Sarkophags. Beide
Stücke werden bis jetzt (1840) in Piali aufbewahrt. Am folgenden Tage begann ich mit 25 bis 30 Arbeitern die Ausgrabung, und deckte in zwei Tagen das vermeinte Gemäuer in
einer Länge von hundert und vierzig und in einer Tiefe von
drei bis vier Fufs auf; es fand sich aber, dafs es nur ein aus
mancherlei alten Werkstücken (66 an der Zahl und gröfstentheils von weifsem Marmor) zusammengesetzter Steinwall oder
ξηρότοιχος war, der in früherer Zeit, ehe die Überschwemmungen hier den Boden so erhöhten, die Gränzscheide oder
Umzäunung eines Ackers gebildet haben mochte. Die Bauern behaupten, durch Tradition zu wissen, dafs der Sarantapotamos, der von den Bergen an der Südseite der Ebene am
Wege nach Sparta herunterkommt und jetzt mit dem östli-
cheren Garates vereinigt in die Katabothra bei Perzova am
Fufse des Parthenion fliefst, früher über diesen Platz und

([11]) Ross. I. G. I. fasc. I, n. 3.

links an Piali vorüber in die Katabothra der Taka in der
Manthurischen Ebene am Fufse des Berges Boreion geflossen
sey.   Weil er hier aber viel Land überschwemmte, und die
Katabothra der Taka die grofse Wassermenge nicht schnell
genug zu verschlingen vermochte, habe ein Türke, der vor
reichlich hundert Jahren (nachdem nämlich die Venetianer
im Frieden von Passarowitz 1718 den Peloponnes wieder
hatten räumen müssen) in den Besitz von Piali kam, ihm ein
anderes Bette gegraben und ihn genöthigt, sich mit dem Garates zu vereinigen.

   Diese mündliche Überlieferung, so schlecht begründet
sie auf den ersten Blick scheinen mag, ist allein im Stande,
die Angaben des Pausanias über den Ursprung und anfängli-
chen Lauf des Alpheios aufzuklären. „Der Alpheios, sagt
er ([12]), bildet die Gränze zwischen den Lakedämoniern und
Tegeaten; er entspringt bei Phylake, und wird bald durch
viele kleine Quellen verstärkt, woher der Ort den Namen
Symbola erhalten.   Von Phylake und Symbola fliefst er in
die Tegeatische Ebene hinunter, verschwindet hier, taucht bei
Asea wieder auf, wo er sich mit den Quellen des Eurotas
vermischt, und versinkt nochmals, um bei Pegä schliefslich
zum Vorschein zu kommen." Dafs Pausanias hier unter dem
Alpheios den heutigen Sarantapotamos meine, ist aufser allem Zweifel; denn sein Weg von Tegea nach Sparta kann
kein anderer gewesen seyn, als der von der Natur vorgezeichnete, dem man noch heute folgt, durch das Thal des Sarantapotamos.   Die Quelle desselben ist fast auf der Hälfte des

---

([12]) Paus. 8, 54, 1: Λακεδαιμονίοις καὶ Τεγεάταις ὅροι τῆς γῆς ὁ ποταμός ἐςιν ὁ Ἀλφειός· τούτου τὸ ὕδωρ ἄρχεται μὲν ἐν Φυλάκῃ, κάτεισι δὲ οὐ πόξ-
ρω τῆς γῆς (al. πηγῆς) καὶ ἄλλο ὕδωρ ἐς αὐτὸν ἀπὸ πηγῶν μεγέθει μὲν οὐ με-
γάλων, πλεόνων δὲ ἀριθμόν· καὶ διὰ τοῦτο τῷ χωρίῳ Σύμβολα γέγονεν ὄνομα.
2. - - προελθὼν ἐκ Φυλάκης καὶ τῶν καλουμένων Συμβόλων ἐς τὸ πεδίον κατίδι
τὸ Τεγεατικόν· ἀνατείλας δὲ ἐν Ἀσέᾳ καὶ τὸ ῥεῦμα ἀναμίξας τῷ Εὐρώτᾳ τὸ
δεύτερον ἤδη κάτεισιν ἐς τὴν γῆν κ. ἑ.

Weges nach Sparta, südlich vom Khan der Krya Vrysis, in
welcher Gegend folglich Phylake, vermuthlich ein befestigter Wachthurm an der Gränze, zu suchen ist. Nördlich von
Krya Vrysis wird er durch den Zuflufs mehrer ansehnlicher
Bäche und vieler kleinen Quellen verstärkt, und macht in
dem engen Thale, durch welches er fliefst, und dem wir jetzt
unbedenklich den Namen Symbola beilegen, zahlreiche mä-
andrische Krümmungen, so dafs der heutige Saumpfad sein
Bette mehr als zwanzig oder dreifsig Mal durchschneidet.
Von diesen beiden Umständen, der grofsen Zahl seiner Quellen und der seiner Furten, hat er den ächt morgenländischen
Namen Sarantapotamos erhalten, wie mehre andere ähnliche
Flüsse in Griechenland, z. B. der obere Theil des Eleusini-
schen Kephisos von Eleutherä bis an seinen Austritt in die
Eleusinische Ebene, so lange, bis zur Anlegung der Fahrstrafse
vor wenigen Jahren, der Saumpfad nach Theben in seinem
Bette fortlief. Wenn nun dieser Tegeatische Sarantapotamos, nach der örtlichen Tradition, früher links von Piali in
den Sumpf der Taka flofs, um die Quellen von Frankovrysis
bei Asea zu verstärken ([13]), anstatt jetzt rechts von Piali sich
mit dem Garates ([14]) zu vereinigen und in die Katavothra von
Perzova am westlichen Fufs des Parthenon zu fallen, so erscheint die Darstellung des Pausanias völlig klar und gerechtfertigt. Leake, dem die mündliche Überlieferung der Bauern unbekannt geblieben zu seyn scheint, läfst den Alpheios
freilich noch im Jahre 1805 „zur Rechten des Weges unter
Felsen verschwinden" ([15]); allein dies ist ein Irrthum, wie
auch Leake's Karten von dieser Gegend ganz ungenau sind.

([13]) Vgl. die vorhergehende Abhandlung (Pallantion u. s. w.) bei
Anm. 12.

([14]) Der Garates flofs am Wege von Tegea nach Thyreatis (Paus.
8, 54, 3), und ist folglich der Flufs, der von Doliane herabkommt
und bei Magula mit dem heutigen Sarantapotamos sich vereinigt.

([15]) Leake, Morea I, p. 121 unten.

Wir kehren noch einen Augenblick zu dem durch die Ausgrabung blofsgelegten Steinwall zurück, dessen Überdekkung mit angeschwemmter Erde zu dieser Digression über den früheren Lauf des Alpheios der Alten und über die spätere Grabung eines neuen Bettes für den heutigen Sarantapotamos Veranlassung gegeben hat. Unter den Werkstükken, aus welchen die Mauer bestand, war auch ein Dorisches Capitell, dessen Plinthe 2 F. 10½ Z. Engl. ins Gevierte, und der Hals 1 F. 6 Z. Durchmesser hatte; ferner ein Triglyph von 1 F. 11 Z. Höhe bei 1 F. 4½ Z. Breite. Diese Bruchstücke können zu der untern Dorischen Säulenstellung im Innern des Tempels der Athene Alea gehört haben. Da nun nach Blofslegung der Mauer und einigen vergeblichen Versuchen in der Nähe derselben keine Aussicht da war, dafs eine Ausgrabung an dieser Stelle zu weiteren Entdeckungen führen würde, so liefs ich am dritten Tage die Arbeit einstellen.

Aufser den berejts aufgeführten Sculpturen kenne ich im Umkreise der alten Tegea nur noch eine marmorne Statuette des Ganymedes mit dem Adler, welche im Frühling 1840 von einem Bauer in Achuria gefunden worden ist. Ganymedes, den Kopf links gewandt, steht aufrecht unter einem Baume; das rechte Bein von der Hüfte bis an die Knöchel fehlt. Er ist ganz nackt, nur über den Rücken wallt ein Mantel. Der Adler über ihm mit ausgebreiteten Flügeln, der von den überhängenden Zweigen des Baumes gehalten wird, fafst ihn an der Phrygischen Mütze, um ihn zu entführen. Also eine kleine, doch gewifs nicht glückliche Abweichung von dem Motiv der Gruppe des Leochares. Die Arbeit ist mittelmäfsig, der Adler und die Baumzweige sehr wenig ausgeführt, die Rückseite des Werkes noch weniger. Das Ganze hat etwa drittehalb Fufs Höhe, und scheint in einer Nische über der Höhe des Auges gestanden zu haben, da es nur für den Anblick von unten berechnet ist.

2. **Megalopolis** ([16]). Die Lage von Megalopolis, auf
einer zu niedrigen Hügeln sanft ansteigenden Ebene auf beiden Seiten des **Helisson**, der die Stadt von Osten nach
Westen durchfliefst und in zwei ziemlich gleiche Hälften
scheidet, ist fast auf Einen Blick ganz zu übersehen, so dafs
die topographische Vertheilung der wichtigsten von Pausanias
erwähnten Monumente über diesen Boden wenig Schwierigkeiten macht und fast keine Zweifel läfst. Ein fester Hauptpunct ist vor allen andern das kolossale **Theater** ([17]), auf
dem **linken Ufer** des Flusses in der Südhälfte der Stadt,
doch nicht ganz in der Mitte, sondern etwas mehr nach Westen gelegen. Die Quelle im Theater, die Leake nicht fand,
ist noch in der Orchestra, am innersten Rande des Halbrundes; sie ist freilich jetzt verschüttet, so dafs sie keinen sichtbaren Wasserlauf bildet, aber sie machte doch selbst während
einer grofsen Dürre im Mai 1834 den Boden dort ganz
schlüpfrig. Viele der Sitze im Theater scheinen noch erhalten, und nur mit Erde überschüttet und mit Gestrüpp bewachsen zu seyn. Die Bauern erzählen, dafs Kolokotronis während des Freiheitskrieges hier habe graben lassen, um Steine
für seine Bauten zu gewinnen. Vor dem Theater, gegen den
Flufs hin, sind Reste von den Unterbauten der Scene, zum
Theil von polygonischer Construction. Dem linken (westlichen) Flügel des Halbrundes (κοῖλον) gegenüber sind an beiden Seiten des Flusses, namentlich am nördlichen Ufer, ansehnliche Reste von Gemäuern aus Quadern; wahrscheinlich
lag hier die Hauptbrücke, welche die beiden Stadthälften verband.

Etwas über hundert Schritte östlich vom Theater ist eine
reiche Quelle kühlen Wassers. Sie war dem Dionysos heilig, und lag im **Stadion**, welches auf dieser Seite ans Thea-

---

([16]) Vgl. Leake, Morea II, p. 32–42.
([17]) Pausan. 8, 32, 1.

ter stiefs, und dessen ehemalige Lage man noch an der Gestaltung des Bodens erkennt. An das andere (östliche) Ende des Stadions stiefs wieder ein Tempel des Dionysos; unter dem Stadion aber, also gegen den Flufs hin, lag ein Hieron der Aphrodite und ein Altar des Ares ([18]). Der letztere ist noch in einem runden Unterbau über dem steilen Uferrande zu erkennen. Vielleicht gehört ein viereckiges Fundament, zwischen diesem Unterbau und dem Theater, zum Tempel der Aphrodite.

Geht man von hier auf dem linken Ufer weiter gen Osten, so finden sich freilich noch verschiedene Fundamente und Ruinen, aber es läfst sich kein fester Punkt weiter ermitteln, aufser einer von Pausanias erwähnten Quelle, bei welcher ein Heiligthum des Asklepios als Knaben und unweit desselben wieder ein anderes Heiligthum des Asklepios lag; auf der sanft aufsteigenden Anhöhe aber über diesen Heiligthümern ein Tempel der Artemis Agrotera ([19]). Noch einige hundert Schritte weiter ostwärts steht eine Ruine aus gebrannten Steinen, und unter einigen Eichen eine Capelle des H. Athanasios; allein diese beiden Puncte fallen schon aufserhalb der Stadtmauer.

Um sich auf dem rechten oder nördlichen Flufsufer zu orientiren, thut man am besten, wenn man den von Pausanias eingeschlagenen Weg verfolgt. Der Perieget ging von Westen her, von Thoknia (bei Vromosella) und über das Flüfschen Aminios kommend, auf dem rechten Ufer des

---

([18]) Ebendas. §. 1 u. 2: ἐρείπια δὲ καὶ τῆς Ἀφροδίτης ἦν τὸ ἱερὸν. — — Ἀπέχει δὲ οὐ πολὺ Ἄρεως βωμός. — — πεποίηται δὲ καὶ ϛάδιον ὑπὲρ τῆς Ἀφροδίτης, τῇ μὲν ἐπὶ τὸ θέατρον καθῆκον· καὶ κρήνη σφίσιν ἐϛὶν αὐτόθι, ἥν ἱερὰν Διονύσου νομίζουσι· κατὰ δὲ τὸ ἕτερον τοῦ ϛαδίου πέρας Διονύσου ναὸς κ. ἑ.

([19]) Paus. 8, 32, 3 und 4: Ἔϛι ἐν τῇ μοίρᾳ ταύτῃ λόφος πρὸς ἀνίσχοντα ἥλιον, καὶ Ἀγροτέρας ἐν αὐτῷ ναὸς Ἀρτέμιδος. — — ἐν δεξιᾷ — — ἔϛι μὲν ἱερὸν Ἀσκληπιοῦ· — — ἔϛι δὲ καὶ ἄλλο ὑπὸ τὸν λόφον τοῦτον Ἀσκληπιοῦ Παιδὸς ἱερὸν· — — τούτου δὲ ἐϛι πηγὴ τοῦ ἱεροῦ πλησίον.

Helisson in die Stadt; kurz vor derselben, also in der Gegend
des heutigen Dörfchens Kasidochori, sah er einen Tempel
des Poseidon Epoptes. Auf dieser Seite findet man noch
am Rande der Hügel die Fundamente der Stadtmauer. Pausanias kam hier zuerst auf die Agora, die also westlich weit
über das Theater hinausreichte, und die ebene Fläche zwischen den niedrigen Hügeln und dem Flusse einnahm. Er
beginnt die Beschreibung derselben ([20]) bei dem Heiligthum des Zeus Lykäos. Vielleicht lag dieses noch auf
der Westseite des kleinen Baches Bathyllos, der sich hier
ein tiefes Bette gegraben hat, und den Pausanias hier jedenfalls schon überschreiten mufste, obgleich er ihn erst weiter
unten erwähnt, nachdem ihn die Periegese der Agora wieder
in die westliche Gegend zurückgeführt ([21]). Von dem Heiligthum des Zeus und dem davor stehenden colossalen Erz-
bilde des Apollon Epikurios, das aus Bassä bei Phiga-
leia hierher gebracht worden war, geht er dann rechts, also
gegen den Helisson hinunter; der verfallene Tempel der
Göttermutter mufs schon ziemlich nahe am Flufs, auf dem
Rande des steilen Ufers, gelegen haben. Vielleicht bildeten
die Stufen ($\beta\acute{\alpha}\theta\rho\alpha$) vor demselben, auf welchen meist Statuen
gestanden hatten, eine Treppe, die aus dem niedrigen Flufs-
bette auf den hohen Uferrand hinaufführte ([22]).

Die Philippeios Stoa, welche die Megalopoliten dem
Philipp, Sohn des Amyntas, zu Ehren so genannt hatten, weil
er die Arkader, Messenier und Argeier gegen den Lakedämo-

([20]) Ders. 8, 30, 1 u. 2: Πλησίον ἤδη τῆς πόλεως Ποσειδῶνός ἐϛιν Ἐπέπ-
του ναός. - - Διαιροῦντος δὲ τὴν Μεγάλην Πόλιν τοῦ Ἑλισσόντος, - - ἐν μέρει
τῷ πρὸς ἄρκτους, δεξιῷ δὲ κατὰ τὸ μετέωρον τοῦ ποταμοῦ, πεποίηταί σφισιν
ἀγορά· περίβολος δέ ἐϛιν ἐν ταύτῃ λίθων, καὶ ἱερὸν Λυκαίου Διός. Über Letzteres vgl. ebendas. §. 4.

([21]) Paus. 8, 31, 6: ὑπὸ τούτῳ τῷ λόφῳ (auf dem der Tempel der
Hera Teleia gestanden hatte) Βάθυλλος καλουμένη πηγή.

([22]) Ders. 8, 30, 2.

nischen Erbfeind begünstigt hatte (²³), lag am nördlichen Rande der Agora; denn hinter ihr waren zwei niedrige Hügel, auf denen die Heiligthümer der Athene Polias und der Hera Teleia standen. Diese Hügel sind nicht zu verkennen, auf beiden sieht man noch alte Fundamente, und die Säulenreihen, die an ihrem Fuße aus dem Boden hervorragen, mögen der Philippeios Stoa angehören (²⁴). An die Halle des Philipp schloß sich eine andere Säulenhalle an, welche die Regierungslocale (ἀρχεῖα) enthielt; sie scheint ostwärts bis an den Hügel Skoleitas gereicht zu haben, dessen Erwähnung bei Pausanias zunächst folgt (²⁵), und von welchem Wasser aus einer Quelle in den Helisson hinabfloß. Durch die letztere Angabe ist der Skoleitas-Hügel leicht zu erkennen; er liegt am östlichen Ende der Agora über dem Ravin, hinter welchem jetzt das Eichengebüsch anfängt. Hinter dieser Stoa, in welcher die ἀρχεῖα waren, stand wieder ein Tempel der Tyche.

Die Lage der übrigen Örtlichkeiten der Agora läßt sich nicht mit gleicher Evidenz bestimmen, weil Pausanias in ihrer Aufzählung keine gleichmäßige Richtung mehr verfolgt, sondern einmal wieder zum Heiligthum des Lykäischen Zeus zurückkehrt, dann wieder eine östlichere Gegend des Marktes beschreibt. Die Stoa Myropolis, das Buleuterion, die Stoa Aristandreios, das Heiligthum des Zeus Soter und andere Gebäude müssen also theils den östlichen und

---

(²³) Vergl. den ersten Aufsatz (über den ager Dentheliates) bei Anmerk. 20.

(²⁴) Paus. 8, 30, 3 §. 3: Στοὰν δὲ τῆς ἀγορᾶς ὀνομαζομένην Φιλίππειον κ. λ., und 31, 6: τῆς ϛοᾶς δὲ, ἣν ἀπὸ τοῦ Μακεδόνος Φιλίππου καλοῦσι, ταύτης εἰσὶ δύο ὄπισθεν λόφοι οὐκ ἐς ὕψος ἀνήκοντες, und auf ihnen die im Texte erwähnten Heiligthümer.

(²⁵) Ders. 8, 30, 3: ταύτης ἔχεται τῆς Φιλιππείου μέγεθος ἀποδέουσα ἑτέρα ϛοὰ κ. λ. In einem ihrer Räume war das ellengroße Erzbild des Pan Skoleitas, das von dem gleichnamigen Hügel dahin gebracht worden war.

südlichen Rand des Marktes eingeschlossen, theils auf dem
Markte selbst gelegen haben. Wahrscheinlich nahm die Ari-
standrische Halle die Südseite ein; dann würde das Heiligthum des Zeus Soter, an ihrem östlichen Ende, so ziemlich
dem Theater gegenüber zu stehen kommen, und der Peribolos der grofsen Göttinnen, der auch andere Tempel
umschlofs, an ihrem westlichen Ende gegen den Bathyllos hin
anzusetzen seyn (²⁶). Hier half auch ein Gymnasium die
Westseite des Marktes abgränzen (²⁷).

So lagen alle namhaften öffentlichen Gebäude und Heiligthümer von Megalopolis, von denen wir Kunde haben, in
dem muldenförmigen Thale zu beiden Seiten des Flusses,
während die Privatwohnungen hauptsächlich die erhöhten
Flächen, soweit sie in die Stadt eingeschlossen waren, südlich
vom Theater und Stadion gegen das Dorf Sinano hin und
nördlich über der Agora eingenommen zu haben scheinen.
Die Stadtmauer, von der hin und wieder noch die Fundamente kenntlich sind, bildete ziemlich einen Kreis, den der
Helisson von Osten nach Westen durchschneidet. Eine besondere Akropolis hatte Megalopolis nicht, so wenig als das
fast gleichzeitige Mantineia. Auch bestanden die Mauern gewifs
nur, wie bei Mantineia (²⁸), wahrscheinlich auch bei Tegea,
und zum grofsen Theile bei Athen mit seinem Makron Tei-
chos (²⁹), aus rohen an der Sonne getrockneten Backsteinen

(²⁶) Paus. 8, 30, 5: Στοὰν δὲ τῆς ἀγορᾶς Ἀρισάνδρειον ἐπίκλησιν ἄνδρα
τῶν ἀςῶν Ἀρίςανδρον οἰκοδομῆσαι λέγουσι· ταύτης τῆς ςοᾶς ἐςιν ἐγγυτάτω ὡς
πρὸς ἥλιον ἀνίσχοντα ἱερὸν Σωτῆρος ἐπίκλησιν Διός· und 31, 1: Τὸ δὲ ἕτερον
πέρας τῆς ςοᾶς παρέχεται τὸ πρὸς ἡλίου δυςμῶν περίβολον Θεῶν ἱερὸν τῶν Με-
γάλων u. s. w. bis §. 5.

(²⁷) Ebendas. §. 6: Γυμνάσιον δὲ τῇ ἀγορᾷ συνεχὲς κατὰ ἡλίου δυσμὰς
ἐςιν ᾠκοδομημένον. Hieran schliefst sich die Erwähnung der Hügel hinter der Philippshalle, und der Quelle Bathyllos.

(²⁸) Xenoph. Hell. 5, 2, 5. Paus. 8, 8, 5.

(²⁹) Vitruv. 2, 8, 9. Vgl. die Inschrift über Ausbesserung der
Mauern bei Müller, de munimentis Athenarum.

(πλίνθος ὠμὴ oder ἄταφθος); sonst würden bei dem grofsen
Umfange der Stadt, den Polybios (³⁰) auf funfzig Stadien angiebt, und der öfter mit der Ausdehnung Spartas verglichen
wird (³¹), sich ansehnliche Trümmerhaufen erhalten haben;
zumal da im Mittelalter kein grofser Ort in der Nähe lag, der
das antike Material hätte zerstören oder verschleppen können.   Daher waren die Mauern auch kaum funfzig Jahre
nach ihrer Erbauung, als Polysperchon (Ol. 115, 3) die Stadt
belagerte, zum Theil bereits schadhaft (³²), und eine Bresche
(πτῶμα) in ihnen leicht zu bewerkstelligen.   Noch bedeuten-
dere Beschädigungen erlitt die Mauer fast hundert Jahre später, als Kleomenes Megalopolis einnahm; er scheint die Fe-
stungswerke gröfstentheils geschleift zu haben (³³), wie er
denn auch die öffentlichen Gebäude zerstörte, und die Stadt
ausplünderte und niederbrannte.   Daher sehen wir die Megalopoliten später in den Berathungen über den Wiederauf-
bau ihrer Stadt getheilter Meinung, indem die Einen vorschlu-
gen sie kleiner zu machen, damit man sie auch ausreichend
zu befestigen vermöge und in Zeiten der Gefahr genügend
vertheidigen könne (³⁴), die Andern aber in eine Verringe-
rung des Umfangs nicht einwilligen wollten.   In der That
scheint damals die Wiederherstellung der Ringmauer unter-
blieben zu seyn, oder wenigstens das Werk nur geringe

(³⁰) Polyb. 9, 21, 2: ὅταν εἴπῃ τις, τὴν μὲν τῶν Μεγαλοπολιτῶν πόλιν
πεντήκοντα ςαδιῶν ἔχειν τὸν περίβολον, τὴν δὲ τῶν Λακεδαιμονίων ὀκτὼ καὶ τετ-
ταράκοντα, τῷ δὲ μεγίθει ἁπλῆν εἶναι τὴν Λακεδαίμονα, τῆς Μεγάλης Πόλεως κ. τ.

(³¹) Plut. Kleom. 23.

(³²) Diod. Sik. 18, 70 (ganz zu Anfang der Belagerung): τὰ πε-
πονηκότα τῶν τειχῶν κατεσκεύαζον.   Vgl. auch das folg. Cap.

(³³) Polyb. 2, 55, 7.   Plut. Philop. 5.   Ders. Kleom. 25.   Paus.
8, 27, 10.   Vgl. Liv. 38, 34.

(³⁴) Polyb. 5, 93, 5: ἠμφισβήτουν ὑπὲρ τοῦ τειχισμοῦ τῆς πόλεως, φά-
σκοντες, οἱ μὲν, συνάγειν αὐτὴν δεῖν, καὶ ποιεῖν τηλικαύτην, ἠλίκην καὶ τειχίζειν ἐπι-
βαλλόμενοι καθίξονται, καὶ φυλάττειν καιροῦ περιςάντος δυνήσονται κ. τ.

Dauerhaftigkeit gehabt zu haben; denn obgleich in den Kriegen mit dem Tyrannen von Sparta, Nabis, der Befestigungen
Erwähnung geschieht ([35]), so waren sie doch um 175 v. Chr.
bereits wieder dermafsen in Verfall, dafs Antiochos IV Epiphanes — derselbe, der in Tegea ein marmornes Theater zu
bauen unternahm — den Megalopoliten versprach, ihre Stadt
mit einer Mauer zu umgeben, und den gröfsern Theil der
dazu erforderlichen Summe wirklich zahlte ([36]). Da aber
der Untergang der Selbstständigkeit Griechenlands bald er-
folgte, und fortan die innern Kriege aufhörten, wird man
auch die Mauer ihrem Untergange überlassen haben.

In archäologischer Hinsicht ist Megalopolis gleich Messene nur von untergeordnetem Interesse, weil die Gründung
dieser Städte (Ol. 102, 2 und 102, 4) schon gegen das Ende
der schönsten Blüthezeit Griechischer Kunst fällt, wo namentlich der Verfall der Architektur schon sichtlich zu werden
anfing. An schönen und bedeutenden Bildwerken kann es
anfangs, wo noch Skopas, Leochares, Lysippos, Pràxiteles
und ihre Schulen gleichzeitig blühten, nicht gefehlt haben;
aber in der furchtbaren Zerstörung durch Kleomenes gingen
die meisten dieser Kunstwerke in den Flammen zu Grunde,
oder wurden nach Sparta entführt ([37]). Was Pausanias noch
an Erz- und Steinbildern aufführt, ist verhältnifsmäfsig unbedeutend: nur von dem ältern Kephisodotes und Xenophon
aus Athen und von dem jüngern Polykleitos aus Argos werden Werke namhaft gemacht ([38]). Daher glaube ich Megalopolis auch nicht als einen Ort bezeichnen zu dürfen, der

---

([35]) Plut. Philop. 13: συντόνως οὕτως ἐπολεμήθησαν Μεγαλοπολῖται κατὰ
τὸν χρόνον ἐκεῖνον, ὥςε τοῖς μὲν τείχεσιν ἐνοικεῖν, σπείρειν δὲ τοὺς ςενωποὺς.

([36]) Liv. 41, 20: Megalopolitanis in Arcadia murum se circumda-
turum urbi est pollicitus, majoremque partem pecuniae dedit.

([37]) Plut. Kleom. 25: ἀνδριάντας καὶ γραφὰς ἀπέςειλεν εἰς Σπάρτην. Paus.
8, 27, 10: κατέσκαπτέ τε καὶ ἔκαιε τὴν πόλιν.

([38]) Paus. 8, 30, 5 und 31, 2.

vorzugsweise eine umfassende Ausgrabung verdient, so lange
Delphi und Olympia, Tegea und Argos noch nicht ausgebeutet worden sind; obgleich die Lage des Ortes, und die Lok-
kerheit und geringe Tiefe des aufgeschwemmten Bodens in
Megalopolis die Schwierigkeit eines solchen Unternehmens
sehr vermindern würden. Nur für die Geschichte der Bau-
kunst würde eine genauere Untersuchung der Tempel und
Hallen von Megalopolis sehr lehrreich seyn, denn sie würde
gewifs darthun, dafs Manches, was man gemeinhin als Römischen Verderb der Kunst anzusehen gewohnt ist, schon in
der Zeit der Nachfolger Alexanders und vor der Zerstörung
Korinths seinen Anfang nahm. Die Römer führten die Kunst
nur auf dem Wege der Entwickelung weiter, auf welchem
sie dieselbe überkommen hatten.

Diese Betrachtungen hielten mich indefs nicht ab, am
10. Mai 1834 auf dem rechten Ufer des Helisson, dem Theater gegenüber, wo eine Reihe aus dem Erdreich hervorblik-
kender Säulentrommeln bedeutende Reste eines alten Gebäudes zu versprechen schien, eine Ausgrabung zu versuchen.
Nach meiner Ansicht von der Lage der alten den Markt um-
schliefsenden Denkmäler könnte das Heiligthum des Zeus Soter in diese Gegend fallen. Ich liefs mich zu der Wahl dieses
Platzes auch durch die Angabe der Bauern bestimmen, dafs
hier vor etwa dreifsig Jahren beim Pflügen eine weibliche
Statue gefunden worden sey, die nach der Beschreibung eine
Karyatide gewesen zu seyn scheint. Ein Türke aus Leontari
soll sie an sich gebracht und weiter verkauft haben, man
wufste nicht wohin.

Die Säulenreihe, neben welcher ich niedergraben liefs,
war von Süden nach Norden gerichtet; zur Verdeutlichung
ihrer Lage kann die umstehende flüchtige Skizze dienen. Das
Erdreich war hier nur drei bis fünf Fufs hoch aufgeschüttet,
und mit Bruchstücken von Ziegeln und Dachpfannen, auch
Marmorsplittern reichlich gemischt. Meine Arbeiter hatten

[6]

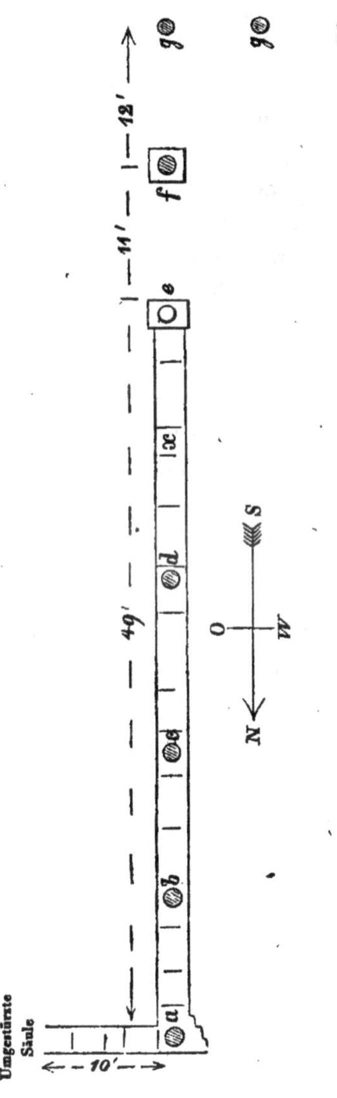

die Säulenreihe bald in
einer Länge von sechszig
Fufs aufgedeckt, aber ich
sah mich in meinen Er-
wartungen über die Be-
schaffenheit des Gebäu-
des sehr getäuscht; denn
was ich jetzt vor mir
hatte, war nur ein späte-
res aus antiken Trüm-
mern zusammengesetztes
Bauwerk. Es fand sich
ein, von seiner nördlichen
Ecke an gerechnet (bei
der Säule *a*), zwei und
funfzig Fufs lang unun-
terbrochen fortlaufender
Stereobat, aus Marmor-
quadern verschiedener
Art und Gröfse ziemlich
nachlässig zusammenge-
fügt, und 3 F. 1 Z. Englisch
breit. Auf ihm erheben
sich, nicht einmal in ganz
gleichen Abständen, noch
vier Säulentrommeln, die
aber unter sich wieder
von verschiedener Art
und Gröfse sind: was ich
vor der Ausgrabung nicht
erkennen konnte, weil
ihre aus dem Boden her-
vorragenden Enden durch
Pflug und Hacke zu sehr

abgestofsen waren. Die Säule *a* ist glatt und hat nur unten
einen Anfang von Cannelirung; ihr Umfang an der Basis beträgt 6 F. 10 Z. Die Säulen *b* und *d* sind ganz glatt; die
Säule *c* zwischen ihnen ist cannelirt, und hat unten 7 F. 9 Z.
Umfang. Der Stereobat endigt bei *e* mit einer gröfseren
Platte, auf welcher eine Säule gestanden haben mufs, so wie
eine andere bei *x* zwischen diesem Puncte und der Säule *d*.
Zwischen *e* und *f* ist ein Durchgang; die Säule *f* ist wieder
erhalten, und ihr entspricht am südlichen Ende der Linie die
erste Säule *g*, von welcher dann eine andere Reihe, die ich
nicht mehr aufdecken liefs, bei *gg* sich westwärts fortsetzt.
Dagegen setzt sich das Fundament oder der Stereobat bei *a*
in östlicher Richtung fort, wo ich ihn noch in einer Länge
von zehn Fufs oder etwas mehr aufdecken liefs, bis an die
nächste (umgestürzte) Säule. In dem umgebenden Erdreich
fand ich einige Bruchstücke von Dorischen Capitellen; einige
grofse eiserne, aber ganz von Rost zerfressene Nägel; viele
Fragmente feiner Glasscheiben und die Füfse mehrer Glasge-
fäfse; zwei Bruchstücke einer kleinen Reliefplatte aus Pari-
schem Marmor, die Dioskuren neben ihren Pferden vorstel-
lend ([39]); endlich einen kleinen bronzenen Salbenlöffel und
einige kleine Bronzemünzen des Constantius und der gleichzeitigen Kaiser. Die letzteren, welche sich ganz zu unterst
an dem Stereobat fanden, geben vielleicht einen Anhaltspunct
für die Vermuthung, dafs dies Gebäude — welches auch immer seine Bestimmung war — in seiner jetzigen Zusammen-
setzung aus dem Ende des dritten oder dem Anfange des vierten Jahrhunderts unserer Zeitrechnung herrühre. Dennoch
wünschte ich die kaum begonnene Ausgrabung weiter fortzu-
setzen, zumal nachdem ich das erwähnte Basrelief gefunden

([39]) Das gröfsere Bruchstück ist jetzt im Museum zu Athen; das
kleinere, den Kopf des Dioskuren zur Rechten enthaltend, ist bei
dem Transport von Aegina hierher verloren gegangen.

[6*]

hatte; allein die Bauern von Sinano und Kasimi, welche bereitwillig an zwei Festtagen für mich gegraben hatten, liefsen sich, als jetzt wieder ein Arbeitstag eintrat, nicht länger zurückhalten, weil in ihrer Feldarbeit und ihren Weinbergen dringende Beschäftigungen ihrer warteten.

Bevor ich von Megalopolis wieder abreiste, liefs ich noch einen stark beschädigten Torso einer bekleideten weiblichen Statue (⁴⁰), von sehr guter Arbeit, der in Kasimi vor der Kirche lag, in die Kirche bringen, wo er noch aufbewahrt wird. Der Kopf, der rechte Arm mit der Schulter und die Beine vom Knie an fehlen; der linke ganz erhaltene Arm ist in das Gewand eingeschlungen; das Gewand ist nafs und fest anschmiegend. Die Bewohner von Kasimi haben eine Überlieferung, dafs die Statue durch vierzig Bauern aus Megalopolis hierher getragen worden sey, welche sämmtlich bald darauf erkrankt und gestorben wären.

Als ich das letzte Mal, im Juni 1840, in Sinano war, sah ich noch bei einem Bauern eine kleine Reliefplatte von schlechter Arbeit: Aphrodite nackt auf einem Delphin sitzend, in einer Muschel, die von Tritonen getragen wird.

Über die nächste Umgegend von Megalopolis habe ich nur wenig zu bemerken. Eine Viertelstunde südlich von Sinano am Wege nach Ajás-Bei sind vier uneröffnete Tumuli, je zwei einander gegenüber (⁴¹). — Die Kirche von Rusván-Aga, südöstlich von Sinano, scheint auf der Stelle eines kleinen Dorischen Tempels zu stehen, aus dessen Resten sie zum Theil erbaut ist.

3. **Lykosura. Basilis. Das Lykäon Oros.** Am 14. Mai Morgens verliefs ich Megalopolis, und ritt über Ka-

---

(⁴⁰) Auch erwähnt von Leake, Morea II, p. 42.

(⁴¹) In diese Gegend fallen die bei Pausan. 8, 34, 1 und 2 erwähnten Örtlichkeiten: ein Heiligthum der Eumeniden, und ein Δακτύλου μνῆμα genannter Grabhügel, wo Orestes im ersten Anfall des Wahnsinns sich einen Finger abgebissen haben sollte.

simi nach Karyotika Kalybia. Zwischen Sinano und Kasimi,
in dem niedrigen Eichengestrüpp, Fundamente der Stadtmauer; sonst bis an den Alpheios nichts Bemerkenswer-
thes. Nachdem ich diesen Flufs ein wenig oberhalb der Mündung des Helisson passirt, sah ich nach 10 Minuten rechts
auf einem Hügel unter Eichen eine zerstörte Capelle des H.
Andreas, mit einem hübschen Ionischen Capitell. Am Hügel
einige Andeutungen von Gebäuden. — Nach weitern 10 Minuten wieder rechts, auf einem ähnlichen Hügel über einer
Mühle, eine Kirche des H. Theodoros, aus dem Mittelalter,
mit vielen alten Quadern und Säulenresten. Von hier noch
10 Minuten bis in das Dorf Karyotika Kalybia, dessen Häuser längs dem Fufse des Berges über eine lange Strecke zerstreut sind. Vor ihnen passirt man den muntern Flufs Gastritzi, dessen Hauptarm südwestlich von Stala herabkommt
und sich hier mit einem andern von der Höhe des Berges bei
Karyäs herunterkommenden Arme vereinigt.

Alle Erkundigungen, die ich in Karyotika Kalybia nach
Ruinen am Gebirge einzog, wiesen mich in die Gegend des
Dorfes Stala nach einem Paläokastron, welches Paläokrambavos oder auch Siderokastron genannt wird. Dort also
mufste Lykosura und das nahe Heiligthum der Despöna seyn.
Ich ritt, den Flufs Gastritzi links lassend, über Hügel, die
mit Eichen und andern Baumarten bedeckt sind, kam nach
drei Viertelstunden wieder an den Flufs, und stieg auf seinem südlichen Ufer in einer Viertelstunde die Höhe hinan,
auf welcher die Ruinen liegen. Schon am nördlichen Abhange des Hügels bemerkte ich links ein kleines länglichtes
Viereck aus Quadern von fast regelmäfsiger Bauart, das
von den Neuern mit Kalk ausgefugt und zu einem Was-
serbecken (δεξαμενή) gemacht worden ist, falls dies nicht
schon ursprünglich seine Bestimmung war.

Von der Hauptmasse des Hügels, auf welchem Paläp-
krambavos liegt, erstreckt sich ein niedrigerer Rücken ge-

gen Osten. Der ganze nordöstliche Abhang desselben, der
Rücken selbst und der obere Theil des südlichen Abhanges
ist hin und wieder mit Trümmern überstreut, welche in Quadern, Säulenstücken u. s. w. bestehen. Man findet kleine Dorische Säulen von einem Fufs Durchmesser, und ähnliche
Dorische Halbsäulen, beide flach cannelirt; auch ganz glatte
Säulen von 1½ bis 2 Fufs Durchmesser; ferner kleine Dorische Dielenköpfe und andere Gebälkstücke. Auf der Südseite des Hügels hatte ein Bauer erst vor wenigen Tagen
einige Säulentrommeln aufgepflügt. Hier zeigt sich unter andern alten Fundamenten auch eine ähnliche Anlage, wie das
Bassin auf der Nordseite, und wahrscheinlich zu gleichem
Gebrauche; ich bemerkte an den innern Wänden noch Reste
des Stucks, mit welchem sie bekleidet waren.

Ein wenig westlich über diesen Ruinen (ἀνωτέρω δὲ ὀλίγον), auf dem eigentlichen Gipfel des Hügels, der felsig ist
und nach Westen schroff abfällt, liegt das Paläokrambavos
genannte Paläokastron. Man findet ansehnliche Reste Hellenischer Festungsmauern, von unregelmäfsiger Bauart; dazwischen aber auch Stücke Byzantinischer oder Fränkischer Mauern aus dem Mittelalter, so wie im Innern eine zerstörte Kirche mit Säulentrümmern. Dies erklärt den zweiten Namen
der Ruine, Siderokastron, welcher, wie meine Erfahrung
mich gelehrt hat, in Griechenland vorzugsweise den Schlös-
sern des Mittelalters beigelegt wird (⁴²).

Zwei bis drei Stadien ostwärts aber von den zuerst beschriebenen Ruinen, auf dem letzten Vorsprunge dieses Hü-
gelrückens gegen Osten, liegt eine zerstörte Kirche des Pro-

(⁴²) Mittelalterliche Burgen pflegen Eisenschlofs (Σιδηρόκαςρον) oder
das Schlofs der Schönen (τῆς ὡριᾶς τὸ κάςρον) zu heifsen. Häufige Namen Hellenischer Ruinen sind, aufser Ἑλληνικὸν und Ἑλληνικά, auch
Βασιλικά, Παλάτια, und seltsamer Weise Ὀβριόκαςρον (Judenschlofs),
z. B. Rhamnus, und die alte Stadt Kythnos auf der gleichnamigen
Insel.

pheten Elias (nicht des H. Georgios, wie auf der Französischen Karte steht), in welcher einige kleine glatte Säulen.

Der Gesammtüberblick dieser Ruinen, und die Erwägung der Verhältnisse ihrer Lage gegen einander und gegen die topographisch bestimmten Puncte der Umgegend lassen, meine ich, keinen Zweifel ([43]), dafs die Festungsruine Lykosura, der Platz mit den Tempeltrümmern das Heiligthum der Despöna, und der zuletzt berührte Hügel Akakesion ist. Zuerst stimmt die Entfernung von Megalopolis mit der Angabe des Pausanias, der sie auf vierzig Stadien setzt ([44]), so genau als möglich zusammen, wenn man nämlich den geraden Weg über Delí-Hassáni nach Megalopolis in Messung bringt, während ich über Karyotika Kalybia einen grofsen Umweg gemacht hatte. Zwanzig Stadien waren von der Stadt bis an den Alpheios; auf dem linken Ufer desselben fand Pausanias dann nach zwei Stadien die Ruinen von Makareä, nach sieben weitern Stadien die von Daseä, also in der Gegend von Delí-Hassáni, und von dort waren noch eben so viele bis zu dem Städtchen Akakesion, das am Fufse des gleichnamigen Hügels lag; auf dem Hügel selbst aber stand ein steinernes Bild des Hermes. Ich bin überzeugt, dafs künftige Reisende, wenn sie diese Richtung einschlagen, noch Spuren von den drei Ortschaften finden werden.

([43]) K. O. Müller, den jetzt zu früh der Grabhügel deckt, äufserte nach seiner Rückkehr aus dem Peloponnes solche Zweifel; doch schien er selbst kein grofses Gewicht darauf zu legen.

([44]) Paus. 8, 36, 5: Τοῦ δὲ τῆς Δεσποίνης ἱεροῦ καὶ Μεγαλοπολιτῶν τοῦ ἄςεως ςάδιοι τεσσαράκοντα μεταξύ εἰσιν· ἥμισυ μὲν τῆς ὁδοῦ πρὸς τοῦ Ἀλφειοῦ τὸ ῥεῦμα· (6) διαβάντων δὲ μετὰ μὲν δύο ἀπὸ τοῦ Ἀλφειοῦ ςαδίους Μακαρεῶν ἐςὶν ἐρείπια, αὐτόθεν δὲ ἐς ἐρείπια ἄλλα τὰ Δασεῶν ἑπτά εἰσι ςάδιοι, τοσοῦτοι δὲ ἐκ Δασεῶν πρὸς τὸν Ἀκακήσιον ὀνομαζόμενον λόφον. ὑπὸ τούτῳ δὲ τῷ λόφῳ πόλις τε ἦν Ἀκακήσιον, Ἑρμοῦ τε Ἀκακησίου λίθου πεποιημένον ἄγαλμα καὶ ἐς ἡμᾶς ἐςὶν ἐπὶ τοῦ λόφου. — — 37,1: Ἀπὸ δὲ Ἀκακησίου τέσσαρας ςαδίους ἀπέχει τὸ ἱερὸν τῆς Δεσποίνης. — — 38,1: Ἀνωτέρω δὲ ὀλίγον τείχους τε περίβολος τῆς Λυκοσούρας ἐςὶ, καὶ οἰκήτορες ἔνεισιν οὐ πολλοί.

Dafs ich den Abstand von der Capelle des Propheten
Elias auf dem Hügel Akakesion, wo die Statue des Hermes
gestanden, bis zu den Trümmern des Peribolos der Despöna
nicht viel gröfser als zwei Stadien fand, ist ganz in der Ordnung, da die Entfernung von vier Stadien bei Pausanias auf
die Stadt Akakesion unter dem Hügel geht. Die Ruinen des
Heiligthums der Arkadischen Göttinn mit seinen verschiedenen Tempeln und Stoen erwartet der Reisende freilich bedeutender zu finden; die Zerstörung ist vollkommen, und es
befremdete mich, von den Bauern von Stala, welche jetzt die
Felder beackern, wo einst die Tempel gestanden, die Versicherung zu hören, dafs sie hier noch nie Statuen oder Reliefs
gefunden hätten. Dennoch ist die Hoffnung auf den Erfolg
einer Ausgrabung an diesem Orte noch nicht aufzugeben;
Vieles kann an den Abhängen des Hügels hinabgerollt, und
von der durch Regen nachgeschwemmten Erde nur leicht
überdeckt-worden seyn. Der gewöhnliche Griechische Pflug,
der noch der Hesiodische ist, geht nicht tief genug, um solche Schätze aufzudecken.

Man hat die Angabe des alten Periegeten, dafs links vom
Heiligthum der Despöna das Lykäische Gebirge, rechts
die Nomischen Berge lagen ([45]), verworren oder doch
verwirrend finden wollen. Allein ohne Zweifel war der Tempel der Göttinn eben so orientirt, wie alle andern Griechischen Tempel, mit dem Eingange gen Osten, und folglich
hatte Pausanias, wenn er sich von dem Heiligthume ausgehend
dachte, das Lykäon Oros zur Linken oder nördlich. Die No-
mia Ore müssen hiernach die Berge um Isari oder ein Theil
des heutigen Berges Tetrazi seyn, den man gewöhnlich —
vielleicht nicht mit Recht — für das Kerausion hält ([46]).

([45]) Paus. 8, 38, 2: Ἐν ἀριϛερᾷ δὲ τοῦ ἱεροῦ τῆς Δεσποίνης τὸ ὄρος ἐϛὶ
τὸ Λύκαιον· und §. 8: Τῆς Λυκοσούρας δέ ἐϛιν ἐν δεξιᾷ Νόμια ὄρη καλούμενα.

([46]) Paus. 8, 41, 3. Vgl. weiter unten 4, Anm. 56.

„Wer von Lykosura", sagt Pausanias weiter, „nach Phigalia geht, mufs über den Plataniston gehen, der auf der Westseite an Lykosura vorüberfliefst, und hat dann dreifsig Stadien oder etwas mehr bergan zu steigen (⁴⁷)". Auch in dieser Angabe hat man Schwierigkeiten gefunden; man hat den Plataniston für einen Nebenflufs der Neda halten zu müssen geglaubt. Wer aber noch heute von Paläokrambavos in der geradesten Richtung westwärts über die Berge nach Phigalia gehen will, mufs nothwendig in das Thal der Gastritzi hinabgehen, diesen Flufs westwärts von Lykosura bei Stala überschreiten, und dann die hohe Wasserscheide, die ihn von dem Thal der Neda trennt, übersteigen; denn eine etwanige südlichere Richtung ist durch den Berg Tetrazi versperrt, der nicht weniger als 1388 Meter hoch ist. Folglich kann der Plataniston kein anderer Flufs seyn, als die Gastritzi, und die Französischen Geographen haben ihm mit vollem Rechte diesen Namen beigelegt.

Ich ritt von Lykosura gröfstentheils auf dem rechten Ufer des Plataniston, der noch heute von seinen Platanen diesen Namen verdient, nach den Kalybia von Karyäs zurück, und von dort in fünf Viertelstunden nordwärts längs dem Fufse des Gebirges nach Kyparissia. In dem Dorfe selbst fand ich keine Ruinen; die alte Stadt Basilis (⁴⁸),

---

(⁴⁷) Paus. 8, 39, 1: Παρὰ δὲ τὴν Λυκόσουραν ὡς ἐπὶ ἡλίου δυσμὰς (genauer hätte er gesagt πρὸς ἡλίου δυσμῶν) ποταμὸς Πλατανιςὼν παρέξεισιν. ἀνδρὶ δὲ ἰόντι ἐς Φιγαλίαν ἀνάγκη πᾶσα διαβῆναι τὸν Πλατανιςῶνα. μετὰ δὲ αὐτὸν ἐςιν ἄνοδος ὅσον τε ςαδίους τριάκοντα ἢ πλείους τῶν τριάκοντα οὐ πολλῷ. Pausanias überspringt dann nach seiner Gewohnheit die Erwähnung des obern Nedathals mit Eira, weil er hiervon schon in der Beschreibung Messeniens gesprochen, und versetzt den Leser sogleich nach Phigalia.

(⁴⁸) Paus. 8, 29, 1: Ἐπὶ τὸν Ἀλφειὸν· ἐν ἀριςερᾷ καταβαίνοντι ἐκ Τραπεζοῦντος, οὐ πόῤῥω τοῦ ποταμοῦ, Βάθος ἐςὶν ὀνομαζόμενον· – – καὶ πηγή τε αὐτόθι ἐςὶν Ὀλυμπιὰς καλουμένη τὸν ἕτερον τῶν ἐνιαυτῶν οὐκ ἀποῤῥέουσα, καὶ πλη-

welche in diese Gegend fällt, lag zehn Minuten weiter östlich
gegen den Alpheios hin, wo jetzt die Weinberge des Dorfes
sind. Man sieht nur wenige Quadern und Fundamente;
die Bauern aber erzählen, dafs sie hier Werkstücke aus Marmor, grofse Ölkrüge (πίθους), Ziegel, Münzen u. s. w. zu finden pflegen.

Von Kyparissia nach Mavria ist eine starke Viertelstunde. Zwischen diesen Dörfern in einem tiefen Ravin, dem
Bathos des Pausanias (⁴⁸), hat vor dreifsig bis vierzig Jahren das Erdreich mehre Jahre lang gebrannt, doch ohne
Flamme; nur war die Oberfläche sehr heifs, es stieg fortwährend Rauch auf, der nach Regengüssen sehr zunahm, und
man verspürte einen starken Schwefelgeruch. Der Boden
ist an dieser Stelle locker und schwärzlich. Ebenso hat die
Erde vor mehren Jahren zwischen Kyparissia und Vromosella, doch noch auf dem linken Ufer des Alpheios, gebrannt.
Vielleicht hat das letztere Dorf seinen Namen (Stanksattel)
von früheren ähnlichen mit üheln Gerüchen begleiteten Er-
scheinungen. Aufser diesen beiden zufällig entstandenen
Erdbränden kennen die Bauern in dieser Gegend kein natürliches Feuer, noch wissen sie von der Quelle Olympias,
welche nur ein Jahr um das andere fliefse.

Nördlich von Mavria gegen Karytäna hin, auf dem Ta-
fellande zwischen dem Fufse des Gebirges und dem Alpheios,
war das Gebiet Trapezuntia mit der Stadt Trapezus,
und gegenüber auf dem rechten Ufer des Stromes das Städtchen Berenthe oder Brenthe mit dem nur fünf Stadien
langen Flüfschen Brentheates, der aus einer ansehnlichen
Quelle östlich unter Karytäna entspringt (⁴⁹). Ich wandte

σίον τῆς πηγῆς πῦρ ἄνεισι. Und §. 4: Τοῦ δὲ χωρίου τοῦ ὀνομαζομένου Βά-
θους ςαδίους ὡς δέκα ἀφέςηκε καλουμένη Βασιλίς.

(⁴⁹) Paus. 8, 29, 1 und 28, 4, vgl. 5, 7, 1.

mich aber diesmal von Mavrià gleich westlich das Gebirge
hinan, und ritt über Kuruniu (¾ Stunden) nach Karyäs.

Funfzig Minuten von Kuruniu liegt links auf einem isolirten spitzigen Felsgipfel die Ruine einer mittelalterlichen
Feste, Boverku oder Fräuleinschlofs (τῆς ὡριᾶς τὸ κάςρον) genannt. Der bequemste Aufgang ist von der Nordseite, wo
noch Reste eines Thors sind. Auf dem Gipfel steht eine Capelle, mit einigen kleinen Säulen. Von hier sieht man bereits
den Messenischen Meerbusen, das Taygeton und den Parnon,
und überblickt die ganze Ebene von Megalopolis.

Vierzig Minuten weiter aufwärts kam ich durch eine Art
von natürlichem Thor zwischen Felsen, und sah zu meiner
Linken das Dorf Karyäs; ich wandte mich aber rechts über
einen Bergrücken, immer noch aufwärts steigend, und erreichte in einem halben Stündchen die Ruinen des Hippodroms, wo die Lykäischen Spiele gefeiert wurden (⁵⁰),
und welche sich in einem kleinen bebauten Thalkessel nördlich unter dem Gipfel des Lykäon finden. Sie heifsen jetzt
Skaphidia, von zwei dort liegenden antiken Wassertrögen
(σκάφαι) aus Stein, 7 F. 5 Z. lang und 2 F. 2 Z. breit, von denen der eine zerbrochen ist. Die Richtung des Hippodroms
war von Süden nach Norden. An seinem untern oder nördlichen Ende sind bedeutende Reste eines in die Erde einge-
senkten Gebäudes, wahrscheinlich einer Cisterne oder eines
Wasserbehälters. Seine Länge beträgt funfzig Fufs von
Osten nach Westen, die Tiefe bis auf den Schutt, der den
Boden bedeckt, sechs bis acht Fufs. Die untern Schichten
der Mauern sind ganz regelmäfsig, die obern irregulär und
fast polygonisch zu nennen. Gegen Westen stofsen an diesen Bau noch andere Fundamente und Trümmerhaufen, und

---

(⁵⁰) Ders. 8, 38, 4: Ἔςι δὲ ἐν τῷ Λυκαίῳ Πανός τε ἱερὸν, καὶ περὶ αὐτὸ
ἄλσος δένδρων καὶ ἱππόδρομός τε καὶ πρὸ αὐτοῦ ςάδιον. τὸ δὲ ἀρχαῖον τῶν Λυ-
καίων ἦγον τὸν ἀγῶνα ἐνταῦθα.

von diesen laufen die Spuren einer Mauer, den Hippodro-
mos auf der Westseite begränzend, nach dem obern Rande
des Thales hinauf. Hier sind die Ruinen ausgedehnter,
aber ihre Gestalt läfst sich noch weniger mit Bestimmtheit
erkennen. Unter ihnen sah ich auch Bruchstücke kleiner
Dorischer, nur bis auf die Hälfte des Schaftes cannelirter
Säulen.

Noch fünf Minuten weiter westlich ist eine Ruine, Ἑλ-
ληνικὸ genannt; man findet dort nur grofse Platten, die zu
einem Tempel gehört zu haben scheinen. Das Material
aller dieser Bauten ist ein grauer, mit schmalen weifsen
und röthlichen Adern durchzogener Kalkstein, wie in Argos und Megalopolis.

Von Hellenikòn führt eine Schlucht oder ῥεῦμα gerade
nach dem H. Elias hinauf. In diesem Rhevma haben die
Bauern grofse Dorische Säulenfrusten aus weifsem Marmor
ausgegraben, und zum Bau der Kirche zerschlagen; die
Cannelirungen an den Bruchstücken, welche ich sah, hatten
fünf Zoll Breite. Nach zwölf Minuten die Kirche; in und
neben derselben alte Quadern. Ein wenig über der Kirche
ist der kreisrunde, künstlich abgeplattete Gipfel des Lykäon, jetzt Diaphorti genannt, die ἱερὰ κορυφή der alten Arkader, wo der Altar des Zeus war. Östlich vor dem Altar standen zwei einzelne Säulen, und auf ihnen vergoldete
Adler ([51]); vermuthlich waren es diese Säulen, deren Trümmer in dem Rhevma gefunden worden sind. Die ganze, einer

---

([51]) Paus. 8, 38, 5: Ἔστι δὲ ἐπὶ τῇ ἄκρᾳ τῇ ἀνωτάτω τοῦ ὄρους γῆς χῶμα,
Διὸς τοῦ Λυκαίου βωμός - - . πρὸ δὲ τοῦ βωμοῦ κίονες δύο ὡς ἐπὶ ἀνίσχοντα
ἑστήκασιν ἥλιον· ἀετοὶ δὲ ἐπ᾽ αὐτοῖς ἐπίχρυσοι τά γε ἔτι παλαιότερα ἐπεποίηντο.
Diese Säulen mit den Adlern erinnern sehr an die ebenfalls Dorischen Säulen, mit Hähnen darauf, zwischen welchen die Athene auf
den Panathenaischen Vasen erscheint. Standen etwa solche Säulen
als metae (τέρματα, καμπαί) im Panathenaischen Stadion? oder am
Eingange desselben, wie hier am Peribolos des Zeus?

Griechischen Dreschtenne (ἄλως) ähnelnde Fläche des Gipfels
ist noch mit Vasenscherben und mit kleinen angebrannten,
von der Flamme noch geschwärzten Bruchstücken von den
Knochen der Opferthiere (⁵²) überstreut. Sie sind sogar in
einem Zustande angefangener Versteinerung, was sich daraus
erklärt, daſs sie die von der Feuchtigkeit, die den gröſseren
Theil des Jahres auf dem heiligen Gipfel herrscht, aufgelösten
Theilchen des Kalkfelsens eingesogen haben. An diese Knöchelchen haben die Bauern die seltsame Sage geknüpft: die
alten Hellenen wären so grausam gewesen, daſs sie ihre
Kriegsgefangenen bald an einer gewissen Stelle des Gebirgs
in die Erde zu vergraben, bald an einer andern Stelle, wo
der Weg ins Nedathal steil hinabsteigt, als Treppenstufen zu
verwenden pflegten, bald endlich sie hier auf dem Gipfel,
wie auf einer Dreschtenne, von Pferden zertreten lieſsen.
Dies besagt ein Lied in folgenden Versen:

'σ τὸ χανδάκι τοὺς ἐχανδακώσανε,
'σ τὴν σκάλαν τοὺς ἐσκαλώσανε,
'σ τὸν Ἅγιον Ἡλιὰν τοὺς ἐλυώσανε (⁵³).

Die Bauern halten den H. Elias oder Diaphorti für den höchsten Punct des Berges. Die Französische Karte bezeichnet
einen etwas weiter nordwestlich gelegenen Gipfel als den
höchsten (1420 Meter), auf den sie aber fälschlich den Namen Diaphorti überträgt, denn bei den Gebirgsbewohnern
heiſst er Stepháni. Jedenfalls hat man vom H. Elias eine
freiere Aussicht, weil er dem Rande des Berges näher liegt.

(⁵²) Vgl. Stackelberg, Gräber. d. Hell., Einl. S. 1.

(⁵³) Ähnliches erzählt wirklich von den Milesiern Herakleides bei
Athen. 12, S. 524: Ὁ δῆμος – – συναγαγὼν τὰ τέκνα τῶν φυγόντων εἰς ἀλω-
νίας, βοῦς συναγαγόντες συνηλόίησαν καὶ παρανομωτάτῳ θανάτῳ διέφθειραν. Und
so wird man öfter in Griechenland die scheinbar ungereimtesten Sagen dennoch in einigem Zusammenhang mit der geschichtlichen Überlieferung finden; z. B. die Sage von dem Γεροντόβραχος auf dem Par-
naſs, von welchem man die altersmüden Greise hinabgestürzt haben
soll, mit der alten Landessitte (dem Κείων νόμιμον) auf Keos.

Von der Hiera Koryphe stieg ich nach Karyäs hinunter.
Ein wenig nördlich vom Dorfe, unter dem östlichen Fuſse
des Gipfels, sind sehr reiche Quellen, welche hauptsächlich
den nach Kalybia hinunterflieſsenden Bach bilden. Ist dies
die Quelle **Hagno** des Pausanias (⁵⁴)?

In der östlichen Gegend des Gebirgs war noch der **Hain**
und das **Heiligthum des Apollon Parrhasios** oder
Pythios, und links von demselben der Ort **Kretea** (⁵⁵).
Diese Puncte müssen in die Umgegend von Karyäs und seinen Kalybia fallen, ich konnte hier aber keine Ruinen erfragen.

4. **Das Nedathal. Eira. Phigalia. Bassä.** Von
Karyäs hatte ich mir vorgenommen, das Nedathal hinunter
über Eira nach Phigalia, und von dort über Bassä nach Andritzäna zu gehen. Ich werde meine Bemerkungen über diesen Weg sehr kurz fassen, weil wenigstens die Ruinen von
Phigalia und dem Tempel des Apollon schon sehr oft besucht,
gezeichnet und beschrieben worden sind.

Zwanzig Minuten südwestlich von Karyäs sind links
vom Wege mehre verfallene Kirchen und Steinhaufen, welche die Lage eines früheren Dorfes oder Fleckens bezeichnen. Fünfundzwanzig Minuten weiter kommt man an den
Rand des Nedathales, und beginnt über die in den eben mitgetheilten Versen erwähnte Skala hinabzusteigen. Man sieht
an der andern Seite des Thales Ampeliona, links davon Delga
und rechts H. Sostis vor sich. Im Gebiete von H. Sostis, bei
Górena (Γόρενα), soll eine Hellenische Ruine seyn. In der
Nähe dieses Dorfes, südwestlich unter dem Stepháni genannten Gipfel, sind auch die Quellen des Hauptarmes der Neda.
Folglich ist dieser Gipfel das **Kerausion**, welches auch bei

---

(⁵⁴) Paus. 8, 38, 3.

(⁵⁵) Ders. 8, 38, 2 und 6: Ἔςι δὲ ἐν τοῖς πρὸς ἀνατολὰς τοῦ ὄρους
Ἀπόλλωνος ἱερὸν κ. τ. λ.

Pausanias ganz richtig ein Theil des Lykäons heifst (⁵⁶), da
die Alten, wie wir geschen haben, unter Lykäon vorzugsweise
die ἱερὰ κορυφή verstanden, die ihnen für die höchste Spitze
des Berges galt. Man hat bisher bei der Bestimmung des
Tetrazi als Kerausion sich vielleicht zu sehr durch eine schein-
bare, in Wahrheit doch nur sehr entfernte, Ähnlichkeit der
Namen leiten lassen.

Der Weg führt nun in südöstlicher Richtung und immer
auf dem linken Ufer des Flusses über Bérekla in etwa zwei
Stunden nach Kakalétri hinunter. Der Pfad ist sehr rauh
und das Hinabsteigen beschwerlich, die Gegend aber in ihrer
Wildheit unbeschreiblich schön. Kakalétri liegt über dem
südlichen Ufer der Neda, am nördlichen Fufse eines ansehnlichen Berges, der sich von dem Tetrazi nordwestlich herab-
senkt. Die Fundamente einer Hellenischen Mauer, aus unbehauenen Steinblöcken (τεῖχος ἀργῶν λίθων) und von unregelmäfsiger Bauart, umgeben in sehr beträchtlicher Ausdehnung den langen und flachen, von Osten nach Westen gestreckten Gipfel des Berges. Zwei bis vier Steinschichten
sind noch über dem Boden erhalten; Thürme fanden sich nur
an den Ecken. Vielleicht war auch hier der obere Theil der
Mauer nur aus Backsteinen aufgeführt. Am östlichen Ende
stehen Ruinen einer kleinen mittelalterlichen Festung auf den
Hellenischen Resten. Im Innern sieht man viele alte Fundamente, ebenfalls aus unbehauenen Steinen, auch einige ge-
brannte Ziegel, aber keine sorgsam bearbeitete Werkstücke.
Überhaupt trägt das Ganze einen Charakter der Eile und
Unvollendung. Dies Paläokastron wird jetzt, nach einer zerstörten Kirche, H. Athanasios genannt.

(⁵⁶) Paus. 8, 41, 3: Εἰσὶ δὲ αἱ πηγαὶ τῆς Νέδας ἐν ὄρει τῷ Κεραυσίῳ·
τοῦ Λυκαίου δὲ μοῖρά ἐςι. Dieser Ausdruck würde auf den Tetrazi gar
nicht passen. Die Bergnamen bei den Griechen sind selten oder nie
Collectivnamen ganzer Gebirgsketten, sondern nur Eigennamen einzelner Gipfel.

Es besteht jetzt wol kein Zweifel mehr ([57]), dafs diese
Ruinen über Kakalétri die von Eira sind, wo die Messenier
zu Ende des zweiten Krieges sich noch zehn Jahre gegen die
Lakedämonier behaupteten. Um jede weitläufigere Erörterung überflüssig zu machen, genügt, glaube ich, die Bemer-
kung, dafs einerseits auf dem ganzen südlichen Ufer des Flusses bis ans Meer keine andere Hellenische Ruine besteht, die
auf den Namen Eira Anspruch machen könnte, andererseits
die alte Geographie dieser Gegend keinen andern Namen zu
ihrer Verfügung hat, der sich dem Paläokastron des H. Athanasios anpassen liefse. Eira war eigentlich der Name des
Berges, und die Festung entstand erst durch die hierher ge-
flüchteten Messenier. Die Stadt stiefs aber nicht unmittelbar
an den Flufs; zwischen beiden war ein beträchtlicher freier
Raum, und es lagen auch Wohnungen aufserhalb der Ringmauer ([58]). Alle diese Umstände, wie auch die unmittelbare
Nachbarschaft des befreundeten Arkadiens ([59]), passen treff-
lich auf diese alte Feste. In dem Tetrazi müssen wir jetzt
wol den höchsten Gipfel des im Winter lange mit Schnee
bedeckten Berges Eira erkennen ([60]). Von ihm kommen
zwei Nebenflüsse herab, welche den Festungsberg auf der
Nordost- und Südwestseite begränzen, und sich oberhalb

([57]) Leake, der indefs die Ruinen nicht selbst besucht, sondern
nur von ihnen gehört, äufsert noch Zweifel: Morea I, p. 486. II,
p. 13.

([58]) Paus. 4, 17, 6: Ἀριϛομένης - - τοὺς διαπεφευγότας τῶν Μεσσηνίων -
- ἔπεισε - - ἐς Εἶραν τὸ ὄρος ἀνοικίζεσθαι. Und 20, 3: Ἐκράτουν τοῦ τε ὄρους
καὶ τοῦ πρὸς τὴν Εἶραν ἄχρι τῆς Νέδας· ἦσαν δὲ οἰκήσεις καὶ ἔξω πυλῶν ἐνίοις.

([59]) Strabon 8, S. 181 Tchn.: Τὴν Ἴρην κατὰ τὸ ὄρος δεικνύουσι τὸ κατὰ
τὴν Μεγαλόπολιν τῆς Ἀρκαδίας ὡς ἐπὶ Ἀνδανίαν ἰόντι. Über die Lage von
Andania vgl. oben I, 1, Anm. 3.

([60]) Rhianos bei Paus. 4, 17, 6:
Οὔρεος ἀργεννοῖο περὶ πτύχας ἐϛρατόωντο.
Vgl. Steph. u. Ἱρά· ὄρος Μεσσηνίας. Ῥιανὸς ἐν Μεσσηνιακῶν πρώτῳ.

und unterhalb Kakaletri mit der Neda vereinigen. Sie verstärken noch die natürliche Festigkeit des Ortes.

Eine Viertelstunde westlich unter Eira, auf einem niedrigeren Absatze desselben Rückens, liegen die Ruinen eines
zweiten befestigten Städtchens von fünf bis sechs Stadien
Umfang. Die im Ganzen wohlerhaltenen Mauern sind aus
behauenen Steinen und gröfstentheils irregulärer Bauart, die
hin und wieder auch ins Regelmäfsige übergeht, und haben
siebzehn oder achtzehn viereckige Thürme. Der höchste
Punct im Innern bildet eine Art Akropolis für sich. Man
findet hier viele Ziegel und Scherben, und die Bauern wollten auch Münzen gefunden haben, aber keine Säulen noch
andern Marmor. Das Paläokastron heifst jetzt H. Paraskevi,
und ist auf der Französischen Karte als temple antique bezeichnet worden. Allein abgesehen davon, dafs sich hier
keine Tempeltrümmer finden, so würde ein so wichtiger Tempel mit einem so bedeutenden befestigten Peribolos von den
Alten wol nicht unerwähnt geblieben seyn. Es scheint mir
daher die natürlichste Annahme, dafs die Messenier, nach ihrer Wiederherstellung durch Epaminondas, hier unten in
einer bequemeren Lage ein zweites späteres Eira und wahrscheinlich unter demselben Namen gründeten. Auch der
Baustyl der Mauern und Thürme deutet auf diese Epoche
hin.

Von Kakaletri ging ich in drei Stunden das Nedathal
nach Pávlitza hinunter. Der Weg führt fast ganz am rechten
Ufer hin, und kreuzt nur eine kleine Strecke auf das linke
Ufer über. Das Thal ist von grofsartiger Schönheit, der un-
gebahnte Weg aber sehr beschwerlich. Es giebt nirgends auf
dem linken Ufer Ruinen, weder in Mavromati, noch Phigalia gegenüber, wie andere Reisende angaben; nur einen ver-
fallenen modernen Thurm in Mavromati. Die Neda braust
unter Platanen über grofse Felsblöcke hin, und nimmt von
beiden Seiten mehre kleine Bäche auf, die von den mit Ei-

-chen und andern Bäumen bewaldeten Berghängen herabkom-
men. Zuletzt passirte ich das Flüfschen **Lymax**, fand aber
von dem **Heiligthum der Eurynome** an seiner Mündung ([61]) keine Spuren mehr. Von dort ist noch ein halbes
Stündchen beschwerlichen Emporsteigens nach Apáno-Páv-
litza, welches in dem untern Theile der alten **Phigalia**
liegt.

Die Ringmauer Phigalia's ist von sehr verschiedener
Bauart, im Ganzen irregulär, mit grofser Annäherung an das
Regelmäfsige, hin und wieder aber fast polygonisch. Die
Thürme an der Ostseite sind rund, an den übrigen Seiten
meist viereckig; die Westseite ist ohne Thürme. Auf der
Ostseite sind neben den Thürmen hin und wieder kleine
Ausfallpforten, nur 5 F. 4 Z. breit, und so angelegt, dafs der
andringende Feind immer von dem anstofsenden Thurme in
die rechte Flanke gefafst wurde. Die Breite der Mauer beträgt sieben bis neun Fufs. Auf der Akropolis sind Reste
von Mauern mit einem grofsen runden Thurme, welche von
späterer Anlage zu seyn scheinen, und am Abhange Fundamente von zwei kleinen viereckigen Gebäuden aus Quadern.
Übrigens war dieser ganze obere Theil des weiten Umfangs
wenig oder gar nicht bewohnt, und die eigentliche alte Stadt
lag auf dem untern südlichen Absatze, wo jetzt das Dorf steht,
und westlich von diesem. Man findet aber nur wenige Trümmer. Im Dorfe ist die Capelle der Panagia, in deren Wänden antike Säulen von kleinen Dimensionen aufrecht eingemauert sind; wahrscheinlich ein altes Heiligthum.

Unterhalb Phigalia bildet die Neda einen herrlichen
Wasserfall, Weifswasser (ἄσπρο νερό) genannt. Südwestlich
von der Stadt ist in den Felsen über dem rechten Ufer des
Flusses eine schwer zugängliche Höhle, μαύρη σπηλαιά, indefs
ohne Alterthümer, und oberhalb derselben warme Quellen.

([61]) Paus. 8, 41, 4.

Diese Höhle kann nicht das Heiligthum der schwarzen Demeter seyn, weil der Berg Elaïon, an welchem letzteres lag, dreifsig Stadien von Phigalia entfernt war (⁶²).

Von Phigalia nach dem Tempel des Apollon Epikurios bei Bassä am Berge Kotylion sind mehr als zwei Stunden. Nach fast einer Stunde Weges kommt man, zwischen den Dörfern Boiká und Dragoï, über eine quellenreiche Gegend, und passirt bald den Hauptarm des Lymax vermittelst einer Brücke bei einer kleinen Capelle. Unweit jener Quellen sind vermuthlich die warmen Bäder zu suchen, welche Pausanias erwähnt (⁶³). Unter der Brücke ist ein Wasserfall, und über dem Wasserfall in einer schroffen Felswand eine schwer zugängliche Grotte. Von Dragoï erreichte ich in drei Viertelstunden eine einzelne Fontäne am Wege, und eine Viertelstunde weiter, nachdem ich über einen mit Eichen bewachsenen Rücken gekommen, eine zweite Fontäne, deren Wasser sich jedoch bald verliert, in einem kleinen muldenförmigen Thalkessel (⁶⁴). Hier sieht man zerstreute Ziegel und Scherben, ohne Zweifel von Bassä. Ein Paar Stadien höher liegt der berühmte Tempel, jetzt οἱ ϛῦλοι genannt.

Der Tempel hatte in Allem 43 Säulen, die zehn Ionischen Halbsäulen im Innern der Cella ungerechnet: nämlich $15 \times 6 = 38$ Säulen in seinem Peristyl, zwei Säulen

----

(⁶²) Ders. 41, 5; 42, 1 und 6. Da das Kotylion nach Pausanias links, das Elaïon rechts von Phigalia lag, jenes aber nordöstlich liegt, so mufs das letztere in westlicher Richtung gesucht werden. Andere haben es gar auf dem linken Ufer der Neda vorausgesetzt, allein dies würde Pausanias wol bestimmter angedeutet haben. Nichts berechtigt uns, Arkadien südwärts über die Neda auszudehnen.

(⁶³) Paus. 8, 41, 4.

(⁶⁴) Ders. ebend. §. 6: Ἔστι δὲ ὕδατος ἐν τῷ ὄρει τῷ Κοτυλίῳ πηγή· — τῆς ἐν τῷ Κοτυλίῳ πηγῆς οὐκ ἐπὶ πολὺ ἐξικνούμενον τὸ ὕδωρ, ἀλλὰ ἐντὸς ὀλίγου παντάπασιν ἀφανὲς γινόμενον (δωρῶμεν).

in antis an jedem Ende der Cella, und eine einzelne Korinthische Säule zwischen der Cella und dem Adyton. Von diesen stehen jetzt noch sechs und dreifsig aufrecht; nur die vier Säulen *in antis*, die Korinthische Säule und die beiden Ecksäulen der südlichen Front des Peristyls sind umgeworfen. Die letzteren sollen erst beim Ausbruch der Revolution von den Bauern umgestürzt worden seyn, weil sie zwischen den Tambours Blei zu finden hofften, um Kugeln daraus zu giefsen. Die noch aufrechtstehenden Säulen haben, bis auf einige Paare, noch ihre Architrave; doch hat ein Theil der Säulen der Westseite bereits eine starke Neigung nach aufsen, und droht den Einsturz. Südlich unterhalb der Ruine, an dem Abhange gegen Eira hin, sind die Steinbrüche, aus welchen das Material zu dem Tempel, ein harter grauer Kalkstein, genommen worden ist.

Nördlich über dem Tempel des Apollon ist der höchste Gipfel des Kotylion, oder wie Pausanias es hier nennt, des Kotylon; der alte Reisende sah dort ein Bild der Aphrodite in einem Tempel, dessen Dach bereits eingestürzt war (⁶⁵). Ich erstieg die Höhe und fand nicht weit unter dem Gipfel eine kleine gegen Süden geöffnete und mit Getraide bestellte Einsenkung, welche von ihrer einer κοτύλη ähnlichen Form dem Berge den Namen gegeben (⁶⁶). Mehre grofse Quadern, die aus dem Boden hervorblicken, bezeichnen noch die Stelle des Tempels der Aphrodite, und Bruchstücke der Dachziegel sind über den Acker zerstreut. Von späteren Reisenden, welche den Platz nach der Ärntezeit besuchten, wo kein

---

(⁶⁵) Paus. 8, 41, 6: Ἔςι δὲ ὑπὲρ τὸ ἱερὸν τοῦ Ἀπόλλωνος τοῦ Ἐπικουρίου Κότυλον μὲν ἐπίκλησιν· Ἀφροδίτη δέ ἐςιν ἐν Κοτύλῳ· καὶ αὐτῇ ναός τε ἦν οὐκ ἔχων ἔτι ὄροφον, καὶ ἄγαλμα ἐπεποίητα.

(⁶⁶) Ich glaube, dafs an der Lesart Κοτύλιον und Κότυλον selbst gegen die Auctorität des cod. Mosqu. festzuhalten ist, statt der neuerdings wieder in Aufnahme gebrachten Schreibung Κωτίλιον und Κώτυλον. Auch auf Euböa war ein Berg Κοτύλαιον (Steph. u. d. W.).

Getraide die Trümmer verbarg, habe ich gehört, dafs sie noch
mehr Reste dort gesehen. Falls der Tempel überhaupt mit
Bildwerk geschmückt war, würde eine Ausgrabung hier gewifs belohnend seyn; denn bei der so gesicherten Lage des
Ortes auf einer über tausend Meter hohen Bergspitze ist nicht
anzunehmen, dafs etwas verschleppt worden sey, und wahrscheinlich ist Alles nur wenige Fufs hoch mit aufgeschwemmtem Erdreich überdeckt.

Vom Kotylon nach dem Tempel des Apollon zurückgekehrt, ritt ich in zwei Stunden über schöne mit Waldungen
umkränzte Berghänge nach Andritzäna. Dieser ansehnliche
Flecken liegt an der Nordseite des Gebirges an einer steilen
und tiefen Schlucht, mit weiter Aussicht auf das Alpheiosthal.
Nördlich unter dem Orte, in den Weinbergen, findet man
unter der Erde Fundamente, Ziegel und andere Andeutungen einer alten Niederlassung; auch sah ich Münzen von Elis
und anderen Städten, welche dort ausgegraben seyn sollten.
Kann dies vielleicht Theisoa am Lykäon (⁶⁷) seyn? Oder
ist, wie Leake annimmt, das Paläokastron der H. Helene über
Lavda dafür zu halten? Auch ein Lykoa lag in dieser Gegend (⁶⁸).

5. Aliphera. Aepion. Heräa. Olympia. Am 18.
Mai Morgens brach ich wieder von Andritzäna auf, und erstieg in anderthalb Stunden den südwestlich gelegenen Berg
Paläokastron, dessen heutiger Name eine Untersuchung ver-
langte, und der auf der Französischen Karte durch einen argen Mifsgriff den Namen Kotylion erhalten hat. Auf ganz
ungebahnten Pfaden mufste ich mich auf die Südseite des
Berges wenden, um den 1346 Meter hohen Gipfel besteigen
zu können. Ich fand sehr ausgedehnte Ruinen einer mittel-

(⁶⁷) Θεισόα ἡ πρὸς Λυκαίῳ, Paus. 8, 27, 2; vgl. 38, 3 und 7.
(⁶⁸) Polyb. 16, 17, 5 und 7. Vgl. Paus. 8, 27, 2: Λυκοᾶται.

alterlichen Festung (⁶⁹), aber ohne eine Spur Hellenischer
Bauwerke. Allein die weite Aussicht belohnte die Mühe: ich
sah gegen Süden die Ithome und den Messenischen Meerbusen, gegen Westen in einem grofsen Halbkreise die Stropha-
den, Zakynthos, Kephallenia, Ithaka und die Küste von Akar-
nanien. Auf ebenso rauhen Wegen stieg ich in anderthalb
Stunden nach Phanari hinunter, welche einst ansehnliche
Türkenstadt, mit reichen Quellen, jetzt ganz in Trümmern
lag und nur noch von einem Dutzend Familien bewohnt
wurde.

Von hier erreichte ich in fünf Viertelstunden die Ruinen von Aliphera (⁷⁰), jetzt Nerovitza genannt, welche auf
der Französischen Karte nicht angegeben sind, obgleich sie
schon früher bekannt waren (⁷¹). Sie liegen auf dem Rücken
einer ansehnlichen Höhe zwischen dem Dorfe Belusi und dem
Kloster Sepetó. Ich fand bedeutende Überreste der Ringmauer von unregelmäfsiger Bauart, und im Innern gegen das
östliche Ende hin eine abgesonderte kleine Akropolis. Ostwärts zwischen dieser und der äufsern Mauer mehre Fundamente aus sehr grofsen Quadern. Im westlichen Theile der
Stadt, auf dem höchsten Rücken des Berges, der Unterbau
eines Tempels oder eines andern öffentlichen Gebäudes. In
einen der Sockelsteine ist eine Rinne eingeschnitten, um das
Wasser aus dem Innern abfliefsen zu lassen. Innerhalb dieser Ruine, und neben derselben liegen mehre glatte Säulen,
gegen zwei Fufs im Durchmesser. Die Ringmauer schliefst
gegen Westen mit einer senkrechten, von Süd nach Nord gerichteten Wand, die an ihrer Basis einen um einen halben
Fufs vorspringenden Sockel hat.

─────────────

(⁶⁹) Der Berg heifst bei Leake (Morea II, p. 69) Phanaritiko, und
die Ruine Zakkuka.

(⁷⁰) Ἀλίφηρα (bei Polyb. und Steph. Ἀλίφειρα), Paus. 8, 26, 3,
lag vierzig Stadien vom Alpheios auf einem Berge oder Hügel.

(⁷¹) Gell, Morea p. 114. Leake, Morea II, p. 71.

Ich fand aber auch aufserhalb dieser Umwallung im Gebüsch noch ausgedehnte Trümmerhaufen, Fundamente und merkwürdige Substructionen, und weiter unten am nördlichen Abhange des Berges noch sehr bedeutende Reste einer dritten Mauer, so dafs es scheint, als habe Aliphera zwei in einander eingeschachtelte Akropolen (72) und noch eine äufsere Ringmauer gehabt. Da der Berg dicht mit Gebüsch bewachsen ist, hält es schwer, von dem Zusammenhang dieser Befestigungen sich eine klare Übersicht zu verschaffen.

Auch in Aliphera finden sich der polygonische und der fast regelmäfsige Baustyl so gemischt (z. B. an der grofsen viereckigen Bastion am nördlichen Abhange), dafs über die gleichzeitige Anwendung beider kein Zweifel bleiben kann; auch wenn nicht schon hundert andere Monumente in Griechenland und Italien (73) da wären, um die unbegründeten Theorien von der Unterscheidung Pelasgischer und Hellenischer Culturepochen aus diesen Mauerwerken zu widerlegen. Das jedesmalige Bedürfnifs, und mehr noch die Beschaffenheit des jedesmaligen Steinmaterials entschied darüber, ob es gerathener und bequemer war, polygonisch, unregelmäfsig oder ganz regelmäfsig in horizontalen Schichten mit rechtwinklichten Quadern zu bauen. Aber auch bei der Anwendung der polygonischen Bauart mufsten die Enden der Mauern und die Ecken der Thürme, um Festigkeit zu haben, mit horizontalen Schichten gebaut werden, wie sich unter andern Beispielen sehr deutlich an den Ruinen von Amphissa im westlichen Lokris zeigt.

Von Aliphera ritt ich in einem halben Stündchen nach dem jetzt verlassenen Kloster Sepetó, das an einer Felswand

____

(72) Dies deutet auch Polybios an, welcher zweimal (4, 78, 9 und 11) τὸ τῆς ἄκρας προάστειον im Gegensatz der untern Stadt nennt.

(73) Vgl. Annal. d. Instit. Arch. tom. 4, tav. d'agg. A, und dazu die guten Bemerkungen des Cav. Inghirami, besonders S. 27. 28.

über dem rechten Ufer eines kleinen Flusses klebt, welcher
vom Berge Paläokastron herunterkommend sich Heräa gegenüber in den Alpheios ergiefst. Er bildet eine Viertelstunde
oberhalb des Klosters einen herrlichen Wasserfall, den man
von Sepetó aus sieht.

Ich passirte diesen Flufs und ritt längs dem nördlichen
Abhange eines über 800 Meter hohen Berges in fünf Viertelstunden nach dem Dorfe Tzacha, wo ich übernachtete. Von
dort kam ich am folgenden Morgen in einer Stunde an den
Diagon, der hier die Gränze zwischen Arkadien und Tri-
phylien bildete ([74]), und hatte von dem Flusse noch fast eine
Stunde bis zu dem Dorfe Platiana hinanzusteigen. Zehn Minuten östlich von Platiana liegt auf einem niedrigen Felsrük-
ken ein Fränkisches oder Byzantinisches Paläokastron, südlich über dem Dorfe aber, auf einem hohen von Osten nach
Westen gestreckten Berge, die Ruine Hellenikó. Die Mauern der Akropolis umgeben in höchst beträchtlicher Länge,.
aber verhältnifsmäfsig geringer Breite den schmalen Rücken
des Berges; die äufsere Ringmauer der Stadt schliefst einen
Theil seines südlichen Abhanges ein. In der Akropolis, welche durch Quermauern in mehre Abtheilungen geschieden
war, fand ich viele Fundamente und zum Theil noch bedeutende Reste von viereckigen Gebäuden, von derselben Bauart
wie die Mauer, abwechselnd regelmäfsig und unregelmäfsig,
aber nur eine bis zwei Quadern stark, die man nicht wohl
für etwas Anderes als Wohnhäuser halten kann. Auch sieht
man Reste eines kleinen Theaters, und mehre grofse theils in

([74]) Paus. 6, 21, 4: Ποταμὸς ἀπὸ μεσημβρίας κατιὼν ἐς τὸν Ἀλφειὸν καταν-
τικρὺ τοῦ Ἐρυμάνθου μάλιςα, οὗτός ἐςιν ὁ τὴν Πιταίαν πρὸς Ἀρκάδας διορίζων, ὄνομα
δὲ οἱ Διάγων. Diese Angabe ist so bestimmt und klar, dafs sie nichts
zu wünschen übrig läfst. Wahrscheinlich ist der Δαλίων bei Strab.
8, S. 156 Tchn. in Διάγων zu verbessern; dann würde sein Acheron
der zunächst westwärts folgende Flufs seyn.

den Felsen gehauene, theils mit Quadern ausgesetzte Cisternen. Die Mauern der Burg haben viereckige Thürme.

Leake hält diese Ruine, von der er auch eine Skizze
giebt (⁷⁵), für Typaneä, auf die aus Polybios hervorgehende
Nachbarschaft dieser Stadt zu Aliphera sich stützend; allein
ich glaube, dafs die Französische Karte richtiger Aepion
oder Epion darin erkennt. Aepion stand in der Richtung
von Heräa nach Makistos und Lepreon (⁷⁶), was nur auf diesen Ort pafst, welcher unter den Triphylischen Städten am
meisten östlich und dem Gränzflusse Diagon am nächsten lag,
so dafs der Weg von Heräa nach Makistos, der, um die hohen Berge zu vermeiden, nothwendig hier das Flufsthal durchschnitt, daran vorüberführen mufste.

Südlich von dem Berge von Platiana, in dem Thale von
Longós und Trupäs, brennt nach der Behauptung der Bauern
die Erdé jeden Winter, mit schlechtem Geruche. Der unweit Trupäs aus mehren Quellen entspringende Flufs ergiefst
sich eine Meile südwärts von Samikon ins Meer, scheint aber
vor Alters seinen Weg durch die fischreiche Lagune von
Kaïapha genommen zu haben, die sich bis Samikon erstreckt.
Vermuthlich ist dies der wegen seines schlechten Geruches
übel berufene Anigros, der von Süden her den von dem
Berge Alvena (Minthe) herabkommenden Akidas oder
Jardanos aufnimmt (⁷⁷). Dann würde einer der Berge um

(⁷⁵) Leake, Morea II, p. 82. Vgl. Polyb. a. a. O.

(⁷⁶) Xenoph. Hell. 3, 2, 30: Ἦπιον τὴν μεταξὺ πόλιν Ἡραίας καὶ Μακίϛου
ἠξίουν οἱ Ἠλεῖοι ἔχειν. Auch Steph. u. d. W. hat Ἦπιον, Herodot. 4, 148
Ἔπιον, Polyb. 4, 77 Αἰπιόν. — Strabon 8, S. 162 Tchn. spricht in seiner
verworrenen Weise (weil ihm Autopsie gebrach) in Beziehung auf den
Lauf des Flusses Akidon (Vgl. unten Anm. 77) von einem Αἰπάσιον
πεδίον, und bezeichnet diese Gegend als Arkadien benachbart. Der
letztere Wink ist hier nicht zu übersehen.

(⁷⁷) Paus. 5, 5, 5: Ὁ Ἄνιγρος οὗτος ἐξ Ἀρκαδικοῦ μὲν κάτεισιν ὄρους Λαπί-
θου, παρέχεται δὲ εὐθὺς ἀπὸ τῶν πηγῶν ὕδωρ οὐκ εὐῶδες, ἀλλὰ καὶ δύσοσμον δεινῶς.

Trupäs, vielleicht der Berg von Platiana selbst, das Lapithon des Pausanias seyn.

Da meine Reiseplane mir diesmal nicht erlaubten, die Topographie der Triphylia weiter zu verfolgen, so wandte ich mich von Aepion wieder nördlich, und stieg in fünf Viertelstunden über durchschnittenes, mit Fichten bewaldetes Terrain nach Bisbardi hinunter. Eine Viertelstunde unter Bisbardi, gegen den Alpheios hin, liegt Palatia: die höchst malerische und sehenswerthe Ruine eines Klosters und einer Kirche von Gothischer Bauart, mit spitzigen Giebeln und hohen Spitzbogenfenstern, aus dem schönen gelben und festen Sandstein, der im Alpheiosthale an vielen Orten bricht. Ohne Zweifel war es ein von den Franken unter der Herrschaft der Ville-Hardoins im dreizehnten Jahrhundert angelegtes Kloster (⁷⁸). Diese Ruine aber, nebst den Resten der Sophienkirche in der ehemaligen Hauptstadt Andravida in Elis, der Ruine Kionia bei Stymphalos, und einigen Bautrümmern an den Schlofsbergen von Misthras und Karytäna, sind die einzigen mir bekannten Denkmäler der Fränkischen Herrschaft im Peloponnes, die von dem Geschmack und dem Baustyle jener Eroberer ein nicht ganz unvortheilhaftes Zeugnifs ablegen.

Von Palatia ging ich wieder ostwärts über den Diagon, und längs dem linken Ufer des Alpheios zurück bis H. Joannis, um eine durchwatbare Furt zu finden. Von der alten

---

πρὶν δὲ ἢ καταδέξασθαι τὸν Ἀκίδαντα καλούμενον, δῆλός ἐςιν οὐδὲ ἀρχὴν τρέφων ἰχθῦς, κ. τ. λ. Der Anigros heifst bei Homer (Il. 11, 721) Minyeïos, Paus. 5, 6, 2. Vgl. die Schilderung des Flusses bei Ovid. Metam. 15, 281.

(⁷⁸) Wäre es vielleicht das Kloster der H. Jungfrau bei Isora am Alpheios, das in der Griechischen Reimchronik von den Thaten der Franken so häufig erwähnt wird? Vielleicht lief die damalige Hauptstrafse am linken Ufer des Flusses hin. Vgl. Chronique des Français en Morée, herausg. von Buchon, Paris 1825, S. 252. 256. 328. 416.

Brücke, welche Polybios hier erwähnt ([79]), sah ich keine
Spuren mehr. Die ausgedehnten, aber unbedeutenden Ruinen von Heräa liegen einige Stadien westlich von dem Dorfe,
auf und unter dem hohen Uferrande des Alpheios. Ich war
jetzt wieder auf der grofsen, von allen Reisenden betretenen
und daher wohlbekannten Strafse nach Olympia.

Bis an den Ladon sind von Heräa funfzehn Stadien.
Gewöhnlich kann dieser Flufs, der die Wassermasse des Alpheios mehr als verdoppelt, ohne Fährlichkeit durchritten
werden; allein im Mai 1834 war er, in Folge des Durch-
bruchs des Sees von Pheneos, der seine seit zwölf Jahren
verstopfte Katavothra gerade am 1 Januar bei einem starken
Erdbeben wieder geöffnet hatte, so tief und reifsend geworden, dafs man nur auf einer Fähre über ihn setzen konnte.
In seiner Mündung liegt das kleine flache Rabeneiland (Κορά-
κων νῆσος), und auf seinem rechten Ufer, an dem hohen Uferrande ein wenig rechts vom Wege, eine kleine antike Ruine
aus gebrannnten Steinen.

Vom Ladon über das elende Dorf Belesi bis an den
Erymanthos sind zwanzig Stadien oder drei Viertelstunden. Auf dem rechten Ufer des Erymanthos, an der äufsersten Gränze der Eleia, sieht man den stattlichen Grabhügel
des Olympioniken Koröbos ([80]), von welchem die Aufzeichnung der Olympiaden ihren Anfang nahm. Er scheint noch
nicht durchgraben worden zu seyn. Welche Ausstattung an
gemalten Vasen und bronzenen Geräthschaften mag er einschliefsen? Wie lehrreich würde hier eine Vergleichung mit
der Ausbeute der Tyrrhenischen Nekropolen seyn!

Der Weg vom Erymanthos nach Olympia führte vier
Stunden lang fast ununterbrochen unter schattigen Bäumen

([79]) Polyb. 4, 77, 5 und 78, 2.

([80]) Paus. 8, 26, 3: Ἔςιν ἐπίγραμμα ἐπὶ τῷ μνήματι - - - ὅτι τῆς Ἠλείας
ἐπὶ τῷ πέρατι ὁ τάφος αὐτῷ (Κοροίβῳ) πεποίηται.

an Hügeln hin, während auch das linke Ufer des Flusses
von schön geformten Anhöhen begränzt ist, die mit Gebüsch
und Bäumen, gröfstentheils Fichten, bewachsen sind. Zwischen diesen grünenden Hügelreihen kräuselt der stattlichste
Strom des Peloponnes, in einem breiten mit Platanen einge-
fafsten Bette, seine stets unruhigen Wellen:

Ἔνθ᾽ ἐρατεινότατος ποταμῶν Ἀλφειὸς ὁδεύει (⁸¹).

Anderthalb Stunden vor Olympia kam ich über die Mündung
des Leukyanias, welchem gegenüber auf dem linken Ufer
des Alpheios der spitzige Hügel von Paläophanaron sich erhebt, wo Phrixa gestanden (⁸²). Eine Stunde weiter, und
nur noch eine halbe Stunde vor Olympia, liegt rechts auf den
Hügeln das Dorf Miraka. Unterhalb desselben durchschneidet der Weg ein Flüfschen mit einer Mühle — den Har-
pinnates (⁸³) — und betritt dann die schmale Ebene von
Olympia, die sich zwischen dem Alpheios und dem Hügel
Kronion westwärts bis an den Kladeos hinzieht, welcher,
in einem tiefen Bette von Lala auf der Pholoe herabkom-
mend, jetzt Laläiko (τὸ Λαλαίικο πόταμι) genannt wird. Eine
Viertelstunde westlich über dem Kladeos liegt auf dem Rükken eines Hügels das Dorf Druva.

Ich war zu einer ungünstigen Jahrszeit nach Olympia
gekommen. Das Getraide war noch im freudigsten Wachs-
thum, und bedeckte den ganzen Boden der heiligen Altis, bis
auf die wenig ausgedehnten Ausgrabungen der Franzosen.
Aber auch wenn die Ebene von Getraide frei ist, läfst sich
aufser dem Tempel des Zeus kein Monument mit Sicher-

(⁸¹) Dionys. Perieg. 410.

(⁸²) Paus. 6, 21, 4 und 5.

(⁸³) Doch scheint die Angabe bei Lukian. π. τῆς Περεγρίνου τελευτῆς
35, dafs er zwanzig Stadien östlich von Olympia entfernt war, fast
uns zu nöthigen, ein anderes Flüfschen noch ostwärts von Miraka
dafür zu halten. Denn zwanzig Stadien geben drei Viertelstunden.

heit erkennen, und alle Vermuthungen über die Lage des
Hippodroms, der Thesauren u.s.w. bleiben, bei der hohen
Überdeckung des Bodens mit aufgeschwemmter Erde, ein
vielleicht ergötzliches, aber müfsiges Werk, bis der alte
Winckelmannsche Plan einer umfassenden Ausgrabung hier
verwirklicht seyn wird. Selbst am Zeustempel bleibt noch
viel aufzudecken, und wahrscheinlich könnten die Giebelbil-
der noch gefunden werden ([84]). Auch liefsen sich wenigstens
das Pelopion und das Heräon leicht ausgraben, deren
Lage nördlich vom Zeustempel aus den Angaben des Pausanias so klar hervorgeht.

6. Das Kladeosthal. Die Pholoe. Thelpusa.
Teuthis. Theisoa. Der Gortynios. Methydrion.
Helisson. Dipäa. Mänalos. Sumetia.

Ich verliefs Olympia am 21. Mai Morgens, und ritt in
drei Stunden nach Lala, immer dem Bette des Kladeos folgend. Die kleinere Hälfte des Weges liegt noch in der
Ebene; bald beginnt Hinaufsteigen zwischen Sandsteinfelsen
und Hügeln von herrlichen Formen, die mit Fichten und Far-
renkraut dicht bewachsen sind; dazwischen viele Platanen
und andere Laubbäume. Eine halbe Stunde vor Lala sind
ein Paar Türkische Laufbrunnen und mehre uneingefafste
Quellen am Wege; hier nimmt der Kladeos seinen Anfang.
Auf der Ostseite von Lala, am Rande der Hochebene, entspringt der Leukyanias in zwei Armen, die sich weiter
unten zu einem Flusse vereinigen, der anderthalb Stunden

([84]) Über die ziemlich nachlässige Art, wie die Ausgrabungen der
Franzosen beim Zeustempel geführt wurden (im Mai 1829), berichtet
Dubois in einem Aufsatze Lenormants über die Sculpturen von Olympia, im Bull. d. Inst. Arch. vol. 4 (1832), p. 17 seqq. Die Grabun-
gen an den Frontseiten des Tempels sind glücklicher Weise keineswegs erschöpfend gewesen.

östlich von Olympia, Phrixa (Paläophanaron) gegenüber, in den Alpheios fällt ([85]).

Lala, vor dem Freiheitskriege ein ansehnlicher und von gefürchteten Türken bewohnter Flecken, liegt am südwestlichen Rande der ausgedehnten und mit Gras bewachsenen, aber im Ganzen baumleeren Hochebene, die sich von hier in einer Breite von anderthalb Stunden ostwärts bis an das Thal des Erymanthos erstreckt. Gegen Norden erhebt sie sich allmälig in terrassenförmigen mit Eichen bewaldeten Absätzen, in einer Länge von zwei bis drei Stunden, bis sie sich an die höhern Gipfel der Erymanthischen Bergkette anlehnt. Dies weidenreiche und eines gemäfsigten Klimas sich erfreuende Hochland ist die alte Pholoe ([86]), der Peloponnesische Sitz der Kentauren, und seine Naturbeschaffenheit erklärt es zur Genüge, warum auch die Kentauren der neuern Zeit, die rosseliebenden Albanesischen Türken, mit Vorliebe hier ihren Sitz aufschlugen. In solchem Sinne stimmen wir einem altbefreundeten Reisenden gern bei, wenn er im heutigen Griechenland überall das alte wiederfindet. Kentauren safsen immer nur in solchen Gegenden, wo ihre vierbeinige Hälfte genügende Weide fand ([87]).

Von Lala ritt ich, an den sumpfigen Quellen des Leukyanias vorüber, in anderthalb Stunden über die Hochebene nach Nemuta, welches ansehnliche Dorf unter riesigen Platanen auf dem hohen westlichen Rande des Thals des Erymanthos liegt. Der Weg senkt sich durch eine steile

---

([85]) Vgl. oben Anm. 82.

([86]) Paus. 8, 24, 2: Ἔχει τὰς πηγὰς ὁ Ἐρύμανθος ἐν ὄρει Λαμπείᾳ (noch jetzt heifst es Sternberg, Ἀϛρᾶς) - - - καὶ Ἀρκαδίαν διεξελθὼν, ἐν δεξιᾷ μὲν τὸ ὄρος ἔχων τὴν Φολόην, ἐν ἀριϛερᾷ δὲ πάλιν Θέλπουσαν χώραν, κάτεισιν ἐς τὸν Ἀλφειόν.

([87]) Die Pholoe war auch der letzte Zufluchtsort der Gothen, als Stilicho sie wieder aus dem Peloponnes verdrängte. Zosim. 5, 7; vgl. Zinkeisen, Gesch. Griechenl. I, S. 642.

Schlucht an den Flufs hinab, über welchen hier eine gewölbte
Brücke (τοῦ Σεΐδ-ἀγᾶ τὸ γεφύρι) führt. Ich gebrauchte fast
drei Stunden, um von hier über den hohen und von Bächen
durchschnittenen Bergrücken, der das Thal des Erymanthos
von dem des Ladon trennt, bis an den letzteren Flufs zu
kommen. Dieser Landstrich, jetzt ἡ πέρα μεριὰ genannt, weil
er dem übrigen Arkadien jenseit des Ladon liegt, gehörte im
Alterthum zum Gebiet von Thelpusa. Hier ist vermuthlich
der zwischen Elis und Thelpusa streitige Ort Stratos ([88]) zu
suchen. Auf der Mitte des Weges liegt das Dorf Chora, und
nördlich von Chora sieht man ein anderes Dorf Rhachäs, mit
einem zerstörten Türkischen Thurme. Den Ladon passirte
ich über einen schmalen, aus Baumstämmen gebildeten Steg
(βέργα), dem ein Paar Inselchen im Strombette als Stützpuncte
dienten, während die Pferde mit dem Gepäck sich mit Mühe
eine Furt suchen mufsten. Bei dem gewöhnlichen Wasserstande des Flusses wird er ohne Schwierigkeit durchwatet.

In vierzig Minuten erreichte ich Vanäna, ein kleines
Dorf neben den Ruinen von Thelpusa, die an dem sanften
Abhange eines ansehnlichen Hügels gegen den Ladon hin liegen ([89]). Von der Stadtmauer fand ich nur geringe Reste.
Ein antikes Wasserbassin, von länglicht viereckiger Gestalt,
ähnlich denen am Hügel der Despöna bei Lykosura, in welches das Wasser einer schwachen Quelle aus einer Wand
des Hügels rieselt, war durch Zufall vor einigen Jahren von
den Bauern entdeckt und wieder ausgegraben worden. Nicht
weit von demselben liegt die Ruine eines Gebäudes aus gebrannten Steinen, mit gewölbter (aber eingestürzter) Decke,

---

([88]) Polyb. 4, 73, 2.

([89]) Paus. 8, 25, 2: - - Θέλπουσαν τὴν πόλιν ὁ Λάδων παρέξεισιν ἐν ἀριϛερᾷ, κειμένην μὲν ἐπὶ λόφου μεγάλου, τὰ πλείω δὲ ἐφ᾽ ἡμῶν ἔρημον κ. ἑ. —
ΘΕΛΠΟΥΣΑ ist auch die Schreibung der Münzen; Polybios (4,
60. 77), Diodoros (16, 39) und Andere schreiben Τέλφουσα.

sehr sorgfältig gemauert. An mehren Stellen ragen noch auf-
rechtstehende Säulen, von geringem Durchmesser, aus dem
Boden hervor. Auch bemerkte ich einen grofsen Unterbau
aus rechtwinklichten Quadern in horizontalen Schichten, von
denen die untern ein wenig vortreten. Die Kirche des H.
Joannes, unter Bäumen, enthält verschiedene Säulentrümmer. Bei einem Bauern in Vanäna fand ich eine Stele mit
einer gröfstentheils unleserlichen Grabschrift in gebundener
Rede ([90]). Auch kaufte ich einige Münzen von Thelpusa.
Von der Höhe des Paläokastrons erblickte man jetzt viele
kleine Inseln im Bette des Ladon, aber bei dem gewöhnlichen
Wasserstande mag ihre Zahl viel geringer seyn. Die Kirche
des H. Sabas am gegenüberliegenden Ufer soll alte Säulen
enthalten; vielleicht von dem Heiligthum der Demeter
Eleusinia ([91]).

Von Thelpusa ritt ich in zwei Stunden nach Vysitzi.
Der Weg steigt anfangs sehr schroff in die Höhe, mit hüb-
schem Rückblick auf das Ladonthal; ich erkannte sogar die
Ruinen von Aepion über Platiana jenseit des Alpheios. Die
stumpfgeformten Gipfel der Berge sind hier grofsentheils mit
Eichen bewachsen. Von dem Rücken der Höhe hat man eine
weite Aussicht gegen Westen auf die horizontale Hochebene
der Pholoe und auf die Gipfel der Lampeia und des Eryman-
thosgebirges. Vor Vysitzi sind ausgedehnte Weinpflanzun-
gen. Von hier hatte ich noch drei Viertelstunden Weges
über einen Bergrücken nach dem Paläokastron von Galatás,
so genannt, weil es dem Dorfe Galatàs gegenüberliegt.

Ein Hügelrücken tritt hier von Nordwest gegen Südost
in ein kleines von Bergen umgränztes Thal vor, und endigt
in einem steilen felsigen Gipfel; an seinen beiden Seiten ent-
springen zwei Bäche, die sich unter dem Felsgipfel vereinigen

---

([90]) Ross, I. G. I. fasc. I, n. 10.
([91]) Paus. 8, 25, 2.

und südwärts in die Tuthoa abfliefsen, welche zwischen Thelpusa und Heräa in den Ladon fällt, und vor Alters· die Gränze dieser beiden Stadtgebiete bildete ([92]).   Auf jenem von drei Seiten fast unzugänglichen Gipfel liegt eine zerstörte Festung aus dem Mittelalter, die berühmte Burg Akova, die eins der wichtigsten Lehen des Fränkischen Fürstenthums im Peloponnes war.   Um den Besitz dieser Baronie drehte sich der merkwürdige Procefs zwischen dem Fürsten Wilhelm von Ville-Hardoin und der Dame Margarete von Passava, Gemalinn des Herrn Johann von Saint-Omer, und Nichte und Erbinn des kinderlos verstorbenen Walter von Rozière, letzten Herrn von Akova.   Die Entscheidung fiel endlich dahin aus, dafs der Fürst zwei Drittheile der Herrschaft einzog, und Dame Margarete mit einem Drittheil belehnte ([93]). Wahrscheinlich rührt es von dieser in der zweiten Hälfte des dreizehnten Jahrhunderts geschehenen Theilung her, dafs der umliegende District noch heute den Namen Akovás ($\dot{\eta}$ Ἀκο-βαις) in der Mehrheit führt.   Die Burg wurde endlich 1458 von den Türken unter Omar eingenommen und zerstört ([94]).

Auf dem flacheren Rücken des Hügels nun, der von der Nordseite nach dem mit den Burgtrümmern gekrönten Gipfel führt, liegen die Ruinen eines Hellenischen Städtchens.   Sie bestehen nur in Fundamenten, zerstreut umherliegenden Quadern, Schutthaufen und Scherben von Ziegeln und Vasen. Auch wollen die Bauern am Rande des Hügels oft Gräber gefunden haben.   Unter den Quadern zeigt man eine, τῆς μο-

---

([92]) Ders. ebend. §. 7: Ἔςι δὲ Τουθόα ποταμός· ἐμβάλλει Λάδωνα καὶ ἡ Τουθόα κατὰ τὸν Θελπουσίων ἔρον πρὸς Ἡραιεῖς.   Der Name der Tuthoa, wie auch der des Leukyanias, fehlt auf der Französischen Karte.

([93]) Diesen interessanten Lehnsstreit erzählen die Χρονικὰ τῶν Φράγκων ἐν τῷ Μωρέᾳ, édit. Buchon. (Paris 1825) S. 354-371; und nach ihnen Fallmerayer, Gesch. von Morea 2, S. 106 folgg.

([94]) Georg. Phrantzes 4, 15.

νοβύζας τὸ ἰχνάρι, die Fufsstapfe der Einbrüstigen genannt,
auf welcher sich ein Paar Eindrücke oder Vertiefungen finden, die ungefähr den Fufsstapfen eines Riesen und eines
Maulthiers gleichen. Vielleicht hat die Platte eine Statue getragen. Ein Frauenzimmer — so erzählen die Bauern —
mit Einer Brust (worin sich eine dunkle Erinnerung an die
Amazonen ausspricht) besafs die Feste. Einst in ihrer Ab-
wesenheit hatten sich die Feinde derselben bemächtigt; als
sie bei ihrer Rückkehr die Thore ihrer Burg gesperrt fand,
stampfte sie und ihr Maulthier im Zorn so heftig auf jenen
Stein, dafs die Spuren davon bis heute blieben. Vielleicht
ist diese Sage nur eine poetische Ausschmückung des beharrlichen Widerstandes, welchen das Fräulein von Passava,
wenn auch nur mit den Waffen des Rechts und der Rede,
den Ansprüchen des Fürsten Wilhelm entgegensetzte. Ich
erinnerte mich dabei einer ähnlichen in Holstein wohlbekannten Überlieferung von der schwarzen Grete.

Den oben beschriebenen Hellenischen Ruinen bei Akova
giebt die Französische Karte, und mit Recht, den Namen
Teuthis. Das Städtchen Teuthis gehörte vor der Gründung
von Megalopolis nebst Theisoa und Methydrion zu der Con-
föderation (συντελεία) von Orchomenos ([95]); sein Gebiet gränzte
zunächst an das von Theisoa ([96]). Mag nun die letztere Stadt
bei Dimitzana oder weiter oben im Thal des Gortynios gelegen haben, wo die Französische Karte sie ansetzt, so bleibt
immer für das Paläokastron von Galatás kein anderer alter
Name verfügbar, als Teuthis.

Von Teuthis sind auf beschwerlichen Pfaden über rauhes und gröfstentheils nacktes Gebirg, von dessen Rücken
man jedoch eine weite Aussicht auf das Alpheiosthal und das

([95]) Paus. 8, 27, 3 und 5.

([96]) Ders. 8, 28, 3: Τῇ χώρᾳ δὲ τῇ Θεισόᾳ προσεχὴς κώμη Τευθὶς ἐςι·
πάλαι δὲ ἦν πόλισμα ἡ Τευθίς κ. τ. λ.

Meer bis Zakynthos und Kephallenia hat, drei Stunden Weges bis zu dem ansehnlichen Flecken Langadia (τὰ Λαγγάδια),
neben welchem die Quellen des Hauptarmes der Tuthoa sind.
Östlich von Langadia hatte ich wieder einen hohen Bergrük-
ken zu übersteigen, der die Wasserscheide zwischen dem
Flufsgebiete des Ladon und dem des Gortynios bildet.
Kurz darauf kam ich über Quellen am Wege, aus denen sich
nach und nach der westliche Arm des Lusios oder Gortynios sammelt. Die hohen mit Tannen bewachsenen Gipfel
nördlich über diesem Thale heifsen Korphoxylia. Dem Laufe
des Wassers folgend kam ich nach einer Stunde in eine kleine
Ebene, in deren südwestlicher Ecke sich die beiden Arme des
Lusios vereinigen, und durch eine enge Schlucht südwärts
bei Dimitzana und Gortys vorüber, von welcher Stadt der
Flufs den Namen Gortynios erhält, dem Alpheios zufliefsen.
Die Franzosen setzen in jener Ebene Theisoa an; es finden
sich aber keine Ruinen, die diesem alten Orte entsprechen
könnten (⁹⁷). Wahrscheinlich rühren daher die Hellenischen
Ruinen bei Dimitzana selbst, die ich noch nicht sah, die aber
als ansehnlich beschrieben werden, von Theisoa her (⁹⁸), und
jedenfalls gehörten diese Ebene und die Thäler bis an die
Quellen des Flusses zum Gebiet von Theisoa.

Ich verliefs die Ebene in ihrem nordöstlichsten Winkel,
bei den Mühlen von Karkalu, hinter welchen die Quellen des
östlichen Arms des Gortynios sind. In einer Stunde erreichte ich, immer bergansteigend, das kleine aber hochgele-
gene Thal von Maguliana; das ansehnliche Dorf liegt links

(⁹⁷) Paus. 8, 28, 2: Τὴν Γόρτυνα ποταμὸς διέξεισιν, ὑπὸ μὲν τῶν περὶ τὰς
πηγὰς ὀνομαζόμενος Λούσιος - - · οἱ δὲ ἀπωτέρω τῶν πηγῶν καλοῦσιν ἀπὸ τῆς
κώμης Γορτύνιον. - - ἔχει τὰς πηγὰς ἐν Θεισόᾳ τῇ Μεθυδριεῦσιν ὁμόρῳ. Vgl.
ebendas. 27, 5: Θεισόαν τὴν πρὸς Ὀρχομενῷ, zum Unterschiede von Thi-
soa am Lykäon, worüber oben Anm. 67.

(⁹⁸) Leake (Morea II, p. 63) hielt Dimitzana für Teuthis.

am Gebirge, und über demselben eine mittelalterliche Ruine, Argyrokastron genannt. Die mit Tannen bewaldeten Berggipfel dieser Gegend gehören schon zu der Kette des Mänalon.

Von Maguliana schlug ich den Weg nach Nemnitza ein. Nach vierzig Minuten hatte ich links eine Kirche, rechts ein grofses Fundament eines Hellenischen Gebäudes mit umher zerstreuten alten Quadern, das bei den Bauern τὸ Παλάτι heifst. Keiner der von Pausanias beschriebenen Wege scheint diesen Punct zu berühren. Noch vierzig Minuten weiter passirte ich einen Flufs bei einer zerstörten Brücke, und kam, die Dörfer Pyrgaki und Garzeniko rechts lassend, durch eine Senkung zwischen Hügeln in zwei Minuten zu den Ruinen von Methydrion. In der Mitte dieser Senkung ragen in einem Acker einige noch aufrecht stehende Säulen aus dem Boden hervor; vielleicht von dem Tempel des Poseidon Hippios, falls der Flufs auf der Westseite der Stadt der Mylaon des Pausanias ist ([99]). Der Hügel von Methydrion, von Süden her zwischen die Flüsse Mylaon und Malötas eingeklemmt, ist nicht sehr hoch, und der Ruinen auf ihm sind wenige, da der ganze Boden der alten Stadt jetzt in Getraidefelder verwandelt ist. An der Südseite sieht man einige Reste der Stadtmauer von polygonischer Bauart, aus sehr grofsen Steinblöcken. Die alten Gräber sollen am Fufse des Hügels über dem Flufse seyn. Zehn Minuten südöstlich von der Stadt, an den Quellen eines der Flüfse, liegt das Dorf Nemnitza.

Am 24. Mai Morgens verliefs ich Nemnitza, anfangs öst-

([99]) Paus. 8, 36, 1: ὠνομάσθη Μεθύδριον, ὅτι κολωνός ἐςιν ὑψηλὸς Μαλοίτα τε ποταμοῦ καὶ Μυλάοντος μέσος - - - · §. 2: Ἔςι δὲ — Ποσειδῶνος Ἱππίου ναὸς - - ἐπὶ τῷ Μυλάοντι. Das Beiwort ὑψηλός darf keinen Anstofs geben; der Hügel wird ja nur beziehungsweise als κολωνός hoch genannt, und κολωνός bezeichnet an sich nur eine geringe Anhöhe. Man denke nur an den Kolonos bei Athen.

lich, dann südöstlich mich wendend. Nach funfzig Minuten kam ich auf dem Rücken des Berges an eine Quelle, Kokkinovrysis von der rothen Farbe des Bodens genannt, in deren Nähe ich, wie auch auf dem Artemision zwischen Mantineia und Argos, wilde Stachelbeerstauden fand. Hier nimmt der Flufs von Alonistena, der alte Helisson, seinen Anfang, und man steigt in der Schlucht, welche er bildet, in vierzig Minuten nach Alonistena hinunter, über welchem Dorfe sich östlich der Hauptgipfel des Mänalon sechstausend Fufs hoch erhebt. Ich konnte hier alte Reste weder selbst finden noch erfragen, und bezweifle daher, dafs Alonistena die Stelle des Fleckens Helisson einnimmt.

Von hier nach Davià sind in gerader Linie drittehalb Stunden. Der Weg senkt sich zwischen unfruchtbaren, mit spärlichen Tannen bewachsenen Höhen beständig bergab, während der Flufs in einem grofsen Bogen einen Umweg nach Westen macht, und erst bei Davià sich dem Fufse des Mänalon wieder nähert. Fast eine Stunde vor Davià liegt rechts auf einem Hügel das Dorf Piana, mit einem Paläokastron aus dem Mittelalter, und zwischen demselben und dem Wege ist eine von einer sehr starken Quelle genährte Fontäne, neben welcher ich Andeutungen alter Ruinen, Steinhaufen und zerstreute Ziegel bemerkte. Wäre dies vielleicht Helisson ([100])?

Dem Dorfe Apano-Davià gegenüber liegt auf dem rechten Ufer des Flusses ein isolirter Felshügel, dessen flacher Gipfel sich nach Osten abdacht. Der natürliche Aufgang ist an der Südostecke, wo man Reste eines Thors findet; die ganze Platform ist rings mit ansehnlichen Überresten polygonischer Mauern aus sehr grofsen Steinen eingefafst. Auf diesen Hellenischen Ruinen hat wieder eine mittelalterliche Festung gestanden, von deren Mauern sich namentlich auf

---

([100]) Paus. 8, 3, 1. 27, 3. 30, 1.

dem höchsten Puncte noch ansehnliche Überreste zeigen, so
wie im Innern Trümmer von Häusern oder Barracken.   In
den Äckern nördlich unter dem Hügel sind einige Andeutungen alter Bauanlagen, welche füglich von einem Stadion und
Hippodrom herrühren könnten.

Es fragt sich jetzt, von welcher alten Stadt diese Ruinen
sind.   Die Französische Karte giebt sie gar nicht an; Leake,
der sie kannte, hält sie für Dipäa (¹⁰¹). Dipäa war eine Ortschaft in der Mänalischen Ebene unweit des Helisson, berühmt durch eine grofse Schlacht, in welcher hier die Lakedämonier (Ol. 77,4 = 469 v. Chr.) die gesammten Arkader
mit Ausnahme der Mantineer besiegten.   In Veranlassung
dieser Schlacht wird der Ort häufig genannt (¹⁰²); aber in der
eigentlichen Topographie des Thals des Helissons und der
Mänalischen Ebene übergeht ihn Pausanias ganz mit Stillschweigen, während er doch sonst die kleinsten Ortschaften
dieser Gegend aufzählt; er erwähnt ihn nur gelegentlich an
zwei andern Stellen als einen der Orte der Mänalia, welche
bei der Gründung von Megalopolis aufgelöst wurden, und als
am Helisson gelegen (¹⁰³).   Einmal spricht er von Dipäa sogar ausdrücklich als einem ehemals gewesenen Städtchen (¹⁰⁴).
Die Ruinen auf dem Hügel bei Davià sind aber noch heute
so ansehnlich, und durch ihre einen grofsen Theil der Ebene
beherrschende Lage so in die Augen fallend, dafs es sehr unwahrscheinlich wird, dafs Pausanias eben diesen Ort mit
Stillschweigen sollte übergangen haben.   Ich kann mich daher nicht überzeugen, dafs hier Dipäa sey, und bin vielmehr

---

(¹⁰¹) Leake, Morea II, p. 52.

(¹⁰²) Paus. 3, 11, 6. 8, 8, 4 und 45, 2.   Herodot. 9, 35.

(¹⁰³) Paus. 8, 27, 3 und 30, 1: Ὁ Ἑλισσὼν - - τήν δὲ Διπαιέων καὶ
τὴν Λυκαιάτιν (corr. Λυκοάτιν) χώραν - - διεξελθὼν κ. ἑ.

(¹⁰⁴) Paus. 3, 11, 6: οἱ Διπαιεῖς ἐν τῇ Μαιναλίᾳ πόλισμα Ἀρκάδων ἦσαν.
Warum nicht: πόλισμα Ἀρκάδων εἰσίν, wenn der Ort noch existirte?

geneigt, das Paläokastron für die Stadt Mänalos zu halten.
Es will freilich nach Pausanias scheinen, als habe die Stadt
auf dem Berge selbst über der Ebene gelegen ([105]); allein ein
klares Zeugnifs giebt es hierüber nicht, und die Sache ist wenig glaublich, wenn man die Natur dieses Theils des Gebirgs
— der heutigen Apano-Chrepa — ins Auge fafst, die einer
der schroffsten, nacktesten und am meisten steinigten Berge
Griechenlands ist. Wo wäre auf einem solchen Berge ein
geeigneter Raum für einen Hippodrom gewesen? Und wie
sollten die Ruinen nicht wenigstens den Bauern von Davià,
die ich darüber ausfragte, bekannt seyn? Nur auf einem hohen und runden, mit Tannen umgebenen Gipfel über ihrem
Dorfe (Ἅ. Ἠλίας Δαβιωτικὸς) gaben sie Hellenische Trümmer
an, die aber nach der Beschreibung nicht von einer Stadt,
höchstens von einem einzelnen Heiligthume, herrühren können. So lange daher Mänalos nicht mit voller Evidenz in
einer andern Lage nachgewiesen wird, trage ich kein Bedenken, das als Hauptstadt der Umgegend so vortheilhaft gelegene Paläokastron von Davià dafür anzusprechen, und halte
die oben erwähnten Spuren von Bauwerken an seinem nördlichen Fufse für Reste des Hippodroms und des Stadions.
Wären die alten Arkader nicht so unglaublich karg in der

([105]) Paus. 8, 36, 5. Ich setze die ganze Stelle hierher, weil sie
auch die folgenden topographischen Bestimmungen betrifft. Nachdem
der Perieget das Thal des Helisson von Megalopolis bis an die Mä-
nalische Ebene beschrieben, fährt er fort: Ἢν δὴ τὸν χειμάρρουν διαβῇς,
κατευθὺ πέντε μὲν ςαδίοις καὶ δέκα ἀπωτέρω τοῦ ποταμοῦ πεδίον ἐςὶ — so breit
ist wirklich die Ebene — διελθόντι δὲ τοῦτο, ὅρος ὁμώνυμον τῷ πεδίῳ Μαινάλιον. τοῦ δὲ-ὄρους ὑπὸ τοῖς καταλήγουσι πόλεως σημεῖα Λυκόας καὶ Ἀρτέμιδος
ἱερὸν καὶ ἄγαλμά ἐςι χαλκοῦν Λυκοάτιδος. ἐν δὲ τοῖς κατὰ μεσημβρίαν τοῦ ὄρους
Σουμητία ᾤκιςο. Ἐν τούτῳ δέ εἰσι τῷ ὄρει καὶ αἱ καλούμεναι Τρίοδοι, καὶ τὰ
ὀςᾶ Ἀρκάδος τοῦ Καλλιςοῦς ἀνείλοντο ἐντεῦθεν - - οἱ Μαντινεῖς. λείπεται δὲ καὶ
αὐτῆς ἔτι ἐρείπια Μαινάλου, ναοῦ τε σημεῖα Ἀθηνᾶς, καὶ ςάδιον ἐς ἀθλητῶν
ἀγῶνα, καὶ τὸ ἕτερον αὐτῶν ἐς ἵππων δρόμον. τὸ δὲ ὄρος τὸ Μαινάλιον ἱερὸν μάλιςα εἶναι Πανὸς νομίζουσι.

Anwendung der Schrift, wären sie nur halb so schreibselig
gewesen, wie die Attiker, Böoten, Megareer und Phokeer,
so würde man in ihren Städten mehr Inschriften finden, und
es würde viel leichter seyn, mit der Topographie ihres Landes auf's Reine zu kommen.

Von Mänalos ritt ich auf dem rechten Ufer des Helisson
in südlicher Richtung die Ebene hinunter. Nach zehn Minuten kam ich, an einer Stelle, die Diavolitzi heifst, zu einer
zerstörten Kirche der Panhagia, mit einer kleinen Säule und
einigen andern Marmorresten. Rechts, gegen Südwesten, erblickte ich auf einem felsigen Hügel eine Ruine, welche Hellenisch seyn soll; der Punct heifst 'σ τοῦ Τζελεπάκη τὸν Πα-
λαιόπυργον. Am südlichen Ende der Ebene ging ich wieder
auf das linke Ufer des Flusses über, und erstieg einen hohen
Gipfel über dem Dorfe Karteroli, auf welchem eine kleine
Hellenische Ruine liegt, Paläa Selimna genannt. Ich fand
Reste polygonischer Mauern, und im Innern Trümmerhaufen
und Ziegel. Wahrscheinlich ist dies Sumetia oder Suma-
tion (106), welches Städtchen südwärts vom Mänalion Oros
lag.

Unter Karteroli, zwischen dem Dorfe und der Mühle,
zeigte man mir in der Ebene einen Acker, H. Kyriaki genannt, wo die Bauern nach ihrer Aussage Marmore, Quadern
Ziegel und Münzen finden. Westlich von hier unterhalb Du-
manoglu, wo das Thal des Helisson sich wieder verengt, soll
eine alte Ruine seyn, und eine andere weiter südlich im Gebiete des Dorfes Vanku. An einer dieser Stellen mag Dipäa
gestanden haben.

Von der Mühle bei Karteroli ging ich nun ostwärts über
die Ebene, wo am Fuße des Gebirgs (ὑπὸ τοῖς καταλήγουσι)
zwischen Arachova und Karteroli ein Paläokastron liegt, welches das Supplementblatt der Französischen Karte als Lykoa

---

(106) Paus. 8, 27, 3. Bei Steph. u. d. W. Σουματία.

bezeichnet. Ich fand nur zwei ansehnliche, aber verfallene
Kirchen und wenige zerstreute Steine. Es scheint hier eine
mittelalterliche Ortschaft gestanden zu haben, die aber vermuthlich die Stelle der alten Lykoa einnahm, da die Angabe
des Pausanias sich ganz dieser Örtlichkeit anpaſst ([107]). Dann
kehrte ich auf die Straſse zurück, welche weiter südlich bei
Selimna über den hier nur mäſsig hohen Bergrücken nach
dem heutigen Tripolis führt. Über Selimna liegt ein nicht
unansehnliches Paläokastron aus dem Mittelalter. In diese
Gegend fallen auch die Triodi oder der Dreiweg des Pausanias, indem die alte aus der Mänalischen Ebene kommende
Straſse sich hier sehr natürlich in zwei Arme schied, von denen der eine mehr nordöstlich nach Mantineia, der andere
mehr östlich und südöstlich nach Tegea und Pallantion führte.

Der Weg von Selimna nach Tripolis zieht sich in der
Schlucht eines Bergbachs hinunter. Rechts über derselben
hatten die Maniaten und Lakedämonier unter Peter Mavro-
michalis und Iatrakos, links die Arkader unter Kolokotronis,
Delijannis und Koliopulos ihre Lager, als sie 1821 die Belagerung von Tripolis begannen. Tripolis ist eine ganz mo-
derne Stadt, erst in den letzten Jahrhunderten erwachsen,
deren Name aber noch daran erinnert, daſs diese weite Ebene
einst von drei Städten, von Mantineia, Tegea und Pallantion,
beherrscht wurde.

7. Die Mantinika. Das Thal des Inachos. Ar-
gos. Am 27 Mai verlieſs ich Tripolis wieder, um über Mantineia und durch das Thal des Inachos, auf einem selten betretenen Wege, nach Argos und Nauplia zurückzukehren.
Ich ritt, die Straſse nach dem Parthenion ein wenig zur Rech-

---

([107]) Eine andere ist die Lykoa unweit des Alpheios, unterhalb
seiner Vereinigung mit dem Lusios oder Gortynios (Polyb. 16, 17,
5 und 7), also in der Gegend zwischen Andritzäna und dem Alpheios
am Fuſse des Lykäon zu suchen. Vgl. oben 4, Anm. 68.

ten lassend, ostwärts in anderthalb Stunden über die Ebene
nach Neochori am Fuſse der Kette des Artemision. Fünf
Minuten vor dem Dorfe rechts eine Kirche des H. Elias, mit
alten Quadern und andern Resten eines Dorischen Tempels, so wie verschiedene Inschriften, worunter eine sehr
alte auf einer drittehalb Fuſs langen Basis, mit dem Namen
des Poseidon (Ποσειδᾶν), Hermeias und Herakles ([108]). Dieser Tempel scheint bei den Alten nicht erwähnt zu werden.

Über Neochori erstieg ich in einer Stunde das Kloster
des H. Nikolaos, genannt Βάρσαι (vielleicht Βᾶσσαι?), welches
an reichen Quellen liegt, deren Wasser nordwärts zwischen
den Bergarmen in die Mantinika abflieſst. Hier fand ich eine
die Freilassung von Sclaven betreffende Inschrift, in welcher
der Priester des Poseidon als Eponymos erscheint ([109]). Sie
ist gegenwärtig im Museum in Athen.

Von Varsä ging ich, dem Wasserlaufe folgend, in die
Ebene hinunter. Nach einer starken Stunde sah ich rechts
in einer Biegung des Thals, dem Dorfe Luka gegenüber, auf
einer kleinen Erhöhung eine Hellenische Ruine mit polygonischen Fundamenten, wahrscheinlich ein Grabmal. Eine
halbe Stunde weiter nordwestlich liegt mitten in der Ebene
unweit eines Brunnens ein Tumulus. Beide Puncte sind auf
der Französischen Supplementkarte angegeben. Von dem
Tumulus ist noch eine starke Stunde bis Paläopolis oder
Mantineia.

Die Salzquelle (θάλασσα), die im Tempel des Poseidon Hippios war, konnte ich weder diesmal noch auf andern früheren Reisen erfragen. Die Umgebungen der alten
Stadt sind durch Vernachlässigung der Abzugsgräben so sehr
versumpft, daſs das Wasser jener vermuthlich schwachen
Quelle, falls sie noch existirt, sich leicht unbemerkt verlieren

---

([108]) Ross I. G. I. fasc. I, n. 7.
([109]) Ebendas. n. 9.

kann. Jedenfalls ist sie in einem Abstande von sieben Stadien ([110]) auf der Südostseite der Stadt am Wege nach Tegea
und unterhalb des äufsersten Vorsprunges des Berges Alesion zu suchen. Hier war auch das Stadion, von dem ich
indefs keine sichere Spur auffinden konnte. Nicht weit südlich vom Heiligthum des Poseidon fing der Eichenwald Pelagos an, in welchem die Gränze der Mantinika und Tegeatis war. Wenn man hier fünf Stadien zur Linken von der
Heerstrafse abging, kam man an die Gräber der Töchter
des Pelias ([111]). Folglich kann der oben erwähnte Tumulus vielleicht zu diesen gehören. Zwanzig Stadien weiter
südlich, an einem Orte, der bei Pausanias den räthselhaften
Namen Phözon führt, war der Grabhügel der Areïthoos,
und die engste Stelle des Weges ([112]). Darunter kann nur
die Stelle gemeint seyn, wo zwischen dem Vorgebirge Skope
(dem heutigen Mytikas) auf der West- und einem andern
Bergvorsprunge auf der Ostseite die Ebene nur wenige Stadien Breite hat. Hier an der natürlichen Gränze der beiden
Stadtgebiete war gewifs auch erst die politische Gränze derselben, wie auch Pausanias dadurch andeutet, dafs er die Angabe der Örtlichkeiten bis zu diesem Puncte an die Beschreibung von Mantineia anknüpft; wenn er gleich das Gränzmal
— einen runden Altar an der Hauptstrafse — durch eine
Anticipation schon früher erwähnt. Dies wird noch dadurch
bestätigt, dafs der Perieget auch den Weg von Mantineia nach
Pallantion, der fast parallel mit der Strafse nach Tegea, ein
wenig weiter westlich lief, nur bis an dieselbe Linie beschreibt: bis an das Vorgebirge Skope, wo Epaminondas fiel
und bestattet war, und bis an das seinem Grabe benachbarte

([110]) Polyb. 11, 11, 4, vgl. mit 14, 1. Über den hier beginnen-
den Graben weiter unten Anm. 116.

([111]) Paus. 8, 10, 1-3. 11, 1 und 2.

([112]) Ders. 8, 11, 3. Στεινωπῷ ἐν ὁδῷ, Hom. Il. 7, 143.

Heiligthum des Zeus Charmon ([113]). Von diesem mögen
die Fundamente herrühren, an welchen der heutige Weg von
Tripolis nach Mantineia unter Cap Mytikas vorüberführt. Die
Entfernung von dreifsig Stadien trifft ganz zu. Auf der Französischen Specialkarte ist dagegen der Wald Pelagos um
dreifsig Stadien zu weit südlich angesetzt. Aber kehren wir
jetzt erst wieder nach der Stadt zurück.

An Regelmäfsigkeit der Umwallung hat Mantineia nnter
den Griechischen Städten, deren Werke noch ganz oder zum
Theil erhalten sind, kaum seinesgleichen, weil wenige Orte
so wie dieser in einer vollkommenen Ebene lagen. Der Unterbau oder die Fundamente aus unregelmäfsigen Quadern,
auf welchen die Mauern und Thürme aus Backsteinen ($\pi\lambda\acute{\iota}\nu$-
$\theta o\varsigma\ \acute{\omega}\mu\acute{\eta}$) ruhten, sind noch in ihrem ganzen Umkreise fast un-
beschädigt; sie erheben sich nur zwei bis vier Quaderschich-
ten über den Boden. Interessant ist die Art der Anlage der
Thore und der Ausfallpforten neben den Thürmen. Am besten erhalten ist das südöstliche Thor, welches nach Tegea,
und das westliche, welches nach Methydrion führte. Ein
grofser vieleckiger oder runder Thurm beherrscht jedesmal
den Zugang des Thors, und bedroht die rechte vom Schilde
nicht geschützte Flanke und den Rücken des andringenden
Feindes.

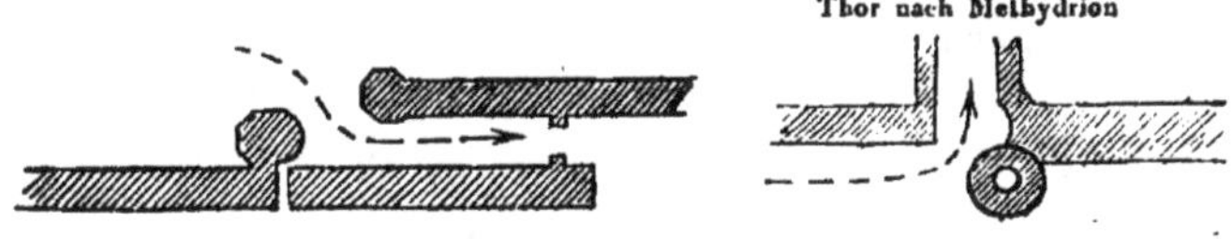

([113]) Paus. 8,11,3 — 12,1. Vgl. über die Örtlichkeit des Schlacht-
feldes Xenoph. Hell. 7, 5, 21: ($\mathrm{E}\pi\alpha\mu\epsilon\iota\nu\acute{\omega}\nu\delta\alpha\varsigma$) $\pi\rho\grave{o}\varsigma\ \tau\grave{\alpha}\ \pi\rho\grave{o}\varsigma\ \dot{\epsilon}\sigma\pi\acute{\epsilon}\rho\alpha\nu\ \check{o}\rho\eta$
$\varkappa\alpha\grave{\iota}\ \dot{\alpha}\nu\tau\iota\pi\acute{\epsilon}\rho\alpha\nu\ \tau\tilde{\eta}\varsigma\ \mathrm{T}\epsilon\gamma\acute{\epsilon}\alpha\varsigma\ \dot{\eta}\gamma\epsilon\tilde{\iota}\tau o.$ Und §. 22: $^{\backprime}\Omega\varsigma\ \pi\rho\grave{o}\varsigma\ \tau\tilde{\wp}\ \check{o}\rho\epsilon\iota\ \dot{\epsilon}\gamma\acute{\epsilon}\nu\epsilon\tau o,$ — —
$\dot{\upsilon}\pi\grave{o}\ \tauo\tilde{\iota}\varsigma\ \dot{\upsilon}\psi\eta\lambdao\tilde{\iota}\varsigma\ \check{\epsilon}\theta\epsilon\tau o\ \tau\grave{\alpha}\ \check{o}\pi\lambda\alpha.$ Endlich §. 24: $\dot{\epsilon}\pi\grave{\iota}\ \gamma\eta\lambda\acute{o}\phi\omega\nu\ \tau\iota\nu\tilde{\omega}\nu.$ Die
Stellung des Epaminondas war also längs dem nordöstlichen Fufse
des Vorgebirges Mytikas oder Skope. Diese Höhen werden auch an

Die übrigen Thürme der Mauer sind viereckig, und haben, mit Ausnahme derer auf der Westseite, fast jeder ein Nebenpförtchen von $3\frac{1}{2}$ bis 4 Fufs Breite, welches nicht, wie bei den übrigen Griechischen Befestigungen, einige Schritte zur Rechten des Thurmes in der Mauer, sondern nach einem andern Systeme im Thurme selbst angebracht ist, in nebenstehender Gestalt:

Ein Thurm mit seiner Courtine (μεταπύργιον) bis an den nächsten Thurm hat vierzig bis fünfundvierzig metrische Schritt Länge, mithin kommen ungefähr fünf Metapyrgia auf Ein Stadium oder neun auf zwei Stadien. Als ich im verflossenen Juni das letzte Mal in Mantineia war, zählten verschiedene Herren vom Gefolge der Königinn, die ganze Stadt umreitend, wetteifernd die Thürme. Die Ergebnisse waren nicht ganz gleich, weil namentlich an der Nord- und Westseite die äufsern Fundamente der Mauer hin und wieder nicht mehr ganz deutlich sind; doch ging als wahrscheinliche Mittelzahl hundertneunundzwanzig oder hundertunddreifsig daraus hervor. Dies würde der Stadt einen Umfang von achtundzwanzig bis dreifsig Stadien oder einer starken Stunde Weges geben.

Im Innern der Stadt liegt ungefähr in der Mitte das Theater, ein künstlich aufgeschütteter Bau (χῶμα γῆς), dessen Sitzrund (κοῖλον) sich gegen Osten öffnet. Die hintere Mauer, welche den Erdwall stützt und hält, ist von unregelmäfsiger Bauart. Westlich vom Theater (ὄπισθεν τοῦ θεάτρου) erkennt man noch das ziemlich grofse Fundament des Tempels der Aphrodite Symmachia, den die Mantineer zum

---

einer andern Stelle (6, 5, 15) als τὰ πρὸς ἑσπέραν τῆς Μαντινείας ὄρη bezeichnet.

Andenken ihrer Theilnahme an dem Siege bei Aktion errich-
teten (¹¹⁴). In der Nordhälfte der Stadt sind ein Paar grofse
Sumpfstrecken, die sich schwerlich erst gebildet haben können, sondern wahrscheinlich schon vor Alters mit in die
Mauer eingeschlossen waren, um sie nach und nach auszu-
füllen und zu bebauen.

Die Ringmauer von Mantineia ist mit einem Graben umgeben, durch welchen der Ophis fliefst. Sein Hauptarm ist
auf der Ostseite, wo er durch die Quellen am Fufse des Alesion Nahrung erhält. Dieses Flüfschen ist es, welches Agesipolis abdämmte, um durch sein aufgestautes Wasser die
Lehmmauern der Stadt zu erweichen (¹¹⁵). Die Französische
Specialkarte giebt diesen Namen einem Flusse, der gröfstentheils durch die Tegeatika fliefst, und der zwischen Skope
und Mantineia, noch zwanzig Stadien von dem letzteren, in
eine Katavothra fällt. Man passirt ihn auf dem gewöhnlichen
Wege von Tripolis hierher. Die Arme des Ophis vereinigen
sich dagegen auf der Nordwestseite der Stadt, und fliefsen
westwärts einer Katavothra zu, die zwischen den Dörfern
Kapsa und Simiades am Fufse der Ostrakina liegt. Über
die Mündung derselben ist noch in Türkischer Zeit ein mas-
siver runder Thurm gebaut, der nur eine Öffnung von mäfsi-
ger Gröfse hat; damit Baumstämme und andere Gegenstände,
welche das Wasser im Winter mit sich führt, hier sich auf-
fangen können, ohne die Katavothra zu verstopfen.

Mantineia war, in Folge seiner Lage in der Mitte des

(¹¹⁴) Pausan. 8, 9, 3.

(¹¹⁵) Xenoph. Hell. 5, 2, 4−7. Paus. 8, 8, 5. Diod. 15, 5 und
12. Dies geschah Olymp. 98, ¾. Die Stadt wurde damals ganz aufgelöst, und die Einwohner mufsten sich in vier Komen vertheilen.
Allein schon Ol. 102, 2 erbauten und befestigten die Mantineer ihre
Stadt von Neuem: Xenoph. ebend. 6, 5, 3−5. Dafs die Mauer auch
damals wieder aus ungebrannten Steinen aufgeführt wurde, bezeugt
die Beschaffenheit der Reste.

Arkadischen Hochlandes, häufig der Mittelpunct der Kriegs-
vorfälle zwischen den Peloponnesischen Städten und Stäm-
men, und seine Ebene mufste mehr als einmal zum Schlachtfelde dienen. Daher enthalten die Hellenischen Kriegsge-
schichten viele Angaben zur Topographie der Umgegend, deren nähere Ermittelung aber auf grofse Schwierigkeiten stöfst,
weil sie sich an Örtlichkeiten anknüpfen, die ihrer Natur nach
nicht bleibend sind, wie grofse Wassergräben ([116]), oder an
Heiligthümer und Monumente ([117]), von denen sich keine
Spur erhalten hat. Aus der Beschreibung der frühesten dieser Schlachten, zwischen den Argeiern und Lakedämoniern,
im eilften Jahre des Peloponnesischen Krieges, erfahren wir
den interessanten Umstand, dafs die Ableitung der wilden
Winterwasser an der Gränze der Mantinika und Tegeatis
häufig ein Gegenstand des Streites und selbst des Krieges
zwischen beiden Städten war ([118]). Hiermit kann nur der
bei den Franzosen Ophis genannte Flufs gemeint seyn, der,
auf der Nordseite der Hügel von H. Sostis beginnend und die
ganze Nordhälfte der Tegeatis durchfliefsend, jetzt auf der
Nordseite des Vorgebirges Skope, zwischen den Weingärten
der Tripoliten, in eine Katavothra fällt. Überhaupt hat sich

([116]) Polyb. 11, 11, 6: τὴν τάφρον τὴν φέρουσαν ἐπὶ (ἀπὸ?) τοῦ Ποσει-
δίου διὰ μέσου τοῦ τῶν Μαντινέων πεδίου, καὶ συνάπτουσαν τοῖς ὄρεσι τοῖς συντερ-
μοναῦσι. τῇ τῶν Ἐλισφασίων χώρᾳ. Vgl. ebend. 15, 7 und 17, 6. Plut.
Philop. 10. Dieser Entwässerungsgraben mufs nothwendig bei einer
Katavothra geendigt haben, also bei einer der Katavothren an der
Westseite der Ebene am Fufse der Mänalischen Bergkette. Jenseit
der Berge ist aber Flufs und Flecken Helisson, so dafs statt Ἐλισφασίων wol Ἐλισσοντίων zu schreiben seyn dürfte. Die Elisphasier sind
anderswoher nicht bekannt, und überdies an sich monströs.

([117]) Ein Ἡράκλειον, Thukyd. 5, 64. 66. Ἡ ὁδὸς ἡ Ξενίς, Polyb.
11, 11, 5.

([118]) Thukyd. 5, 65: (Ἆγις) ἀφικόμενος πρὸς τὴν Τεγεᾶτιν τὸ ὕδωρ ἐξ-
έτρεπεν ἐς τὴν Μαντινικὴν, περὶ οὗπερ ὡς τὰ πολλὰ βλάπτοντος, ὁποτέρωσε ἂν
ἰσχίστῃ, Μαντινεῖς καὶ Τεγεᾶται πολεμοῦσιν.

das ganze Aussehen der Umgegend seit den Tagen des Alterthums sehr verändert, und kein Dichter würde es jetzt noch
sich beikommen lassen, diesen flachen grünen Wiesen, die
von nackten grauen Bergen umkränzt sind, das Beiwort „lieb-
lich” beizulegen ([119]).   Aber wenn der so reiche Boden ge-
hörig entwässert und wieder zu Pflanzungen benutzt seyn
wird, und die spärlichen Tannen des Mänalon unter der Hut
des Gesetzes sich wieder zu dichteren Hainen ([120]) bilden,
kann Mantineia noch einmal den Namen der lieblichen verdienen.

Einer der kenntlichsten Puncte der Umgegend von Mantineia ist der nördlich gelegene isolirte Hügel Gurtzuli, auf
welchem die älteste Stadt gestanden, und der daher noch in
den Tagen des Pausanias Ptolis genannt wurde.   Früher
hat er ein Kloster getragen, aus dessen Resten ein Türke
vor etwa funfzig Jahren ein Dorf erbaute; aber, wie die
Bauern erzählen, starben die Bewohner zur Strafe für solche Gottlosigkeit, und jetzt bezeichnet nur ein Kirchlein
die Stelle.   Von den beiden alten Wegen nach Orchomenos führte der östliche hier vorüber; an demselben sah
Pausanias, auf der kurzen Strecke zwischen der Stadt und
dem Hügel, das Stadion des Ladas, ein Heiligthum
der Artemis, und zur Rechten einen Tumulus, der den
Mantineern für das Grab der Penelope galt.   Weiterhin war an diesem Wege die Quelle Alalkomenias, und
dreifsig Stadien oder eine Stunde und zehn Minuten von der
Stadt fand der Perieget die Ruine des Fleckens Mära ([121]).

([119]) Μαντινέην ἐρατεινήν, Hom. Il. 2, 607. Vgl. Plut. Arat. 45.

([120]) Virg. Bukol. 8, 22:
   Maenalus argutumque nemus pinosque loquentes
   Semper habet.

([121]) Pausan. 8, 12, 3 und 4.   Der Flecken hatte seinen Namen
von dem Grabe der Mära, Tochter des Atlas, welche nach dem Vor-
geben der Mantineer hier bestattet war; obgleich auch die Tegeaten

Der zweite Weg nach Orchomenos lief etwas mehr westlich gerade durch die Ebene, und überstieg den niedrigen
Bergrücken Anchisia, an dessen nördlichem Abhange bei
dem Heiligthume der Artemis Hymnia die Gränze der
Mantinike gegen die Orchomenia war ([122]). Über die Richtung dieser beiden Wege ist kein Zweifel möglich.

Nicht ganz so klar ist die Richtung der beiden Wege
von Argos nach Mantineia, welche Pausanias beschreibt;
wenigstens scheinen mir sowohl der Oberst Leake als die
Französische Karte in Beziehung auf dieselben in Irrthum
zu seyn. Um darüber ins Reine zu kommen, ist es nöthig,
die natürliche Beschaffenheit der Örtlichkeiten mit den Angaben des alten Reisenden genau zu vergleichen. Ich nehme
Argos zum Ausgangspunct.

Ein Blick auf die Französische Generalkarte zeigt schon,
daſs die Natur durch die mächtige Bergkette, welche die
Argivische Ebene von der Mantinike scheidet, nur zwei
gangbare Pfade angebahnt hat: den südlicheren und kürzeren längs dem Bette des Charadros, der von Turniki am
Berge Ktenias (d. h. Kammberg von der kammähnlichen
Gestalt seiner Felswände) herabkommt und dessen weites
trocknes Bett die Nord- und Ostseite von Argos im Bogen umzieht ([123]); und den nördlicheren und längeren längs

---

(vgl. 53, 1), und nach der Meinung des Pausanias mit besserem
Rechte, auf diesen Ruhm Anspruch erhoben. Es gab freilich in der
Mantinike noch eine andere Erinnerung an die Mära, indem ein
Thalarm unter Nestane ihr Tanzplatz, χορὸς Μαίρας (8, 1; vgl. unten
Anm. 128) genannt wurde, der als in einer ganz andern Gegend ge-
legen nicht mit dem Flecken Mära verwechselt werden darf; allein
Pausanias sucht sich mit der Annahme zu helfen, daſs vielleicht eine
zweite gleichnamige Heroïne, Nachkomminn jener ersten, in die Man-
tinike gekommen seyn möchte.

([122]) Pausan. 8, 12, 5 – 13, 1; vgl. 8, 5, 8.

([123]) Thuk. 5, 60, aus welcher Stelle man sieht, daſs er die Stadt
begränzte.

dem Thale des Inachos, und über die Dörfer Kaparelli, Sanga
und Pikerni nach Mantineia. Jener südlichere Pfad scheidet
sich freilich im Gebirge wieder in zwei Arme, von denen der
eine südlich über Turniki am Ktenias, der andere nördlich
um den Berg Malevòs über Karya führt, aber diese Scheidung kommt nicht in Betracht, weil sich beide wieder vor
ihrem Eintritt in die Mantinische Ebene bei Tzipiana vereinigen, von welchem Orte bis Mantineia noch ungefähr dreifsig
Stadien sind.   Hören wir jetzt Pausanias über die Wege, so
weit sie in Argolis lagen ([124]).

„Der Weg von Argos nach Mantineia ist nicht derselbe,
wie der nach Tegea, sondern fängt von dem Thore auf der
Deiras ([125]) an. An diesem Wege liegt ein Doppeltem-
pel. — — — Wenn man von dort weiter geht und über den
Charadros genannten Bergbach gekommen ist, findet sich
ein Ort Oenoe. — — — Über Oenoe ist der Berg Artemision, und auf dem Gipfel des Berges ein Heiligthum
der Artemis. Auf diesem Berge sind auch die Quellen
des Inachos; denn er hat wirklich Quellen, aber freilich
fliefst sein Wasser nicht weit. Sonst war hier nichts Sehens-
werthes mehr."

„Ein zweiter Weg (ἑτέρα δὲ ὁδός) führt von dem Thore
an der Deiras nach Lyrkeia. — — Bis hierher sind von Argos ungefähr sechzig Stadien, und andere sechzig von Lyrkeia nach Orneä. — — Jenseit Orneä ist die Sikyonia und
Phliasia."

Die hier abgebrochene Beschreibung der beiden Wege
setzt Pausanias in seinem Buche über Arkadien weiter fort ([126]):

([124]) Paus. 2, 25, 1–3, und ebend. §. 4 und 5.

([125]) So hiefs der Hügelrücken, welcher den Burgfelsen Larissa
mit dem nördlicher gelegenen Hügel verbindet, und über welchen
sich die Mauer hinzog. Vgl. Paus. 2, 24, 1.

([126]) Der Weg über die Klimax wird kurz beschrieben 8, 6, 2;
die Beschreibung des zweiten Weges über das Artemision und durch

„Nach Arkadien führen Engpässe (*ἐσβολαὶ*) aus Argolis, erstlich bei Hysiä vorüber und über das Parthenion in das Gebiet von Tegea; dann zwei andere gen Mantineia durch die sogenannte Prinos, und über die Klimax. Der letztere Weg ist der breitere (bequemere, *εὐρυτέρα*), und wo er den Berg herabsteigt, waren ehemals Stufen angelegt (*καὶ ἡ κάθοδος εἶχεν αὕτη βαθμίδας ποτὲ ἐμπεποιημένας*). Nachdem man die Klimax überstiegen, kommt man an einen Platz (*χωρίον*), der Melangeia heifst, von wo das Trinkwasser nach Mantineia geleitet ist. Geht man aus Melangeia weiter, so ist, noch ungefähr sieben Stadien vor der Stadt, der Röhrenbrunnen (*κρήνη*) der Meliasten (diese Meliasten feiern die Orgien des Dionysos), und neben dem Brunnen eine Cella (*μέγαρον*) des Dionysos und ein Heiligthum der Aphrodite Melanis."

„Der andere Weg ist enger als der vorhergehende, und führt über das Artemision. Von diesem Berge habe ich schon früher Erwähnung gethan, dafs er einen Tempel und ein Bild der Artemis hat, und die Quellen des Inachos an ihm sind. Der Inachos, so weit er am Wege durchs Gebirge fortfliefst (*ἐφ' ὅσον μὲν πρόεισι κατὰ τὴν ὁδὸν τὴν διὰ τοῦ ὄρους*), bildet die Gränze des Landes der Argeier und Mantineer; dann wendet er seinen Lauf vom Wege ab, und fliefst fortan durch das Gebiet von Argos. — — Wenn du über das Artemision in die Mantinike hinabsteigst, nimmt dich das mit Recht sogenannte Faulfeld ('Αργὸν πεδίον) auf; denn das Regenwasser, das von den Bergen in die Ebene herabfliefst, macht dieselbe zum Anbau unfähig (*ἀργόν*), und dies Feld würde einen See bilden, wenn das Wasser nicht durch

---

die Prinos geht mit den Einschaltungen von 8, 6, 2 bis 8, 2. Nur kehrt Pausanias hier, wie man aus der Erwähnung des Artemision sieht, die Ordnung der Wege um, und beschreibt zuerst die Fortsetzung des zweiten, nach diesem aber den weitern Verlauf des ersten Weges.

[9*]

eine Katavothra ($\chi\acute{\alpha}\sigma\mu\alpha$ $\gamma\tilde{\eta}\varsigma$) seinen Abzug fände; hier verschwindend kommt es wieder in der Dine zum Vorschein. Die Dine ist in der Gegend von Genethlion in Argolis, eine Quelle süfsen Wassers im Meere ([127]). — — Links von dem sogenannten Faulfelde oder Argon Pedion der Mantineer liegt ein Berg, auf welchem Spuren von dem Lager Philipps, des Sohnes des Amyntas, und Ruinen eines Fleckens Nestane sind. Denn bei Nestane, erzählen sie, war Philipp gelagert, und sie nennen die hiesige Quelle noch jetzt von ihm Philippeios. — — — Nach den Ruinen von Nestane ist ein sehr hochgehaltenes Heiligthum der Demeter, welcher die Mantineer hier alljährlich ein Fest feiern. Unterhalb Nestane liegt auch der sogenannte Tanzplatz der Mära, der ein Theil des Argon Pedion ist ([128]). Die Länge des Weges ($\dot{\eta}$ $\delta\iota\acute{\epsilon}\zeta o\delta o\varsigma$) über das Argon beträgt zehn Stadien. Dann übersteigt man eine geringe Erhöhung ($\dot{v}\pi\epsilon\rho\beta\grave{\alpha}\varsigma$ $\delta\grave{\epsilon}$ $o\dot{v}$ $\pi o\lambda\acute{v}$), und kommt in eine zweite Ebene. In dieser ist neben der Strafse ein Laufbrunnen, Arne genannt, — — und von hier ist die Stadt Mantineia ungefähr noch zwei (zwölf?) Stadien entfernt."

Aus der Zusammenstellung dieser Auszüge aus Pausanias wird es, meine ich, ganz klar, dafs er von vorn herein zwei völlig verschiedene Wege von Argos nach Mantineia unterscheidet, die freilich an demselben Thor der ersteren

---

([127]) Genethlion oder Genesion liegt an der Küste von Argolis zwischen der Lerna und dem Gebiet von Kynuria: Paus. 2, 38, 4. Dort quillt die Dine aus dem Grunde des Meeres auf, daher jetzt Anavolos ($\dot{\alpha}\nu\alpha\beta\acute{\alpha}\lambda\lambda o\upsilon\sigma\alpha$) genannt. Vgl. unten V, 3, Anm. 24 und 27.

([128]) Mit Recht hat schon Siebelis die Lesart der Handschriften $\chi o\rho\grave{o}\varsigma$ $M\alpha\acute{\iota}\rho\alpha\varsigma$ statt der nichtssagenden Verbesserung des Facius $\chi\tilde{\omega}\rho o\varsigma$ wiederhergestellt; aber er begeht einen grofsen Mifsgriff, wenn er in seiner Anmerkung diesen Platz, der am südlichen Wege nach Argos lag, für einerlei hält mit dem Flecken Mära am Wege nach Orchomenos. Beide Puncte sind durch den Alesion getrennt, und liegen mehr als vierzig Stadien von einander.

Stadt beginnen, aber sich nachher in keinem Puncte mehr
berühren. Hierdurch ist schon die Meinung der Verfasser
der Französischen Specialkarte beseitigt, welche die beiden
Wege des alten Reisenden in den oben erwähnten nur auf
die Strecke einiger Stunden von einander divergirenden Armen des Saumpfades, der längs dem Charadros und über Tzipiana führt, wiederzufinden geglaubt haben.

Fangen wir, wie billig, mit der Betrachtung des geradesten und kürzesten Weges an, dessen Richtung durch die
Nennung des Charadros so unzweifelhaft bezeichnet ist. Nachdem man diesen gewöhnlich trockenen Bergbach passirt war,
fand man auf seinem linken Ufer Oenoe. Da hier von den
Argeiern und Athenäern eine nicht unwichtige siegreiche
Schlacht gegen die Lakedämonier geschlagen worden war([129]),
wird der Ort ziemlich am Ausgange der engen Schlucht, die
keinen geeigneten Raum zum Schlachtfelde darbietet, über
der Ebene gelegen haben. Von hier kam man auf das Artemision, den heutigen Berg Malevós, auf dessen Spitze
der Tempel der Artemis lag. Aus der Angabe, daſs der Weg
die Quellen des Inachos berührte, sieht man, daſs er um
die Nordseite des Artemisions, also über das heutige Dorf
Karya führte. Hier waren die Gränzen beider Stadtgebiete.
Die sogenannte Prinos (ἡ καλουμένη Πρίνος) war ohne Zweifel entweder eine einzelne groſse Stacheleiche, jetzt πριvάρι
oder πουρνάρι genannt, oder ein Wäldchen von dergleichen
Bäumen am Wege, und schon innerhalb der Gränzen der
Mantinike. Von hier heruntersteigend kommt man gerade
über den niedrigsten und sumpfigsten Theil des Argon Pedion, wo sich die von den es umgebenden Bergen Artemi-
sion, Klimax und Alesion, herabflieſsenden Wasser vor der
Katavothra sammeln, und im Winter einen Teich bilden.
Links oder südlich über der Katavothra liegen auf einem vor-

([129]) Paus. a. a. O. und 1, 15, 2. 10, 10, 2.

springenden Hügel neben dem heutigen Dorfe und Kloster
Tzipianá die Ruinen einer alten Ortschaft, welche die Französische Karte Melangeia genannt hat, während die so be-
·stimmte Angabe des alten Führers ($\tau o \tilde{v}$ Ἀργοῦ $\pi\varepsilon\delta\acute{\iota}o\upsilon$ ἐν ἀριϛερᾷ)
keinem Zweifel Raum läfst, dafs dies der Flecken Nestane
war.   An demselben Hügel lag also auch das Lager und die
Quelle des Philipp.   Der Tanzplatz der Mära unterhalb
Nestane kann nur der südliche Arm des Argon Pedion seyn,
durch welchen es mit der grofsen Mantinischen Ebene zusammenhängt.   Da Pausanias, Nestane links lassend, das
Faulfeld in seiner ganzen Breite vom Fufse des Artemision
bis an den Fufs des Alesion zu durchschreiten hatte, so
wird man seine Angabe von zehn Stadien wieder ganz genau
zutreffend finden.   Er überstieg dann auf eine kurze Strecke
(ὑπερβὰς δὲ οὐ πολύ) den Fufs des Alesion, und betrat die
grofse Mantinische Ebene bei dem Brunnen Arne.   Da sich
hier nicht genau bestimmen läfst, wie weit er am Fufse des
Berges hinging, ferner in dieser Gegend mehre Quellen und
Schöpfbrunnen sind, und endlich die Arne nur ein künstli-
cher Röhrenbrunnen gewesen zu seyn scheint, so kann dieser Punct nicht mit Sicherheit ermittelt werden.   Doch ist
wahrscheinlich die Angabe des Textes, dafs die Arne nur
zwei Stadien von der Stadt entfernt war, irrig, und nach
Leakes Vorschlage ([130]) zwölf dafür herzustellen.   Von hier
ging dann Pausanias durch das südöstliche oder Tegeatische
Thor in Mantineia ein.

Der zweite Weg des Pausanias führte von Argos nach
sechzig Stadien zu den Ruinen von Lyrkeia, und von dort
waren wieder sechzig Stadien bis Orneä, dem letzten Orte
von Argolis gegen die Sikyonia und Phliasia.   Diese Angabe
zeigt schon, dafs die allgemeine Richtung des Weges eine

([130]) So haben auch Siebelis und Bekker jetzt nach Handschriften
edirt: ϛαδίους δώδεκά ἐϛιν ἀπωτέρω τῆς πηγῆς ταύτης.

nordwestliche seyn und dem Bette des Inachos folgen mufste:
da wir hinlänglich wissen, dafs Lyrkeïa nicht an der geraden
Strafse nach Phlius selbst lag ([131]), und da überdies zweimal
sechzig Stadien in dieser Richtung uns mit Orneä weit über
die Gränze hinaus in die Phliasia selbst oder gar in die Sikyonia hineinbringen würden. Man kann es auffallend finden, dafs Pausanias auf seiner Wanderung nach Lyrkeia
nicht erwähnt, dafs er über den Inachós gekommen, wie er
doch vor Oenoe den Charadros erwähnt; aber erstlich hatte
er des Inachos schon zwischen Mykenä und Argos gedacht,
weshalb er ihn auch bei der Beschreibung des Weges von
Argos nach Tiryns nicht wieder anführt; und dann wird jeder, der das trockene Bette des Inachos im Sommer gesehen,
dies Stillschweigen sehr gerechtfertigt finden. Überdies haben wir bei Strabon eine Angabe, aus welcher, trotz ihrer
bei diesem Schriftsteller leider nicht ungewöhnlichen Ver-
worrenheit, doch die Lage von Lyrkeia am Inachos hervor-

([131]) Vgl. den vorstehenden zweiten Aufsatz über die Phliasia.
— Wir wollen hier versuchen, die Lage von Orneä zu ermitteln.
Nach Pausanias war der Ort also 120 Stadien von Argos entfernt,
und lag gegen die Sikyonia und Phliasia hin. Strabon sagt an einer
Stelle (6, S. 208 Tchn.) offenbar ungenau, dafs Orneä zwischen Korinth und Sikyon lag. Besser zu gebrauchen ist eine zweite Angabe
desselben Schriftstellers (8, S. 217 Tchn.): Ὀρνεαί εἰσιν ἐπώνυμοι τῷ πα-
ραρρέοντι ποταμῷ· - - κεῖνται δ' ὑπὲρ τοῦ πεδίου τοῦ Σικυωνίων· τὴν δὲ χώραν
ἔσχον Ἀργεῖοι. Ein Blick auf die Karte zeigt, dafs ein Flufs, der in
nordwestlicher Richtung 120 Stadien von Argos entfernt ist, kein
anderer seyn kann, als der Flufs, der bei dem Dorfe Lionti vorüber
von Süden her dem westlichen Theile der Phliasischen Ebene zufliefst
und den westlichen Arm des Asopos bilden hilft. Dieser Flufs ist
also der Orneates, und Orneä bleibt in der Umgegend von Lionti
zu suchen. Dafs aber die Sikyonia hart an den westlichen Theil der
Phliasischen Ebene stiefs, wenn nicht gar in dieselbe herabreichte,
scheint auch aus der Erzählung von dem Marsche des Euripidas bei
Polyb. 4, 67 flgg. hervorzugehen. Vgl. oben II, 2, bei Anm. 28.

geht (¹³²). Da sich nun der zweite von Pausanias beschriebene Weg aus Argolis in die Mantinike, über die Klimax,
unzweifelhaft an die Beschreibung des Weges nach Lyrkeia
und Orneä anknüpft, so folgt, dafs er seinen Anfang in dem
obern Thale des Inachos nehmen mufste. In dieser Überzeugung beschlofs ich den Rückweg nach Argos längs dem Inachos zu nehmen.

Ich ritt Abends von Mantineia nach Pikerni, hart am
westlichen Fufse des Alesion hin. Nach einer Viertelstunde
oder sieben Stadien, dem Hügel von Gurtzuli (der Ptolis)
gegenüber, kam ich an eine reiche Quelle, neben welcher ein
grofses viereckiges Fundament liegt. Dies ist der Brunnen
der Meliasten, und auf dem Fundamente stand das Me-
garon des Dionysos. Von dem Heiligthum der Aphrodite
Melanis bemerkte ich keine Spuren mehr. Von hier bis Pikerni ist eine halbe Stunde. Mein Weg lief fortwährend auf
einem künstlichen Damme am Fufse des Berges hin, auf welchem Quadern zerstreut liegen. Dies sind die Reste der
Wasserleitung, welche das Trinkwasser von Melangeia nach
Mantineia brachte. Folglich ist Pikerni, dessen Name auch
in der Albanesischen Mundart quellenreich bedeuten soll,
mit seinen nie versiegenden Quellen das alte Melangeia.
Antike Reste fand ich hier freilich nicht, aber Pausanias sagt
auch nicht, dafs Melangeia eine bewohnte Ortschaft war, er
nennt es nur ein χωρίον. Der Name kommt bei keinem an-

(¹³²) Strabon 8, S. 198 Tchn: ὁ Ἴναχος ἔχων τὰς πηγὰς ἐκ Λυρκείου
τοῦ κατὰ τὴν Κυνουρίαν ὄρους τῆς Ἀρκαδίας. Die Kynuria gehörte freilich
nicht hierher. Noch deutlicher ist eine Stelle des Sophokles, über
die fabelhafte Herkunft des Inachos aus Thessalien, bei Strabon 6,
S. 32 Tchn.:

Μίσγει δ᾽ ὕδασιν τοῦ Ἀχελώου,
Καὶ ὑποβὰς ἐνθένδ᾽ εἰς Ἄργος,
Διὰ κῦμα τεμὼν, ἥκει δῆμον
Τὸν Λυρκείου.

dern alten Schriftsteller vor. Nordwestlich von Melangeia
in dem Winkel der Ebene, durch welchen der östlichere Weg
nach Orchomenos führt, unterhalb des Dorfes Kakuri, mufs
der Flecken Mära gelegen haben.

Von Pikerni ging ich am folgenden Morgen über den
hier sehr niedrigen Rücken des Alesion nach Sanga, welches
Dorf in dem obern nördlichen Winkel des Argon Pedion
liegt. Die Bauern klagen sehr über die stets zunehmende
Versumpfung des faulen Feldes, in Folge der Vernachlässigung der Katavothren. Östlich über Sanga erhebt sich eine
sehr schroffe felsige Bergwand, an welcher der Saumpfad
fast drei Viertelstunden lang sich emporwindet. Dies ist die
κάθοδος des Pausanias, die einst mit Stufen versehen war
(βαθμίδας εἶχεν ἐμπεποιημένας), und daher den Namen Treppe
oder Leiter (κλίμαξ) führte. Der Rücken der Bergwand
heifst jetzt Portäs (ἡ πόρταις), von den mauerähnlichen nackten Felsspitzen, die hier emporstarren, und deren Einschnitte
Thore bilden, durch welche der Pfad läuft. Von hier ist ein
hübscher Niederblick in den Bergkessel, in welchem rechts
das Dorf Neochori über den Quellen des Hauptarmes des
Inachos liegt. Das Hinabsteigen ist anfangs eben so steil,
wie die Klimax auf der andern Seite. Am Wege sind mehre
Quellen. Das Dorf Kaparelli bleibt links. Südlich über
demselben soll, wie ich erst später erfuhr, eine Hellenische
Ruine seyn.

Von Kaparelli ist eine starke Stunde thalabwärts bis
Kato-Belesi. Der Inachos, in einem weiten steinigten Bette,
flofs damals (den 28. Mai) noch bis in die Nähe dieses Dorfes; von dort aber bis Skala sieht man nur hin und wieder
Pfützen in seinem Bette, wo das unterirdisch fliefsende Wasser auf Augenblicke wieder zum Vorschein kommt. Zehn
Minuten vor Belesi links bei einem Kirchlein hat man im vo-
rigen Jahre mehre kleine Säulen ausgegraben. Bis Sterna
sind von Kato-Belesi drei Viertelstunden. Fünf bis sechs

Stadien vor Sterna kommt links das weite trockene Bett
eines Nebenflusses des Inachos aus den Bergen heraus, in
welchem Reste eines alten Aquäducts sind. Durch diese
Schlucht führt der Weg nach Bujati, dem alten Alea ([133]).

Eine Viertelstunde ostwärts von Sterna öffnet sich links
ein ähnliches Flufsbett, längs welchem der Weg nach Lionti
im Thale des Orneates ([134]) führt. Zehn Minuten weiter
liegt links auf einer kleinen Erhöhung die Ruine eines viereckigen Thurmes von unregelmäfsiger Bauart; man findet
auch Reste von andern Fundamenten, und die ganze Fläche
des Hügels ist mit Ziegelscherben überstreut. Hier erblickt
man zuerst die Akropolis von Argos, die früher durch die
Höhen auf dem rechten Ufer des Inachos verdeckt war.
Dies sind die Ruinen von Lyrkeia oder Lyrkeion, von
wo Lyrkos oder Lynkeus, der einzige gerettete Eidam des
Danaos, seiner treuen Hypermnestra auf dem Gipfel der Larissa durch emporgehaltene Feuerbrände Zeichen gab und
von ihr erhielt ([135]).

Von Lyrkeia sind bis an das Thor der Deiras bei Argos
noch drittehalb Stunden, welche den sechzig Stadien des
Pausanias entsprechen. Nach einer Stunde liegt links auf
einem Hügel die Ruine Skala, in ihrer jetzigen Gestalt eine
mittelalterliche Feste; doch scheint ein rechtwinklichter, an
den Hügel gelehnter, nach oben sich ein wenig verjüngender
Unterbau aus Quadern antik zu seyn, vielleicht ein Überrest
eines alten Grabmals. Fortan läuft der Weg durch die sich
immer mehr erweiternde Ebene, durchschneidet nach funfzig
Minuten zwei trockne Betten des Inachos, dann dreifsig Minuten weiter das Bett des Charadros, und erreicht endlich die
Deiras am nordöstlichen Fufse der hohen Larissa.

([133]) Paus. 8, 23, 1,
([134]) Vgl. oben Anm. 131.
([135]) Paus. 2, 25, 4. Apollod. 2, 1, 5.

In Argos sah ich Abends bei einem Polnischen Reisenden, der von Korinth kam, und dessen Name mir entfallen ist, eine antike Schleuderkugel aus Blei, von der Gestalt und Größe einer kleinen Pflaume, mit folgenden Inschriften:

V.

Wege von Argos nach Tegea und Thyreatis. Kenchreä, Hysiä, Temenion, Lerna, Genesion, Apobathmi, Pyramia und Eläus (¹).

1. Die Strafse nach Tegea verläfst Argos in der Gegend des Theaters, und läuft anfangs in fast südlicher Richtung längs dem Fufse des Berges Lykone hin. Zur Rechten des Weges sind am Fufse des Berges Spuren einer gemauerten Wasserleitung, welche das Wasser aus der Thalschlucht zwischen der Lykone und dem Berge Chaon nach Argos brachte, und in dem antiken Brunnengebäude am Fufse der Larissa zwischen dem Theater und dem Deiradischen Thore ihren Endpunct hatte. Auf der Lykone sah Pausanias noch ein Heiligthum der Artemis Orthia mit Götterbildern von Polykleitos, und einen Kypressenhain; jetzt ist die felsige Höhe baumleer. Weiterhin bemerkt man links an der Strafse einige alte Fundamente, vielleicht von dem Tempel der Artemis, den derselbe Reisende erwähnt (²). Nach drei Viertelstunden von Argos erreicht man das Kephalari am Fufse des Berges Chaon, wo unter einer Felswand der Erasinos, der unterirdische Abflufs des Stymphalischen Flusses und Sees Metopa, in reicher Wasserfülle

***

(¹) Ein Theil des Inhaltes dieses Aufsatzes, namentlich die Stadt Eläus betreffend, ist schon früher in den Annal. de l'Instit. Archéol. vol. VIII, p. 5 folgg. mitgetheilt worden.

(²) Pausan. 2, 24, 6.

hervorquillt (³) und eine grofse Zahl Mühlen treibt, von welchen der Ort die Mühlen von Argos (οἱ μύλοι τοῦ Ἄργους) genannt wird. Über dem Kephalari oder der Quelle öffnen sich in der Felswand zwei geräumige Höhlen, von denen die eine eine Capelle enthält, die andere den Hirten mit ihren Heerden zum Obdache dient. Vielleicht hat von ihnen der Berg seinen Namen (von χάω, χαίνω, χάσκω). Spuren des Alterthums, Altäre, Nischen, Inschriften, wie das Nymphäon bei Vari am Hymettos oder die Grotte bei Phyle auf dem Parnes, enthalten diese Höhlen nicht. Doch wurden die Opfer zu Ehren des Dionysos und Pan, deren Pausanias am Austritt des Erasinos aus dem Berge erwähnt (⁴), wahrscheinlich in diesen natürlichen Heiligthümern dargebracht.

Über dem Kephalari scheiden sich die Wege. Der eine läuft links durch die Ebene nach den sogenannten Mühlen von Nauplia an der Lerna, der andere wendet sich rechts den Winkel des Thales hinauf und tritt bald in die Berge ein. Pausanias, dem letzteren folgend, sagt: „rechts von dem sogenannten Trochos liegt Kenchreä." Unter Trochos (τρό-χος) kann hier wol kaum etwas Anderes verstanden werden, als ein für Wagen fahrbarer Weg; und die natürliche Fahrstrafse ist eben jene, welche, wie schon gesagt, zur Linken durch die Ebene nach Lerna führt. Der Bergweg ist freilich seit einigen Jahren auch in eine Fahrstrafse umgeschaffen worden, aber das Hinansteigen ist so steil und beschwerlich, dafs sie wenig oder gar nicht benutzt wird.

Etwa zwanzig Minuten von den Mühlen sind am Wege geringe Spuren eines alten Ortes, die für die Ruinen von

---

(³) Ingens Erasinus, Ovid. Metam. 15, 275. Paus. 2, 24, 7. 8, 22, 3. Herodot. 6, 76. Sein unterirdischer Lauf von seiner Katavothra am Berge Apelauron (vgl. oben II, 2, Anm. 30) bis hierher beträgt fünf deutsche Meilen, zweihundert Stadien: Strabon 6, S. 38 Tchn. Diodor. 15, 49.

(⁴) Paus. 2, 24, 7.

Kenchreä gehalten werden müssen, und fünf bis zehn Minuten rechts über denselben liegt auf einem Hügel am Fufse des Chaon eine sehenswerthe Pyramide: wahrscheinlich eins der Grabmäler (πολυάνδρια) der Argeier, welche in einem sieghaften Kampfe gegen die Lakedämonier bei Hysiä (Olymp. 27, 4?) gefallen waren (⁵).

Pausanias sagt freilich nicht, dafs diese Polyandria oder eins derselben pyramidenförmig waren, aber er beschreibt ein anderes Grabmal, auch ein Polyandrion, am Wege von Argos nach Tiryns, welches die Form einer Pyramide hatte und mit Argolischen Schilden geschmückt war (⁶). Die Grundfläche des hier vorliegenden Baus bildet ein von Norden nach Süden gerichtetes Viereck von ungefähr 48 Fufs Länge und 39 Fufs Breite; die südöstliche Ecke desselben ist im rechten Winkel ausgeschnitten, und hier führt eine nach Art der Tirynthischen Gallerien durch überragende Steine spitz überdeckte Thür in einen schmalen Gang, an dessen hinterm Ende man zur Rechten durch eine andere Thür in die innere Kammer der Pyramide eintritt, die ungefähr zehn Schritt ins Gevierte hält und durch eine schmale Zwischenwand wieder der Länge nach in zwei Hälften geschieden war. Die Pyramide ruht auf einem niedrigen Sockel aus grofsen Quadern. Ihre Mauern haben an der Grundfläche 8 bis 9 Fufs Dicke; und während die innern Wandflächen bis zu einer Höhe von 9 bis 10 Fufs senkrecht emporsteigen, neigen sich die äufsern pyramidenartig zurück, bis sie mit den senkrechten Linien bis auf einen oder zwei Schuh zusammentreffen. Am obern Rande der in-

---

(⁵) Paus. 2, 24, 8: Ἐπανελθοῦσι δὲ ἐς τὴν ἐπὶ Τεγέας ὁδόν ἐςιν ἐν δεξιᾷ τοῦ ὀνομαζομένου Τρόχου (wie Siebelis richtig statt Τροχοῦ verbessert) Κεγχρεαί. - - καὶ πολυάνδρια ἐνταῦθά ἐςιν Ἀργείων νικησάντων μάχῃ Λακεδαιμονίους περὶ Ὑσιάς.

(⁶) Ders. 2, 25, 6: Ἐρχομένοις δ'ἐξ Ἄργους ἐς τὴν Ἐπιδαυρίαν ἐςὶν οἰκοδόμημα ἐν δεξιᾷ πυραμίδι μάλιςα εἰκασμένον, ἔχει δὲ ἀσπίδας σχῆμα Ἀργολικὰς ἐπειργασμένας.

nern senkrechten Wände sieht man noch viereckige Löcher
zur Aufnahme der Balken, welche die flache Decke der innern Kammern getragen. Ohne Zweifel waren dies Steinbalken, wie sich auch aus den kleinen Dimensionen und der
geringen Tiefe jener Löcher abnehmen läfst, da Holzbalken
eine gröfsere Auflage verlangt haben würden. Freilich ist die
Spannweite, da sie nach der ganzen Länge der Kammer von
Norden nach Süden, parallel mit der innern Scheidewand,
übergelegt waren, für Steinbalken sehr grofs; allein diesem
Übelstande konnte leicht durch ein Paar stützende Pfeiler
abgeholfen seyn, von denen man bei einer Ausräumung der
Kammer auf dem Boden wahrscheinlich Spuren finden würde.
Die Steinbalken waren vermuthlich wieder mit flachen Stein-

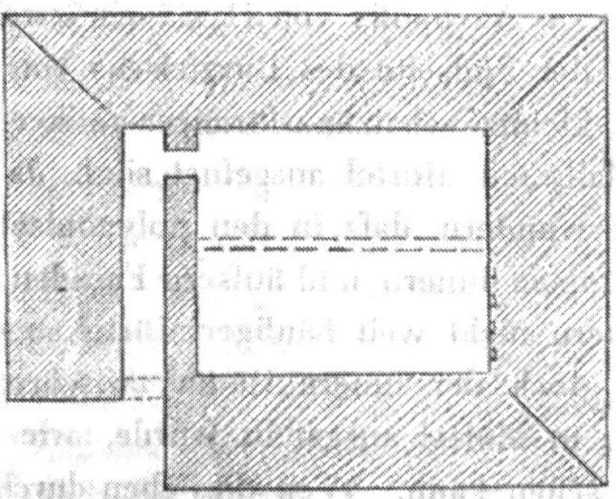

platten überdeckt, ähnlich wie bei dem Heroon (jetzt Capelle
des H. Nikolaos) unweit Megalo Chorion auf Thera. Dafs
über diesem flachen Dache die Pyramide noch höher fortge-
führt war, läfst sich nicht annehmen, da die Balken nicht
stark genug gewesen wären, einen solchen Bau aus Stein zu
tragen; höchstens könnte jene Steindecke noch mit einer
Lage wasserdichter Erde überdeckt gewesen seyn, wie noch
heute in vielen Orten Griechenlands, z.B. in Megara und auf
den meisten Inseln, zur Verfertigung der flachen Dächer ge-

bräuchlich ist. Die beiden Portale, das äufsere wie das innere, waren mit ordentlichen Thüren oder Pforten versehen,
von denen man noch die Spuren wahrnimmt: vermuthlich um
den hier Bestatteten von Zeit zu Zeit Todtenopfer und heroi-
sche Ehren darbringen zu können (ἐναγίζειν). Was die Construction der Mauern betrifft, so bestehen sie aus grofsen
polygonischen Blöcken, deren Fugen mit Kalkmörtel ausgefüllt sind. Dies ist allerdings bei jener Bauart ein sehr
seltener Fall: doch begründet er keineswegs die Vermuthung, die Leake aufstellt, dafs der Mörtel erst bei einer
späteren Ausbesserung des Werkes in die Fugen eingestri-
chen worden sey. Vielmehr findet sich der Kalk auch im
Innern der Mauern. Auch fehlt es nicht an andern Bele-
gen. Weiterhin an diesem nämlichen Wege nach Tegea
bietet gleich die Akropolis von Hysiä ein zweites Beispiel
dar, und an der Südseite des Burgfelsens von Eleusis findet sich ein kleiner schatzhausförmiger antiker Bau, dessen
Steine ebenfalls mit Mörtel ausgefugt sind. Ja man möchte
sich eher verwundern, dafs in den polygonisch oder unregelmäfsig gefugten innern und äufsern Façaden Hellenischer
Festungsmauern nicht weit häufiger Mörtel angewandt worden ist, da doch der innere Raum zwischen beiden mit
Bruchsteinen in Mörtel ausgefüllt wurde, wie man fast an
jeder Ruine sehen kann. Weil dies eben durchaus das Gewöhnliche war, hebt es Thukydides bei der Befestigung
des Peiräeus unter Themistokles als etwas Besonderes hervor, dafs kein Mörtel (πηλός) und keine Bruchsteine (χάλιξ)
dabei verwandt, sondern die Mauern aus massiven Werkstücken aufgeführt wurden (⁷).

Das häufige Vorkommen von Pyramiden in Argolis ge-
währt einen nicht zu verachtenden monumentalen Beleg für

______

(⁷) Thukyd. 1, 93. Ἐντὸς δὲ οὔτε χάλιξ οὔτε πηλὸς ἦν, ἀλλὰ ξυνῳκοδο-
μημένοι μεγάλοι λίθοι καὶ ἐν τομῇ ἐγγώνιοι u. s. w.

frühen Zusammenhang mit Ägypten. Aufser der eben beschriebenen und aufser der von Pausanias erwähnten finden
wir noch heute eine dritte Pyramide am Wege von Nauplia
nach Epidauros in der Thalebene nördlich unter Ligurio oder
dem alten Lessa. Nur der Sockel und der erste Anfang der
geneigten Seitenflächen sind noch in der Höhe von einigen
Fufs erhalten. Dazu kommt als viertes Beispiel der Name
Pyramia (τὰ Πυράμια), den ein Theil der Küste südlich von
der Lerna führte, in der Gegend, wo Danaos zuerst gelandet
seyn sollte.

Kehrt man von der Pyramide auf den Weg nach Tegea
zurück, so kommt man über einen kleinen Wasserlauf, der
in einem tiefen Bette fliefst, den Cheimarrhos des Pausanias ([a]), und beginnt bald darauf, die vielen Windungen der
Strafse an den Bergen hinanzusteigen, anfangs in westlicher
Richtung, den Berg Pontinos, der sich nach der Lerna hin-
abzieht, zur Linken lassend. Auf der Höhe selbst wendet
sich der Weg südwärts, und hier kommt man nach einem halben Stündchen in eine quellenreiche Gegend, τὰ Νερά, auch
Skaphidaki genannt, mit zerstreuten Hellenischen Fundamenten und andern Spuren antiker Gebäude und Denkmäler.
Darunter findet sich hart an der Strafse ein kleines Stück polygonischen Gemäuers, und bei einer der Quellen eine zerstörte Capelle mit zwei Säulchen aus blauem Marmor und
verschiedenen alten Werkstücken. Es ist nicht undenkbar,
dafs dies die Ruinen von Kenchreä sind, und nicht jene
früher erwähnten in der Ebene am Cheimarrhos. Wenn
Strabon in seinen das eigentliche Hellas betreffenden Büchern
ein zuverlässigerer Gewährsmann wäre, als er in der That
ist, so könnte seine Angabe für entscheidend gelten: „Ken-
„chreä liegt am Wege aus Tegea über das Parthenion und das

([a]) Der Cheimarrhos flofs zwischen dem Erasinos und der Lerna.
Paus. 2, 36, 7.

„Kreopólon nach Argos (⁹).” Inzwischen entnehmen wir hieraus wenigstens, dafs diese zwischen dem Artemision, dem Chaon, dem Pontinos und dem Parthenion liegende Bergmasse, der heutige Berg Ktenia mit seinen Vorbergen, im Alterthume das Kreopolon hiefs. Die aus Pausanias herzunehmenden Gründe für die Lage von Kenchreä an dem einen oder dem andern der beiden in Frage stehenden Orte sind ziemlich gleich. Er geht, wie wir bereits gesehen, von dem Erasinos sogleich auf Kenchreä und die dortigen Polyandria über, was für unmittelbare Nachbarschaft derselben zu dem Flusse spricht; nach Erwähnung der Polyandria aber fährt er unmittelbar fort: „Am Hinabsteigen in die Ebene liegen die Ruinen von Hysiä (¹⁰),” was für die Lage von Kenchreä auf der Höhe bei Ta Nera zu sprechen scheint, da man es sonst auffallend finden kann, dafs er den mehre Stunden erfordernden Übergang über den Berg und die hier vorhandenen alten Reste mit keiner Sylbe andeutet. Aus diesen Gründen ist Leake (¹¹) geneigt, τὰ Νερά für Kenchreä zu halten, wo denn Trochos vielleicht der Name der längs der Südseite des Pontinon Oros sich hinabziehenden Schlucht seyn würde (¹²). Mir scheint aber der Name von Kenchreä, Hirsenfeld, mehr auf eine Lage des Ortes in der Ebene hinzudeuten; und das

(⁹) Strabon 8, S. 208 Tchn.: Κεγχρεαί, αἲ κεῖνται ἐπὶ τῇ ὁδῷ τῇ ἐκ Τεγέας εἰς Ἄργος, διὰ τοῦ Παρθενίου ὄρους καὶ τοῦ Κρεοπώλου.

(¹⁰) Paus. 2, 24, 9: Καταβάντος δὲ ἐς τὸ χθαμαλώτερον ἐρείπια Ὑσιῶν ἐςι πόλεώς ποτε ἐν τῇ Ἀργολίδι. Dafs Hysiä aber der letzte Ort gegen die Gränze der Tegeatis war, zeigt die Vergleichung von 8, 6, 2 und 8, 54, 5.

(¹¹) Morea II, p. 343.

(¹²) Auch die Stelle bei Aesch. Prometh. 676 (εὔποτον Κερχνείας [al. Κεγχρείας] ϝέος Λέρης ἄκρην τε) entscheidet nichts; denn während sie einerseits ein Gewässer (ϝέος) bei Kenchreä nachweist, womit auch der Erasinos gemeint seyn kann, deutet sie andererseits auf die Nachbarschaft der Lerna hin.

Vorhandenseyn der Grabpyramide, von welcher erwiesen ist,
dafs sie eine in Argolis herkömmliche Form für Polyandria
war, spricht nicht minder für die Ansetzung des Städtchens
am Cheimarrhos, für die sich auch die Herausgeber der Französischen Karte entschieden haben.

Von den Ruinen bei Ta Nesä führt der Weg noch ein
halbes Stündchen lang südwärts bis zu dem Khan und der
Gensdarmeriecaserne von Daouli, wo ein von der Lerna über
den Berg Kolosyrton heraufkommender Pfad sich mit der
Strafse vereinigt, und von dort in einem halben Stündchen
immer bergab in westlicher Richtung nach den Ruinen von
Hysiä, die ein wenig zur Linken auf einem isolirten Gipfel
über der Ebene von Achladokampos (^{13}) liegen. Man findet
noch Reste der Mauern der Akropolis von polygonischer
Bauart, auf einem Unterbau aus regelmäfsigen Quadern in
horizontalen Schichten ruhend. Die Steine sind auch hier,
wie schon oben erwähnt, mit Kalkmörtel verbunden. Hysiä
wurde mit Tiryns, Mykenä, Midea und andern Periökenstädten nach den Perserkriegen von den Argeiern aufgelöst (^{14});
im Peloponnesischen Kriege scheint es aber als Gränzfestung
wiederhergestellt worden zu seyn, bis die Lakedämonier im
funfzehnten Kriegsjahre (Ol. 90, 4) den Ort einnahmen und
zerstörten (^{15}). Dies ist also das jüngste Datum, auf welches
die Bauweise jener Mauern herabgerückt werden kann; allem Anschein nach aber rühren sie noch von der früheren
Anlage der Stadt her.

____

(^{13}) Ὁ Ἀχλαδόκαμπος, von ἀχράς, ἀχλὰς, jetzt ἀχλάδα, der wilde
Birnbaum, und κάμπός, welches vermuthlich ein Pelasgisch-Aeolisches
Wort war, ehe es ein Lateinisches wurde.

(^{14}) Pausan. 8, 27, 1; vgl. Wachsmuth, Hell. Alterth. I, 2, S. 86.

(^{15}) Thukyd. 5, 83: Die Lakedämonier fallen in Argolis ein: τὰ
δὲ οἰκοδομούμενα τείχη ἑλόντες καὶ καταβαλόντες, καὶ Ὑσιὰς, χωρίον τῆς Ἀργείας, λαβόντες, καὶ τοὺς ἐλευθέρους ἅπαντας, οὓς ἔλαβον, ἀποκτείναντες ἀνεχώ-
ρησαν. Diod. Sik. 12, 81: Λακεδαιμόνιοι στρατεύσαντες εἰς τὴν Ἀργείαν Ὑσιὰς
χωρίον εἷλον, καὶ τοὺς ἐνοικοῦντας ἀποκτείναντες τὸ φρούριον κατέσκαψαν.

Von Hysiä senkt sich die Strafse, das Dorf Achladokampos zur Rechten lassend, in den Thalkessel hinunter, wo
sich die Wege wieder scheiden. Der kürzere, aber schlech-
tere Saumpfad führt geradeaus oder links über das Parthenion; die längere Fahrstrafse aber rechts, durch den sogenannten Gyros (γῦρος, Kreis, Umweg) und um den spitzigen
isolirten Felshügel, auf welchem die Ruinen des Byzantini-
schen Schlosses Muchli oder Paläomuchli liegen, das ich
Jahre 1458 von Demetrios Asanis dem Omar, dem Feldherrn
Muhamets, ohne Widerstand ausgeliefert wurde (¹⁶). In der
Tegeatischen Ebene treffen beide Wege wieder zusammen.

. Hirten hatten mir gesagt, dafs in der Schlucht auf der
Südseite von Paläomuchli eine Ruine mit alten Marmorn sey.
Ich stieg daher in das Bette des Bergbachs hinunter, und fand
die Trümmer eines mittelalterlichen Thurmes und daneben
fünf oder sechs Gesimsstücke aus weifsem Marmor, die vielleicht von einem der Heiligthümer auf dem Parthenion hierher geschleppt worden sind.

2. Der Weg nach der Lerna läuft von der Quelle des
Erasinos links, fast gerade gegen Süden, durch die zum Theil
sumpfige Ebene. Nachdem man das Bett des Cheimarrhos
passirt hat, kommt man zu einer Kirche des H. Demetrios,
mit alten Quadern und Säulenresten; vielleicht auf der Stelle
des von Pausanias erwähnten Peribolos, wo Pluton mit der
geraubten Tochter der Demeter in die Unterwelt hinabgestie-
gen seyn soll (¹⁷). Von dort ist noch eine halbe Stunde bis
zu der Lerna oder den heute sogenannten Mühlen von Nauplia. Der Weg nähert sich dem Fufse des Berges Pontinon, der vom Kreopolon ausgehend in einem langen Rücken

---

(¹⁶) Georg. Phrantz. 3, 15: Omar, Muhamets Feldherr, κατὰ τοῦ
Μοχλίου ἐπέδραμεν, ὃ δὴ καὶ ὁ τότε ἐκεῖσε ἡγεμονεύων ἔδωκεν αὐτῷ μετ' εἰρήνης
ὁ καλοκἄγαθος Ἀσάνης Δημήτριος.

(¹⁷) Pausan. 2, 36, 7.

sich gerade ostwärts bis nahe ans Meer erstreckt. Einige
hundert Schritt vor den Mühlen tritt unter seinem Fuße ein
mäßiger Bach hervor, der Fluß Pontinos, der nach einem
kurzen Laufe nordöstlich ins Meer fällt. Hier begann der
Platanenhain, der in den Tagen des alten Periegeten die Fläche zwischen dem Berge und der Küste bis an den Lernäischen Sumpf bedeckte (¹⁸); eine einzelne Cypresse nimmt
jetzt seine Stelle ein. Aber ehe wir in der Beschreibung der
Örtlichkeiten weiter fortfahren, noch einige Worte über den
Weg von Nauplia nach der Lerna.

Während der trocknen Jahrszeit, besonders wenn der
Nordwind das Wasser aus dem Golfe hinausdrängt, kann
man auch von Nauplia längs der Meeresküste nach den Mühlen reiten. Das Ufer ist durchaus flach und größtentheils
sumpfig; nur an dem Puncte, wo die Küste Argos am nächsten ist, zwischen der versandeten Mündung des vereinten
Inachos und Charadros und den mit Rohr und Binsen bewachsenen Ausläufen des Erasinos, ist eine etwas erhöhte
aus festerem Erdreich bestehende Stelle, wo das alte Temenion (¹⁹) gelegen. Man erkennt im Meere noch Überreste
des künstlichen Hafendammes (πρόβολος, ἔρυμα) aus großen
Steinblöcken, und am Ufer Fundamente, Quadern und viele
über den Acker zerstreute Scherben von Ziegeln und Vasen.
Der Umfang der Stadt, deren Lage auf der Französischen
Karte nicht angegeben ist, war nur gering. In der Richtung
von hier nach Argos würden die Reste der langen Mauern
aufzusuchen seyn, durch welche die Argeier auf den Rath
des Alkibiades ihren Hafen mit der Stadt zu verbinden unternahmen, bis sie von den Lakedämoniern an der Arbeit ge-
hindert wurden (²⁰).

____

(¹⁸) Ders. 2, 36, 8 und 37, 1.

(¹⁹) Funfzig Stadien von Nauplia, Paus. 2, 38, 1, und sechsund-
zwanzig Stadien von Argos. Strabon 8, S. 195 Tchn.

(²⁰) Plut. Alkib. 15. Thukyd. 5, 82. 83. Vgl. oben Anm. 15.

Von Temenion läuft der Weg südwestlich und südlich längs der Küste, über die Mündungen des Erasinos, der hier Phrixos genannt wurde, und des Cheimarrhos, und passirt kurz vor den Mühlen einige Trümmer am Strande, worunter ein grober in das Meer hinaustretender Mosaïkboden von so fester Arbeit, dafs er dem Wellenschlage beharrlichen Widerstand leistet.

Der Lernäische See oder Teich entsteht aus den Quellen der Amymone, und sperrt mit seinem Abflusse den nur einige hundert Schritt breiten Raum zwischen dem äufsersten östlichen Ende des Pontinon Oros und dem Strande. Unter einer Felsplatte unmittelbar am Fufse des Berges, in welche die Wagengeleise einer alten Fahrstrafse tief eingeschnitten sind, tritt aus sieben oder acht Öffnungen in grofser Wasserfülle ein Bach hervor, der augenscheinlich der unterirdische Abflufs einer der Katavothren der Arkadischen Hochebene ist.   Er erweitert sich bald zu einem kleinen rings mit Schilf, Binsen und andern Wasserpflanzen umwachsenen See oder Bassin von etwa hundert Schritten Umfang (²¹), und bildet dann bis an das Meer hin einen Sumpf, durch welchen sein ursprünglicher Abflufs gewesen zu seyn scheint. Aber in neuern Zeiten hat man wieder, wie vor Alters, der Hydra die Köpfe abgeschnitten: der See ist mit Dämmen und Mauern eingefafst, und so das Wasser genöthigt worden, durch einen einzigen Canal abzufliefsen, welcher die Mühlen und Fabriken treibt, von denen der Ort seinen heutigen Namen hat.

Dies ist der Alkyonische See (ἡ Ἀλκυονία λίμνη) des Pausanias. Das äufsere Ansehen desselben ist noch ganz so, wie es der Vater der Reisebeschreiber schildert, und die Sage von seiner bodenlosen Tiefe hat sich bis heute erhalten; noch

---

(²¹) Paus. 2, 37, 5: περίοδος τῆς λίμνης ἐςὶν οὐ πολλή, ἀλλ' ὅσον γε ςαδίου τρίτον· ἐπὶ δὲ τοῖς χείλεσιν αὐτῆς πόα, καὶ σχοῖνοι πεφύκασι.

vor wenigen Jahren soll man mit dem Senkblei eines Schiffes
vergebens den Grund gesucht haben. Dafs der Alkyonische
See durch den Flufs Amymone gebildet werde, sagt Pausanias zwar nicht ausdrücklich, der Augenschein lehrt es aber
zur Genüge. Andererseits ist Alkyonischer und Lernäischer
Sumpf eins und dasselbe. Der Name Lerna wird gewöhnlich als Bezeichnung der ganzen Gegend gebraucht; bei andern Schriftstellern wird er wieder auf die Quelle, den Flufs
und den See angewandt. Pausanias unterscheidet noch eine
besondere Quelle des Amphiaraos, die sich heute nicht
mehr nachweisen läfst ([22]).

     An der Südseite des Sees ist eine kleine Erhöhung mit
einigen alten Quadern. Auch in dem Platanenhaine zwischen
dem See und dem Flüfschen Pontinos standen verschiedene
Heiligthümer, zu denen einige Bruchstücke cannelirter Säulen aus Poros, mit Stuck überzogen, gehört haben mögen.
Auf dem Rücken des Pontinon über der Lerna sah Pausanias

([21]) Ich stelle die Hauptstellen der Alten, welche diese berühmte
Örtlichkeit betreffen, hier übersichtlich zusammen.

Λέρνα als Name des Ortes und der Gegend, Pausan. 2, 15, 5. 24,
3. 36, 6. 38, 1. Plut. Kleom. 15: ᾿Αχαιῶν τὸν Κλεομένην καλούνται εἰς
Λέρναν. Vgl. Ovid. Metam. 1, 297: pascua Lernae, und Statius, The-
bais 2, 433.

Λέρνα oder Λέρνη als Name der Quelle, des Baches und des Tei-
ches, Strabon 8, S. 195 Tchn.: ποταμὸς ἡ Λέρνη καλουμένη, ὁμώνυμος τῇ
λίμνῃ. Vgl. ebendas. S. 199. Hygin. Fab. 169 (von der Liebe des
Poseidon und der Amymone): Neptunus dicitur fuscina percussisse
terram, et inde aquam profluxisse, qui Lernaeus fons dictus est et
Amymonium flumen. Vgl. die Glossographen unter Λέρνη κακῶν.
(Auch in Korinth gab es eine Quelle Lerna, Paus. 2, 4, 6 und Athen.
4, S. 156.) Stagnum und palus bei Stat. Thebaïs 1, 360. 2, 376.

᾿Αμυμώνη als Name der Quelle, Strabon 8, S. 199 Tchn.: Δείκνυται
καὶ ᾿Αμυμώνη τις κρήνη κατὰ Λέρνην. Apollod. 2, 1, 4: αὐτῇ (᾿Αμυμώνῃ) Πο-
σειδῶν τὰς ἐν Λέρνῃ πηγὰς ἐμήνυσεν. Vgl. ders. 2, 5, 2: Als Name der
Quelle und des Flusses zugleich, Pausan. 2, 37, 1 und 4, und 5, 17, 4.

᾿Αλκυονία λίμνη als Name des Sees, und die Angabe von einer besondern πηγὴ ᾿Αμφιαράου beruhen nur auf Pausan. 2, 37, 5.

zu seiner Zeit noch die Ruinen eines Heiligthums der Ägyptischen Athene, welches Danaos gegründet hatte, und die Grundbauten der Burg des Hippomedon ([23]). Diese Reste sind jetzt von den ausgedehnten Trümmern eines mittelalterlichen Schlosses überdeckt.

3. Südlich von der Lerna und dem Berge Pontinos dehnt sich wieder eine kleine Ebene in der Länge einer halben Stunde längs dem Meere hin, bis an die Mündung des namenlosen Flusses, der von Paläomuchli und aus dem Thal von Hysiä oder Achladokampos herabkommt, und bis an den Fufs des hohen Berges Závitza (ἡ Ζάβιτσα), der dieses letzte Argeiische Thal von der Landschaft Thyreatis scheidet. Jenseit der Mündung des Flusses liegt das Dorf Kyveri (Κυβέρι, in gemeiner Aussprache Tschiveri). In diese Gegend fällt der Ort Genesion, mit einem Heiligthume des Poseidon Genesios ([24]). In der Nähe waren auch die sogenannten Apobathmi, der Platz, wo Danaos zuerst gelandet seyn sollte; und hier müssen pyramidenförmige Grabmäler oder andere Monumente gewesen seyn, da dieselbe Gegend anderswo Pyramia genannt wird ([25]). Südlich von Kyveri

([23]) Paus. 2, 36, 8 und 37, 2. Hier müfste wol die Burg Hydra gelegen haben, welche Paläphat. Unglaubl. Gesch. 39 annimmt, der die Sage von der Lernäischen Schlange auf einen Krieg zwischen dem Könige Sthenelos von Mykenä und dem Könige Lernos, der sich jenem nicht unterwerfen wollte, auszudeuten versucht. Ἐπολέμουν οὖν οἱ δύο διὰ τοῦτο· ἐν δὲ τῇ εἰσβολῇ τῆς χώρας ἦν τῷ Λέρνῳ πολίχνιόν τι καρτερὸν, καὶ ἐφρούρουν αὐτὸ πεντήκοντα τοξόται ἀνδρεῖοι· — — — ὄνομα δὲ ἦν τῷ πολιχνίῳ Ὕδρα u. s. w.

([24]) Pausan. 2, 38, 6. An einer andern Stelle (8, 7, 2) sagt der Perieget weniger genau, der Ort, den er hier Genethlion nennt, habe der Quelle Dine gegenüber gelegen. Ein anderes Genethlion war bei Trözen, ders. 2, 32, 8.

([25]) Pausan. 2, 38, 6: Τούτου (τοῦ Γενεσίου) ἔχεται χωρίον ἄλλο Ἀπόβαθμοι· τῆς δὲ ἐνταῦθα πρῶτον τῆς Ἀργολίδος Δαναὸν σὺν τοῖς παισὶν ἀποβῆναι λέγουσιν. Plut. Pyrrh. 32: (Δαναὸς) πρῶτον ἐπέβη τῆς χώρας κατὰ τὰ Πυράμια τῆς Θυρεάτιδος.

beginnt der beschwerliche Bergpafs Anigräa, der über den
Fufs der Závitza längs der Küste in die Thyreatis führt (²⁶).
Kurz vor seinem Austritte in die Thyreatische Ebene ist links
im Meere die süfse Quelle Anavolos (ὁ Ἀνάβολος), die Dine
der Alten, durch welche nach der Angabe des Pausanias die
Wasser des Argon Pedion der Mantinischen Ebene, welche
in die Katavothra bei Tzipianá (Nestane) fallen, ihren Abflufs nehmen (²⁷). Nach der Lage der Orte zu einander erscheint es übrigens annehmbarer, dafs die unterirdischen
Flüsse der Mantinike die Quellen der Amymone in der Lerna
bilden, und dafs die Dine der Abflufs der Katavothra am Parthenion bei Persová ist, in welche der Garates und der Sarantapotamos der Tegeatischen Ebene sich ergiefsen. Nach
dem Eintritte in die Thyreatis scheidet sich der Weg in zwei
Arme: der eine führt längs dem Strande und über die Mündung des Tanos nach Astros, der andere zur Rechten landeinwärts nach den Ruinen von Thyrea beim Kloster Luku.
Der Tanos, oder Tanaos, der vom Berge Parnon kommt,
galt den Alten als Gränzscheide zwischen Argolis und Kynuria (²⁸).

Der gewöhnliche Saumpfad von der Lerna nach Tegea
führt vom Fufse des Pontinon südwestlich durch einen Arm
der erwähnten kleinen Ebene, überschreitet dann einen niedrigen in das Thal vortretenden Felsrücken, an dessen östli-
chem Ende ein zerstörter mittelalterlicher Thurm steht, passirt hierauf einen zweiten schmaleren Arm des Thales, und

---

(²⁶) Pausan. ebendas.: Ἐντεῦθεν διελθοῦσιν Ἀνιγραῖα καλούμενα ὁδὸν καὶ
ϛενὴν καὶ ἄλλως δύσβατον κ. λ. Folglich lagen Genesion und Apobathmi
noch nördlich von der Závitza.

(²⁷) Pausan. 8, 7, 1 und 2. Vgl. oben IV, 7, bei Anm. 127.

(²⁸) Pausan. 2, 38, 7 nennt ihn Tanos, Euripides aber Tanaos,
Elektr. 413.

— — ποταμὸν Τάναον, Ἀργείας ὅρους
τέμνοντα γαίας Σπαρτιάτιδός τε γῆς.

steigt endlich den Berg Kolosyrton hinan, um sich bei der Gensdarmeriecaserne von Daouli mit der früher beschriebenen Strafse vom Erasinos nach Hysiä zu vereinigen.

Es bleibt noch die von der Natur vorgezeichnete Fahrstrafse von der Lerna nach dem Thal von Hysiä, die ohne Zweifel im Alterthum, wie neuerdings in Türkischer Zeit bis auf den Freiheitskrieg vorzugsweise als solche benutzt würde, zu verfolgen übrig. Sie ist bekannt unter dem Namen Potamiá (ἡ ποταμία, das Flufsthal). Die Strafse läuft vom Fufse des Pontinon anfangs südlich, um den oben erwähnten felsigen Hügelrücken, der in die Ebene vortritt, zu umgehen, passirt die Ruinen eines Dorfes, Paläo-Kyveri genannt, und durchschneidet dann in südwestlicher Richtung den zweiten breiteren Arm des Thales, um sich dem Fufse des Kolosyrton zu nähern. Hier sind ein wenig zur Rechten des Weges, links aber von dem früher beschriebenen Saumpfade, in dem Gestrüpp, welches die Ebene bedeckt, die Fundamente und Trümmer eines viereckigen Hellenischen Thurmes aus grofsen polygonischen Steinen, und in der Nähe noch mehre ähnliche Ruinen, die von den Bergwässern gröfstentheils mit aufgeschwemmtem Sand und Kies überdeckt sind. An Festungs- oder Wartthürme ist hier in dem Winkel des Thales nicht zu denken; ihr natürlicher Platz wäre auf den angränzenden Höhen gewesen. Es können also nur thurmähnliche Grabmäler gewesen seyn, wie man sie häufig findet, z. B. in der Nekropolis von Delphi und an manchen Orten in Attika. Vielleicht hatten auch diese Gräber die Form von Pyramiden ([29]), und in dieser Voraussetzung ist es nicht unwahrscheinlich, dafs sie die von Plutarchos erwähnten Pyramia in der Nähe des Landungsplatzes des Danaos sind. Nur ge-

---

([29]) Noch zur Zeit des Timoleon waren in Sicilien pyramidenförmige Grabmäler gebräuchlich: Diod. Sik. 16, 83 am Ende. Auch Lukian. Charon 22 kennt Hellenische Gräber in Pyramidengestalt.

hört freilich dies Gebiet nicht schon zur Thyreatis, sondern noch zu Argolis.

Die Strafse läuft von hier das schmale Flufsthal hinauf, und erreicht bald, ungefähr fünf Viertelstunden von der Lerna, die Trümmer eines neuen Dörfchens, und etwa zehn Minuten weiter auf dem linken Ufer des Flusses die Ruinen einer Hellenischen Stadt von ziemlich ansehnlicher Ausdehnung, aber in einem vollkommenen Zustande der Zerstörung. Das Erste, was in die Augen fällt, ist das polygonische Fundament eines Gebäudes, welches etwa vierzig Fufs ins Gevierte hält und im Innern mehre Abtheilungen hat. Weiterhin findet man einen Sarkophag aus Kalkstein, und eine kleine Ruine aus gebrannten Steinen. Übrigens sieht man nur viele Fundamente und zerstreute Quadern und Marmortrümmer. Das Erdreich ist mit Fragmenten von Ziegeln und Vasen überstreut, aber der gröfsere Theil dieser Reste ist unter dichtem Gebüsch verborgen, welches zum Theil aus wilden Ölbäumen besteht. Auch finden sich ziemlich viele veredelte Ölbäume, zu deren Cultur die Lage und der Boden des Thals vorzüglich geeignet scheinen.

Die Englischen Reisenden, Sir William Gell und Oberst Leake, haben diese Ruine nicht gekannt; die Französische Karte giebt ihre Lage nur mit den Initialen *R. H.* (Ruine Hellénique) an. Als ich den Ort im Jahre 1833 zum ersten Male besuchte, hielt ich ihn irriger Weise für Thyrea; aber die Thyreatis beginnt erst auf der Südseite des Berges Závitza. Wir haben uns also nach einem andern Namen für die Stadt umzusehen, und dieser kann kein anderer als Eläus seyn.

Apollodoros erzählt, dafs Herakles, nachdem es ihm gelungen war, der Hydra den unsterblichen Kopf abzuhauen, denselben neben dem Wege begrub, welcher durch die Lerna nach Eläus führte ([30]). Es ist hiernach einleuchtend, dafs

---

([10]) Apollod. 2, 5, 2: (Ἡρακλῆς) τῶν ἀναφορομένων κεφαλῶν περιγενόμενος,

Eläus in der Nähe der Lerna angenommen werden mufs, und
dafs von dem letzteren Orte nur ein einziger Weg dahin
führte, weil sonst die Wendung des Apollodoros zu Bezeichnung der Stelle, wo der Kopf der Hydra vergraben worden
war, der Genauigkeit ermangeln würde. Auf der andern Seite
kann man die Stadt nicht nördlich vom Pontinon in der Nachbarschaft von Argos suchen wollen, ohne es auffallend zu
finden, dafs die alten Schriftsteller Eläus mit Stillschweigen
übergangen haben, und namentlich Pausanias, der die Umgegend von Argos mit so erschöpfender Genauigkeit beschreibt,
dafs es in der ganzen grofsen Ebene kaum noch eine alte
Ruine giebt, für die wir nicht einen Namen hätten. Eläus
mufs daher nothwendig im Süden der Lerna angesetzt werden, wie auch Müller, ohne Zweifel aus denselben Gründen,
in seiner Karte vom Peloponnes gethan hat. Hier giebt es
aber, in dem nur eine bis anderthalb Stunden breiten Land-
striche vom Pontinon bis an die Závitza, keine andere antike
Ruine, auf welche der Name bezogen werden könnte, als die
oben beschriebene. Die dem Ölbau bequeme Natur des Bodens selbst scheint die alte Benennung des Städtchens zu
rechtfertigen, und seine abgesonderte Lage in einem engen
Thale, fern von den grofsen Kriegsstrafsen, erklärt hinlänglich das Stillschweigen der alten Geschichtschreiber in seinem
Betreff. Wir würden Eläus ohne Zweifel öfter in der Geschichte der Kriege zwischen den Argeiern und den Lakedämoniern um den Besitz von Kynuria erwähnt finden, wenn
die näheren Umstände dieser Fehden uns aufbehalten wären.

     Hinter Eläus wird das Thal immer enger und beschränkt
sich bald auf das Bett des Flusses selbst. Nach anderthalb

τὴν ἀθάνατον ἀποκόψας κατώρυξε, καὶ βαρεῖαν ἐπέθηκε πέτραν παρὰ τὴν ὁδὸν τὴν
φέρουσαν διὰ Λέρνης εἰς Ἐλεοῦντα (corr. Ἐλαιοῦντα).

     Aufser Apollodoros erwähnt nur Stephanos den Ort, u. d. W.
Ἐλαιοῦς. – – ἔτι καὶ Ἄργους Ἐλαιοῦς.

Stunden sieht man links am Gebirge das Dorf Andritzena liegen, von wo ein Weg nach Kastri in Lakonika führt. Die
Strafse verläfst hier den Flufs und zieht sich rechts über felsige Hügel in das Thal von Achladokampos, das sie nach
einer Stunde erreicht. Hier liegt am Fufse des Hügels von
Hysiä ein zerstörter Türkischer Chan, wo sich die Wege
wieder scheiden, je nachdem man den Saumpfad über das
Parthenion, oder die Fahrstrafse durch den Gyros einschlagen will.

Ein anderer Pfad führt von den Ruinen von Eläus gleich
südwärts über den Flufs und die Abhänge der Závitza hinauf,
deren höchster Gipfel sich nahe an 3000 Fufs (975 Meter)
über den Meeresspiegel erhebt. Auf dem Rücken des Berges steht rechts am Wege ein runder Hellenischer Thurm,
παλαιόπυργος genannt, von polygonischer Bauart und 25 Fufs
Englisch im Durchmesser haltend; ohne Zweifel ein alter
Wartthurm der Argeier gegen die Lakedämonier, oder um-
gekehrt. Von hier steigt der Pfad die Südseite des Berges
hinunter, wo an der Mitte des Abhanges die Ruinen eines
befestigten alten Fleckens liegen, der wahrscheinlich schon
zur Thyreatis gehörte (³¹). Am Fufse des Berges steht das
Dörfchen Dolianitika Kalyvia. Hier geht man durch den Tanos, und erreicht in einer starken Viertelstunde die Ruinen
von Thyrea bei dem Kloster Luku.

(³¹) Vgl. unten VI, 1, bei Anm. 19.

VI.

Weg aus der Thyreatis nach Sparta. Astros.
Thyrea. Berg Parnon. Wald Skotitas.
Karyä. Das Oenusthal.

____

1. Südlich von dem Passe Anigräa (¹) und dem Berge
Závitza dehnt sich längs der Küste auf eine Strecke von fast
zwei Stunden eine Ebene hin, die zu den schönsten, fruchtbar-
sten und am besten angebauten Thälern des Peloponnes gehört.
Ihre Breite ist nur gering; der Fuſs der Vorberge des Parnon
entfernt sich nirgends mehr als eine Stunde, oft nur eine halbe
Stunde von der Küste. Den nördlichen Rand der Ebene begränzt und bewässert der Tanos (²), der an den Gipfeln des
Parnon unweit H. Petros entspringend und anfangs nordwärts
flieſsend, sich dann östlich wendet, und aus einer tiefen Thalschlucht zwischen der Kette des Parnon und dem Berge Závitza,
welcher letztere nur die Fortsetzung des Parthenion ist, in
die Ebene eintritt, um sich durch eine gröſstentheils versumpfte
und verschlämmte Mündung nördlich von Astros ins Meer zu
ergieſsen. Ihm entsprechend begränzt ein ähnlicher, aber
kleinerer Fluſs ohne alten Namen, der gleichfalls an den Gipfeln des Parnon bei Sitena, Kastánitza und Prastòs entspringt,
und unweit H. Andreas ins Meer fällt, den südlichen Rand
des Thales. Er wird von einem der Gipfel des Gebirges bisweilen der Fluſs von Kani genannt. Diese Ebene war das

____

(¹) Vgl. oben V, 3, Anm. 26.
(²) Vgl. oben V, 3, Anm. 28.

Gebiet : der alten Thyrea, die Landschaft Thyreatis ([3]), welche nebst dem übrigen sich noch viel weiter südwärts erstreckenden Kynurien ([4]) durch das ganze Alterthum einen Gegenstand des Streites zwischen den Argeiern und Lakedämoniern bildete, und abwechselnd von dem einen und dem andern dieser Stämme besessen wurde. ([5]). Zur Zeit des Pe-

---

([3]) Bei Herodot. 1, 82 heifst die Landschaft im Plural Θυρέαι, auch bei Diod. 12, 44 und Strabon 8, S. 207 Tchn. Θυρεᾶτις bei Thukyd. 2, 27. Pausan. 3, 7, 5. Plut. Pyrrh. 32.

([4]) Thuk. 5, 41: τῆς Κυνοσουρίας γῆς – –: ἔχει δὲ ἐν αὐτῇ Θυρέαν καὶ Ἀνθήνην πόλιν. Bei Pausan. 3, 2, 2 heifst sie Κυνουριακή. Die Landschaft erstreckte sich in ihrer weitesten Ausdehnung bis Malea und Kythera, Herodot. a. a. O.: τὰς Θυρέας ἐούσας τῆς Ἀργολίδος μοίρης, ἀποταμόμενοι ἔσχον οἱ Λακεδαιμόνιοι. ἦν δὲ καὶ ἡ μέχρι Μαλεῶν ἡ πρὸς ἑσπέρην Ἀργείων, ἥ τε ἐν τῇ ἠπείρῳ χώρη καὶ ἡ Κυθηρίη νῆσος. Daher besafsen auch die Argeier zu Zeiten die Küste wieder bis Prasiä, Polichna, Leukä, Kyphanta und Zarax hinunter, und bis zu dem Flecken Glyppia oder Glympeis, der im innern Lande unweit Marios (Pausan. 3, 22, 6) und ostwärts von Geronthrä lag: Polyb. 4, 36, 5 und 5, 20, 4: Γλυμπεῖς χωρίον, ἃ κεῖται περὶ τοὺς ὅρους τῆς Ἀργείας καὶ Λακωνικῆς. Vgl. oben I, 3, Anm. 20.

([5]) Bei Homer kommen Thyrea und die andern Orte Kynuriens noch nicht vor. Sonst scheinen die Argeier den ursprünglichen Besitz des Landes und folglich die ältesten und besten Ansprüche darauf gehabt zu haben; aber seitdem Sparta mächtig wurde und so lange es mächtig blieb, war es grofsentheils im Besitz dieser Gegenden. Sparta fing schon unter Echestratos, dem Sohne des Agis, (um 1000 v. Chr.) an, nach Kynurien überzugreifen (Pausan. 3, 2, 2); doch war die Landschaft später wieder Argivisch, bis auf jenen berühmten Kampf der dreihundert von beiden Seiten, der freilich unentschieden blieb, aber in Folge dessen sich die Lakedämonier (um 550) in einer zweiten Schlacht die Herrschaft über die Thyreatis erkämpften. Herodot 1, 82. Paus. 2, 38, 5. 3, 7, 5. 10, 9, 6. Strabon a. a. O. Plut. Griech. Röm. Parall. S. 336 Tchn. Der grofse Sieg des Kleomenes über die Argeier unweit Tiryns (um 524; Herodot. 6, 76–80. Paus. 2, 20, 7) sicherte den Lakedämoniern den Besitz auf lange Zeit. Nachdem dann Philipp, der Vater Alexanders, den Argeiern das Land wieder zugesprochen (oben I, 3, Anm. 20 und die vorherg. Anm.), gab

loponnesischen Krieges war sie in den Händen der Lakedämonier, und wurde von ihnen den im ersten Jahre des Krieges (Ol. 87, 2, 431 v. Chr.) durch die Athenäer aus ihrer Insel vertriebenen Aegineten zum Wohnsitz angewiesen (⁶). Um diese Zeit werden hier zwei Städte erwähnt, Thyreä oder Thyrea und Anthene, von welchen die erstere, der Hauptsitz der Aegineten, nach Thukydides ungefähr zehn Stadien landeinwärts lag. Dafs man von dem südlichen Ausgange des Passes Anigräa, also von dem nördlichen Küstenrande der Ebene, nach Thyrea aufwärts und landeinwärts ging, bezeugt auch Pausanias (⁷). Als die Athenäer im achten Jahre des Krieges (Ol. 88, 4, im Frühsommer 424) eine Landung an der Küste der Thyreatis machten, fanden sie die Aegineten beschäftigt, am Meere eine Feste zu erbauen, welche sie eilig verliefsen und sich in die obere Stadt zurückzogen; die Athenäer aber rückten nach, nahmen Thyrea, plünderten und verbrannten die Stadt, und schleppten die gefangenen Aegineten fort, um sie als unversöhnliche Feinde zu tödten (⁸). In späterer Zeit werden aufser dem Flecken Anthene oder Athene noch zwei andere, Neris und Eva, genannt, zu welchen Pausanias gelangte, als er von Thyrea und den Gräbern der in dem Zweikampfe der Sechshundert Gefallenen weiter ging,

---

es doch noch unter den Römern wiederholt Gränzstreitigkeiten zwischen Argos und Sparta zu schlichten: Pausan. 7, 11, 1.

(⁶) Thukyd. 2, 27 und 4, 56. Diod. 12, 44. Paus. 2, 29, 5: Θυρέαν τὴν ἐν τῇ Ἀργολίδι.

(⁷) Pausan. 2, 38, 5: Ἰόντι δὲ (von der Anigräa) ἄνω πρὸς τὴν ἤπειρον, Θυρέα χωρίον ἐςὶν u. s. w.

(⁸) Thukyd. 4, 57: Προσπλεόντων ἔτι τῶν Ἀθηναίων, οἱ Αἰγινῆται τὸ μὲν ἐπὶ τῇ θαλάσσῃ ὃ ἔτυχον οἰκοδομεῦντες τεῖχος ἐκλείπουσιν, ἐς δὲ τὴν ἄνω πόλιν, ἐν ᾗ ᾤκουν, ἀπεχώρησαν, ἀπέχουσαν ςαδίους μάλιςα δέκα τῆς θαλάσσης, u. s. w. Die Lakedämonische Schutzwache, welche bei ihnen war, zog sich, als dem Kampfe nicht gewachsen, auf die nahen Höhen (ἐπὶ τὰ μετέωρα) zurück.

Eva war unter diesen Ortschaften die gröfste, und hatte ein Heiligthum des Polemokrates, Sohns des Machaon, der hier als ein Gott oder Heros der Heilkunst verehrt wurde. Über den Flecken zog sich die Kette des Parnon hin, wo unweit der Quellen des Tanos die Gränzen der Argeier, Lakedämonier und Tegeaten zusammenstiefsen und durch Hermen, wahrscheinlich drei an der Zahl, bezeichnet waren (⁹).

Gehen wir jetzt von dem neueren Hauptorte der Landschaft, von Astros aus, wo man, über Wasser von Nauplia kommend, gewöhnlich zu landen pflegt. Astros ist als Städtchen erst während des Freiheitskrieges entstanden, und hat

---

(⁹) Paus. 2, 38, 6: Ἀπὸ δὲ τῶν πολυανδρίων (bei Thyrea) ἰόντι Ἀθήνη τε ἐςὶν, ἐς ἣν Αἰγινῆταί ποτε ᾤκησαν, καὶ ἑτέρα κώμη Νηρὶς, τρίτη δὲ Εὖα, μεγίςη τῶν κωμῶν, καὶ ἱερὸν Πολεμοκράτους ἐςὶν ἐν ταύτῃ. - - - (7) Ἀνατείνει δὲ ὑπὲρ τὰς κώμας ὄρος Πάρνων, (codd. παρ᾽ ὃ) καὶ Λακεδαιμονίων ἐπ᾽ αὐτοῦ πρὸς Ἀργείους ὅροι καὶ Τεγεάτας εἰσίν· ἑςήκασι δὲ ἐπὶ τοῖς ὅροις Ἑρμαῖ λίθου, καὶ τοῦ χωρίου τὸ ὄνομα. ἔςι δὲ ἀπ᾽ αὐτῶν ποταμὸς καλούμενος Τάνος· εἷς γὰρ δὴ οὗτος ἐκ τοῦ Πάρνωνος κάτεισι ῥέων διὰ τῆς Ἀργείας, καὶ ἐκδίδωσιν ἐς τὸν Θυρεάτην κόλπον.

Alle Handschriften des Pausanias und vier des Thukydides schreiben den Namen des ersten Fleckens Ἀθήνη, und Siebelis will auch die von Suidas und Phavorinus unter Ἀθήνησιν und von Stephanos unter Ἀθῆναι erwähnte gleichnamige Stadt in Lakonika auf diesen Ort beziehen. Mit gröfserer Sicherheit gehört hierher eine andere Glosse des Stephanos: Ἀνθάνα, πόλις Λακωνικὴ, μία τῶν ἑκατόν. -- - Χάραξ Ἀνθήνην αὐτήν φησιν. Sonst kommt der Ort nicht vor.

Der zweite Flecken, Neris, kommt nur noch bei Stat. Thebaïs 4, 46 vor, wo es in einer poetischen Schilderung Argivischer Ortschaften heifst:

Quaeque pavet longa spumantem valle Charadron
Neris.

Der Ort lag also in einer langen Thalschlucht, an oder über einem brausenden Bergbache. Stephanos kennt Neris nur als eine Stadt in Messenien.

Der dritte Flecken, Eva, ist vielleicht gemeint bei Steph. u. Εὖα· πόλις Ἀρκαδίας. Sein Name läfst jedenfalls vermuthen, dafs er an oder auf einem Berge lag. Evan heifst der Berg Ithome gegenüber, und Evas ein anderer Berg über dem Schlachtfelde von Sellasia.

einen geschichtlichen Namen dadurch erlangt, dafs die zweite
Nationalversammlung der Hellenen, die im Jahre 1823 unter
den Olivenhainen des benachbarten Dorfes Kalyvia Hagiannitika gehalten wurde, sich nach Astros (ἡ ἐν Ἄσρει συνέλευσις)
benannt hat. Vor dem Kriege waren hier nur einige Schup-
pen zur Beherbergung der anlandenden Schiffer. Der Ort
liegt an der Südseite eines Vorgebirges aus Kalkfelsen, welches zehn Minuten südlich von der Mündung des Tanos von
der durchaus flachen Küste in die See hinaustritt; so gänzlich
isolirt, dafs es wohl vor Alters eine Insel gewesen seyn dürfte,
und auch bis in die neuern Zeiten die Benennung Insel (τὸ
Νησί) führte. Zugleich war aber auch der aus dem Alterthum überlieferte Name Astros (τὸ Ἄσρος) daran haften geblieben, der in der Form Astron nur bei Ptolemäos vorkommt, als der südlichste Ort in Argolis, zwischen welchem
und Prasiä damals die Gränze von Argolis und Lakonika
war ([10]). An der Landseite des Hügels, gegen den Flufs hin,
sind nicht unbedeutende Reste einer sehr rohen alten Mauer,
aus unbehauenen Steinblöcken, deren Fugen mit kleineren
Steinen ausgefüllt sind, so dafs ihr Ansehen von allen mir
bekannten alten Werken in Argolis den Tirynthischen Mauern am nächsten kommt. Nur sind die Massen kleiner; der
gröfste Stein, den ich mafs, hatte nur acht Fufs Länge bei
vier Fufs Höhe. Das Ganze trägt den Charakter eines Werkes der Eile, und könnte wohl, wie auch Leake vermuthet,
die von den Aegineten angefangene Befestigung seyn. Denn
an den übrigen Seiten des Hügels ist keine Spur von Mauern,
und auch auf dem Rücken des Berges sind weder Fundamente
noch Cisternen oder andere Reste einer alten Niederlassung.
Hier steht jetzt nur ein hübsches festes Schlofs, das sich ein
Häuptling der Gegend während des Krieges auf und aus den
Trümmern eines mittelalterlichen Schlosses erbaut hat. Das

([10]) Ptolemäus 3, 16.

Ptolemäische Astron mag daher auch, wie das heutige Astros, nur am Fufse des Hügels an dem Landungsplatze, der durch einen künstlichen Damm leicht in einen guten Hafen verwandelt werden könnte, gelegen haben.

Von Astros ging ich bei meiner ersten Anwesenheit im März 1833 südwärts längs der Küste, die sich hier stark landeinwärts krümmt, nach den reichlich anderthalb Stunden entfernten Ruinen einer alten Stadt bei H. Andreas. Nach einer halben Stunde sind rechts in der Ebene, an ihrer schmalsten Stelle, zwischen dem Metochi H. Triada und der Küste, geringe Spuren Hellenischer Ruinen, die auch in der Französischen Karte angegeben sind. Früherhin, erzählte man, wären hier auch Säulen in der Ebene gewesen, die aber die Hydräer und Spetzioten schon lange zum Bau ihrer Kirchen weggeholt hätten. Die Gegend ist mit Ölbäumen und Weinstöcken so sorgsam angebaut, dafs die Spuren der alten Ortschaft gröfstentheils der neueren Cultur haben weichen müssen, und sich ihre ehemalige Ausdehnung nicht mehr erkennen läfst: zumal da auch Quadern, Architrave und andere Baustücke in den zahllosen aus Stein solid erbauten Keltern ($\pi\alpha\tau\eta\tau\eta\rho\iota\alpha$) verschwunden sind, welche hier in den Weingärten zerstreut liegen. Wenn Astros die Befestigung ist, bei deren Bau die Aegineten von den Athenäern überrascht wurden, so könnte die von Thukydides angegebene Entfernung von zehn Stadien bis Thyrea (obgleich sie in Wirklichkeit etwas mehr betragen mag) zunächst auf diesen Ort zu passen scheinen; dagegen aber passen die Ausdrücke $\acute{\eta}$ $\check{\alpha}\nu\omega$ $\pi\acute{o}\lambda\iota\varsigma$ bei Thukydides und $\check{\alpha}\nu\omega$ $\pi\rho\grave{o}\varsigma$ $\tau\grave{\eta}\nu$ $\check{\eta}\pi\epsilon\iota\rho\upsilon\nu$ bei Pausanias nicht sonderlich auf diese Ruinen, die in der Ebene und nur wenig von der Küste entfernt sind. Und überhaupt eignet sich die Lage, wenn gleich eine centrale, nicht gut für eine zu Beherrschung dieses Thales bestimmte Hauptstadt, welcher die Hellenen, nachdem sie einmal für Thyrea auf die Vortheile einer unmittelbaren Lage am Meere verzichtet hatten, gewifs eine

[11*]

von der Natur mehr befestigte Stellung an den Höhen angewiesen haben werden. Ich kann daher diese Ruinen nicht
für Thyrea halten; eher möchte Anthene hier gelegen haben.

Eine Viertelstunde südlich von diesem Puncte, an der
Stelle, wo die Ebene am schmalsten ist, ist der ganze Raum
zwischen dem Fuße der Berge und der Küste von einem See
oder Sumpf mit brakischem Wasser eingenommen, welcher
Mustós (ὁ Μουςός) heißt. Die Regierung hat seitdem versucht, durch Abzugsgräben der weiteren Versumpfung Ein-
halt zu thun, und in dieser wohlbevölkerten Gegend neue
Landstrecken für den Anbau zu gewinnen; allein die aufge-
wandten Kosten sind umsonst gewesen, indem der starke
Wellenschlag die Mündungen der Gräben immer wieder ver-
sandet. Ich passirte damals diese versandeten Mündungen,
und kam nach einer kleinen halben Stunde an einem isolirten
niedrigen Hügel an der Küste, Cherronisi (τὸ Χερρονήσι) genannt, vorüber, von wo noch eine starke Viertelstunde bis
zu dem Paläokastron von H. Andreas ist.

Diese Ruine liegt an der Südseite der Mündung des
Flusses, der von Kastánitza und Prastós herunterkommt, auf
einem niedrigen Felshügel hart an der See. Hier ist die
äußerste Gränze der Ebene; denn südlich von hier ziehen
sich wieder ununterbrochene Berge an der Küste hinunter.
Hagios Andreas ist eigentlich der Name eines Dorfes, eine
halbe Stunde weiter den Fluß hinauf; es stehen aber auch
hier am Landungsplatze einige Häuser und Magazine. Den
niedrigen Hügel hinter denselben nimmt das Paläokastron ein.
Die zum großen Theile in ihren Fundamenten oder bis auf
einige Fuß Höhe noch erhaltenen Befestigungen sind von un-
regelmäßiger, hin und wieder an das Polygonische streifen-
der Bauart, die Mauern haben neun Fuß Dicke und sind mit
viereckigen Thürmen versehen, welche vierzehn Fuß weit
vortreten. Der Umfang des Ortes war nicht unbedeutend;
innerhalb der Ringmauer finden sich noch viele Fundamente,

welche die Richtung der engen, aber geradlinigten Strafsen
noch erkennen lassen, und einige mit Stuck ausgesetzte Cisternen. Von Marmorresten sah ich kaum einige unbedeutende Bruchstücke. Der höchste Punct des eingeschlossenen
Raumes bildet, wie gewöhnlich, eine kleine abgesondert befestigte Akropolis (ἄκρα), in welcher eine Kirche des Apostels
Andreas steht, die dem Paläokastron seinen Namen giebt.
Aber nicht eben so leicht und sicher ist die Bestimmung seines alten Namens: wobei nicht zu übersehen ist, dafs die
Gründung des Ortes wenigstens in seiner heutigen Gestalt,
wegen der Regelmäfsigkeit seiner Strafsenanlage, nicht viel
älter seyn kann, als die Zeit des Peloponnesischen Krieges;
nachdem Hippodamas unter Themistokles im Peiräeus den
Europäischen Griechen das erste Beispiel solcher regelmäfsiger, in rechten Winkeln sich durchschneidender Strafsen
vorgeführt hatte (¹¹). Man möchte daher an die Aeginetischen
Ansiedler und das von ihnen empfundene Bedürfnifs denken,
einen befestigten Landungsplatz an der Küste zu haben; aber
wenigstens die von Thukydides erwähnte Befestigung kann
nicht diese seyn, weil sie von der muthmafslichen Lage Thy-
reas zu weit entlegen ist. Leake, vorzüglich auf die Angabe
des Ptolemäos fufsend, dafs die Gränze von Argolis und Lakonika zu seiner Zeit zwischen Astron und Prasiä war, hält
den Ort für Prasiä und nimmt den Sumpf Mustós als Gränze
an, so wie den isolirten Hügel Cherronisi für das Vorgebirge,
auf welchem Pausanias vier kleine einen Fufs hohe Erzbilder

(¹¹) Nach den noch erhaltenen, durch die Abgrabung von Erde
zur Ausfüllung des Hafendamms in den letzten Jahren aufgedeckten
Fundamenten der Strafsenlinien im Peiräeus liefse sich der Plan des
Hippodamas noch zum grofsen Theile wiederherstellen, und würde
sich als ganz regelmäfsig ausweisen. Ich bemerke dies wegen der
neuerdings hiergegen erhobenen Zweifel (L. v. Klenze, Reise in Griechenland S. 410 flgg.).

sah ([12]). Allein bei dieser Annahme, wie gut sie auch sonst
sich den Örtlichkeiten anzupassen scheint, reichen wir mit
den von Pausanias angegebenen Entfernungen der Küsten-
städte nördlich von Epidauros Limera nicht aus. Denn nach
ihm war Zarax hundert Stadien von Epidauros entlegen, Kyphanta aber von Zarax sechs Stadien über Meer und noch
zehn Stadien landeinwärts, und endlich Prasiä oder Brasiä
von Kyphanta zweihundert Stadien über Meer ([13]). Dies ergiebt im Ganzen nur 306 Stadien, während die wirkliche
Entfernung deren wenigstens 400 beträgt. Freilich hat Leake
diesem Übelstande dadurch abzuhelfen gesucht, dafs er die.
sechs Stadien zwischen Zarax und Kyphanta bei Pausanias in
sechzig zu verändern vorschlägt; allein die Veränderung ist
ganz willkührlich, und reicht obendrein noch nicht aus. Auch
hat der Ort keinen eigentlichen Hafen, den doch Skylax bei
Prasiä angiebt. Daher haben die Franzosen mit gröfserer
Wahrscheinlichkeit die Ruinen auf dem Vorgebirge Tyru,
100 Stadien südlich von H. Andreas, als Prasiä bezeichnet,
wo eine natürliche Hafenbucht ist. Andere haben das Paläokastron von H. Andreas für Polichna halten wollen, welches, so weit ich sehe, nur bei Polybios als ein Ort in diesen Gegenden vorkommt, dessen Lage aber nicht näher bestimmt wird ([14]). Ich kann ohne triftige Gründe die Ansicht

---

([12]) Paus. 3, 24, 3: Βρασιαὶ ἐσχάτη μὲν ταύτῃ τῶν Ἐλευθερολακώνων πρὸς
θαλάσσῃ ἐςίν u. s. w. Über die ἄκρα ἐν ταῖς Βρασιαῖς μικρὰ, προέχουσα
ἠρέμα ἐς τὴν θάλασσαν, ebendas. §. 4. — Strabon 8, S. 194 Tauchn. rech-
net Prasiä zu Argolis, sagt aber S. 204, dafs es früher zu Lakonika
gehörte. Über die Lage ist aus ihm nichts zu entnehmen. Wichtiger ist Skylax im Periplus, der gleich auf Epidauros Limera Πρασία
πόλις καὶ λιμὴν folgen läfst. Die Stadt wurde im zweiten Jahre des
Peloponnesischen Krieges von der Athenäischen Flotte genommen und
zerstört: Thukyd. 2, 56. Aristoph. Fried. 242.

([13]) Paus. 3, 24, 1 - 3.

([14]) Polyb. 4, 36, 5: Λυκοῦργος - - ἐνέβαλεν εἰς τὴν Ἀργείαν - - καὶ Πο-
λίχναν μὲν καὶ Πρασιὰς καὶ Λεύκας καὶ Κύφαντα, προσπεσὼν ἄφνω, κατέσχε·

nicht aufgeben, dafs auch dieser nur durch den Sumpf von der übrigen Ebene getrennte Winkel mit zu der Thyreatis gehörte, und dafs also das Paläokastron von H. Andreas ein Städtchen jener Landschaft war, dessen Erwähnung zufällig — wie die mancher andern kleinen Orte — in den erhaltenen Schriften der Alten nicht vorkommt (¹⁵).

Von H. Andreas führt ein Weg das Flufsthal hinauf nach den Dörfern Sitena, Kastánitza und Prastós, welche hoch im Gebirge unfern seiner höchsten bis zu 6000 Fufs und darüber sich erhebenden Gipfel liegen, und die Hauptsitze des durch seinen alterthümlichen Dialekt ausgezeichneten Stammes der Tzakonen (Τσάκωνες, verderbt aus Κάκωνες) (¹⁶) sind.

Γλύμπεσι δὲ καὶ Ζάρακι προσπεσὼν, ἀπίπεσε. — Erst unter Augustus kam Prasiä, als einer der vierundzwanzig Orte der Eleutherolakonen, wieder an Lakonika: Pausan. 3, 21, 6.

(¹⁵) So sind, um nur Ein Beispiel aus einer vielbesuchten Gegend anzuführen — am Wege von Nauplia über Lessa (Ligurió) nach Epidauros zwei ansehnliche, mit schönen polygonischen Mauern wohlbefestigte Paläokastra, für welche wir keine alte Namen haben.

(¹⁶) Der fremd und barbarisch erscheinende Laut *tz* im Neugriechischen ist freilich in vielen Ortsnamen, wie Βόνιτσα und Βοστίτσα, unzweifelhaft Slavischen Ursprungs; aber in den meisten andern Worten ist der Laut *tz* oder vielmehr *tsch* nur aus der Italisirenden Aussprache des *k* entstanden. Dies wird besonders deutlich durch die Mundart der gemeinen Athenäer. Denn indem gerade sie das *k* vor den E- und I-Lauten sehr scharf als *tsch* sprechen (tschäròs statt καιρός, tschurà statt κυρά, tschulià statt κοιλία), verwandeln sie wieder in andern Worten das τζ oder τσ der allgemein angenommenen Aussprache in ein *k*, und erläutern dadurch die Ableitung derselben. So verwandelt sich τσακίζω (beschädigen, zerbrechen) im Munde des Attischen Autochthonen in κακίζω, und das räthselhafte ἔτζι (statt οὕτως) wird bei ihm zu ἔκῃ oder ἔκει, und erklärt sich so als ein adverbialischer Dativ, gleich ταύτῃ, nur mit zurückgezogenem Accente, von einer einfachen Grundform ἐκός statt ἐκεῖνος, von welcher auch ἐκεῖ abzuleiten ist. Es ist hier nicht der Ort, dies weiter auszuführen; ich wollte nur nachweisen, dafs dem Namen Τσάκωνες recht wohl eine ächt Griechische Form zum Grunde liegen kann, wenn es auch nicht die Καύκωνες sind, wie ich früher vermuthet habe.

Man hat den Namen Πραςὸς von Πρασιαὶ herleiten wollen,
allein es läfst sich kein sprachlicher Grund für eine solche
Umbildung nachweisen, und daher ist die theilweise Übereinstimmung wol nur eine zufällige. Aufser in diesen drei
Dörfern wird die Tzakonische Mundart nur noch in Karako-
vuni und Lenidi gesprochen; sie stirbt immer mehr aus, weil
ein grofser Theil der Bewohner dieser übervölkerten Bergge-
gend, vorzüglich die jüngeren Männer, sich des Erwerbs wegen viele Jahre lang als Handelsleute und Dienstboten im
übrigen Griechenland, in Konstantinopel und Smyrna aufzuhalten pflegen, und dann bei ihrer Rückkehr in die Heimath
ihnen der väterliche Dialekt fremd und unbequem geworden
ist. — Von Kastánitza kann man über den höchsten Rücken
des Gebirges und weiter über Vambaku und Vrésthena auch
in das Oenusthal und nach Sparta gelangen; doch ist dieser
Weg sehr rauh, wenig betreten und während der Winter-
monate des Schnees wegen gar nicht zu passiren.

Aber kehren wir von dieser Abschweifung nach Astros
zurück. Wenn die Ruine in der Ebene unter H. Triada und
vollends das Paläokastron von H. Andreas keinen Anspruch
darauf machen können, für Thyrea gehalten zu werden, so folgt,
dafs die Lage dieser Stadt in dem nördlichen Arme der Ebene
gesucht werden mufs, worauf auch der Ausdruck des Pausanias ἄνω πρὸς τὴν ἤπειρον hinführt. Nehmen wir die Mauer
am Hügel von Astros für die Befestigung der Aegineten, so
würden die zehn Stadien bei Thukydides uns etwa fünfundzwanzig Minuten westwärts an den Fufs der Závitza auf dem
nördlichen Ufer des Tanos bringen; und diese Lage würde
in der That allen aus den Nachrichten der Alten und aus den
örtlichen Verhältnissen zu ziehenden Inductionen entsprechen, wenn sich nur Ruinen dort fänden. Allein diese sind
nicht vorhanden; und die Angabe der Einwohner, dafs der
Flufs bei grofsem Wasser manchmal antike Ziegel und andere

Reste auswühlt, kann nicht genügen, um das Daseyn einer Stadt zu erweisen.

Die einzigen antiken Ruinen von Bedeutung, die in dem nördlichen Thalarme sich finden, sind bei dem Kloster Luku (17), und müssen mit Wahrscheinlichkeit für die von Thyrea gehalten werden, wenn gleich die Entfernung von Astros über fünf Viertelstunden oder mehr als dreifsig Stadien, statt der zehn des Thukydides, beträgt. Der Weg durchschneidet anfangs die Ebene nach den Hagiannitika Kalyvia, läuft dann in westlicher Richtung über steinigtes Terrain am Fufse der Berge hin, und passirt kurz vor Luku das tiefe Bett eines von Süden her aus den Bergen kommenden Flusses, der unterhalb des Klosters in den Tanos fällt. Das hübsche Kloster, ausgezeichnet durch drei mächtig hohe Cypressen hinter der Kirche, hat im Kriege nur wenig gelitten. In Venetianischer Zeit soll es mit Capucinern besetzt gewesen seyn.

Im Hofe des Klosters fand ich (1833) fünf Korinthische Säulencapitelle und drei dergleichen Pilastercapitelle, alle von verschiedener Gröfse und verschiedener Zeichnung, und einige darunter ausgezeichnet hübsch. Ferner ein grofses und hübsches Ionisches Capitell; ein kürzlich ausgegrabenes Bruchstück eines Basreliefs von guter Arbeit, einen Satyr mit einem

---

(17) Ἡ Λουκοῦ, τῆς Λουκοῦς, vielleicht entstanden aus ἡ Λυκώ. Denn das υ geht in der gemeinen Aussprache oftmals in ου über, z. B. ἀχούρι statt ἀχύριον, eine Strohscheuer; τρούπα statt τρύπη, ein Loch; Γιοῦρα statt Γύαρα, die Insel Gyaros. Ebenso verwandelt der heutige Acolisirende Dialekt das ω gern in ου, z. B. πουλάω statt πωλέω, verkaufen; πουρὶ statt πῶρος, eine Art Sandstein; κάτου statt κάτω, unten. Daher eine Menge Substantiva weiblichen Geschlechtes, die im Nominativ οῦ statt ώ haben, z. B. ἡ ἀλεποῦ, τῆς ἀλεποῦς, der Fuchs; und besonders Ortsnamen, wie die Luku benachbarten Dörfer ἡ Βαμβακοῦ (d. i. Baumwollendorf), ἡ Μελιγοῦ (vielleicht Honigdorf) und ähnliche.

Ziegenbock darstellend, und ein anderes Bruchstück eines schöngearbeiteten, mit Reben und Weinlaub umschlungenen Baumstammes aus weifsem Marmor. Allein bei einem späteren Besuche (1840) waren mehre dieser Gegenstände nicht mehr vorhanden; sie sollen während der Zeit, wo das Kloster aufgehoben und seine Ländereien an Private verpachtet waren (1834-37), verschwunden seyn. Vor dem Kriege ist diese Art von Antiquitätensammlung in Luku weit ansehnlicher gewesen. Das Museum in Athen besitzt eine von hier gebrachte, aus mehren Bruchstücken zusammengesetzte Karyatide, und zwei merkwürdige Basreliefs ([18]).

Die Ruinen der Stadt, aus welchen diese Gegenstände stammen, liegen auf der abhängigen Fläche unterhalb des Klosters gegen das Thal des Tanos hin. Sie sind von nicht unbeträchtlicher Ausdehnung, aber mit vieler von den hinterwärts gelegenen Höhen herabgeschwemmter Erde überdeckt, und mit Ölbäumen und Gesträuch überwachsen. An der Stelle, wo das vornehmste Heiligthum gestanden zu haben scheint, liegen noch sechs bis acht Bruchstücke sehr schöner monolither Säulen aus grauem Granit, der dem Granit des Berges Kynthos auf Delos ähnelt, von $2\frac{1}{2}$ bis 3 Fufs im Durchmesser, so wie zwei Korinthische Capitelle aus hartem grauem Kalkstein von 2 F. 8 Z. Höhe. Daneben ist ein Überrest eines halbkreisförmigen Baus, aus unregelmäfsigen mit Mörtel verbundenen Quadern. In der Nähe wies man mir, nur einen Fufs hoch mit Erde bedeckt, einen alten Mosaikboden, der nach der Versicherung des Abtes von beträchtlicher Ausdehnung seyn soll. Das aufgedeckte Stück zeigte nur ein Blättergewinde. Überall aber findet man in

---

([18]) Die Karyatide scheint dieselbe Statue zu seyn, von welcher Leake die Bruchstücke sah: Morea II, S. 488. Von den Basreliefs ist eins abgebildet in Ann. d. Inst. Arch. vol. I (1829), tav. d'agg. C; vgl. ebendas. die Bemerkungen von Wolff und Gerhard S. 132-134.

geringer Tiefe Fundamente und alte Ziegel, weshalb dieser
Platz von den Bewohnern der Umgegend als eine Niederlage
von Baumaterialien angesehen und ausgebeutet wird.

Nach dem Charakter von Pracht und Reichthum, welchen die beschriebenen Trümmer und die hier gefundenen
Gegenstände tragen, können sie nur der Hauptstadt Thyrea
angehören, deren hohe Blüthe auch ihre zahlreichen Münzen
bezeugen. Unter dieser Voraussetzung, und angenommen,
dafs Anthene an dem bezeichneten Platze in der Ebene südwestlich von Astros lag, dürfte das Paläokastron ([19]) am südlichen Abhange der Závitza, am Wege von Luku nach Eläus
in Argolis, für den Flecken Eva zu halten seyn. Die Lage
des dritten Fleckens, Neris, werden wir gleich mit Wahrscheinlichkeit nachweisen.

Von Luku führt ein Pfad in zwei Stunden über das Gebirge nach dem grofsen Dorfe H. Joannis, und weiter über
Xerokampi nach H. Petros. Der eigentliche Weg aber von
Astros nach Sparta läuft durch die Ebene nach den Kalyvia
von Meligu, und erreicht von hier aus den mittleren Thalarm
hinaufsteigend in einer Stunde die Ruine einer Hellénischen
Fefung, Helleniko genannt, welche schon 1900 Fufs über
dem Meere auf einem Felsrücken zwischen den Armen eines
Bergbaches liegt, der von hier das Thal hinunterfliefst und
sich unterhalb der Kalyvia von Meligu in der Ebene verliert.
Ein anderer Bergbach entspringt auf der Nordseite des Paläokastron, und bildet das Flüfschen, welches unter Luku in den
Tanos fällt. Der flache Gipfel des Berges ist in beträchtlicher
Ausdehnung mit ansehnlichen Resten alter Befestigungsmäuern umgeben, die sich zum Theil doppelt über einander erheben und mit runden und viereckigen Thürmen versehen sind.
Die Bauart ist unregelmäfsig, fast polygonisch; die Mauern
haben 6 bis 10 Fufs Dicke; ein Thor ist 11 Fufs breit. Im

([19]) Vgl. oben V, 3, bei Anm. 31.

Innern sind viele Fundamente und Trümmerhaufen, und mehre
Cisternen. Dies Hellenikòn mufs nach der Schilderung des
Statius, der eine so genaue Kenntnifs der Örtlichkeiten Griechenlands verräth, wie er sie nur aus eigner Anschauung ge-
schöpft haben konnte, gewifs Neris seyn:

> Quaeque pavet longa spumantem valle Charadron
> Neris;

und der Charadros ist jener Bergbach, der zur Regenzeit
in raschem Sturze das Thal bis zu den Kalyvien durchbraust
und einen Theil der Ebene unter Wasser setzt.

Von Hellenikòn oder Neris führt der Weg weiter durch
Meligu und über tiefe Bergklüfte nach der Hochebene von
Xerokampi. Beim Eintritt in dieselbe liegt links auf einem
spitzigen isolirten Gipfel eine Ruine aus dem Mittelalter, das
Schlofs der Schönen (τῆς ὡριᾶς τὸ κάςρον) genannt, und auch
in der Ebene findet man viele Bruchstücke von Ziegeln zerstreut. Von hier sind auf rauhen Pfaden, indem man das
Kloster Malevi (ἡ Μαλεβή) auf der Hälfte des Weges liegen
läfst, noch anderthalb Stunden bis zu dem grofsen Flecken
Hagios Petros, der hoch am Parnon und nur wenig unter der
Wasserscheide des Gebirges liegt. Kurz vor dem Flecken
passirt man die tiefe Schlucht, in welcher der Tanos hier
nordwärts fliefst.

2. Hagios Petros ist ein Flecken von vierhundert Häusern, und liegt gegen 3000 Fufs über dem Meere an dem
Puncte, von wo die Hauptpässe über die im Ganzen sehr un-
wegsame Kette des Parnon nach Arkadien und Lakonika
ausgehen. Ein Weg führt von hier nördlich und nordwestlich über Kastri oder Dolianà nach Tegea, ein anderer westwärts nach dem Khan von Krya Vrysis, dem alten Phylake ([20]), und ein dritter südwestlich über Arachova und das
Oenusthal hinunter nach Sparta.

([20]) Vgl. oben IV, 1, bei Anm. 12.

Den Weg nach Sparta verfolgend erreicht man nach
einer starken halben Stunde beschwerlichen Hinansteigens
den Rücken des Berges, von wo sich eine weite Aussicht
nach Westen und Süden auf die Höhen der Skiritis, das Oe-
nus- und Eurotasthal und die mächtigen Gipfel des Taygeton
eröffnet. Gegen Norden erkennt man, über die Závitza und
die Argolischen Berge herausragend, den Gipfel des Apesas
bei Nemea an seiner Tafelform. Am 22. April 1840 lag hier
auf der Höhe des Parnon noch viel Schnee. Hier beginnt
niedriges, von der Kälte und den heftigen Winden verkrüp-
peltes Eichengesträuch, und durch dasselbe fortreitend gelangt man nach einer Viertelstunde an einen Platz, der den
auffallenden Namen 'σ τοὺς φονευμένους („bei den Erschlage-
nen") führt. Drei zusammengesunkene Tumuli aus Erde und
rohen Steinen, jeder etwa funfzehn Schritt im Durchmesser,
die zu einander im Dreieck liegen, bezeichnen diese Stelle.

Wir haben bereits oben gesehen, daſs über der Thyreatis auf dem Parnon, wo die Gränzen der Argeier, Arkader
und Lakedämonier zusammenstießen, Hermen aus Stein
errichtet waren. An sie knüpft Pausanias seine Beschreibung von Lakonika an: „Gegen Abend von den Hermen be-
„ginnt Lakonika. — Von den Hermen ausgehend ist die
„ganze Gegend mit Eichen bewachsen; der Wald heiſst Sko-
„titas, nicht als ob die Dichtigkeit der Bäume Dunkelheit
„(σκότος) verursachte, sondern Zeus hat den Beinamen Sko-
„titas, und wenn man zur Linken des Weges ungefähr zehn
„Stadien abwärts geht, kommt man zu seinem Heiligthume.
„Kehrt man von dort zurück, verfolgt die Strafse eine Strecke
„weiter, und biegt dann wieder zur Linken ab, so findet man
„eine Statue und ein Siegsdenkmal des Herakles; dies soll
„Herakles errichtet haben, als er den Hippokoon und seine
„Söhne erschlagen hatte. Der dritte Abstecher vom geraden
„Wege führt zur Rechten nach Karyä und nach dem Heilig-
„thume der Artemis. — Wenn man von dort zurückkehrt

„und der Heerstrafse folgt, kommt man zu den Ruinen von
„Sellasia (²¹).‟

Vermuthlich sind jene drei Tumuli 'σ τοὺς φονευμένους
die alten Gränzmale, da auch blofse Steinhaufen mit den
Namen Ἑρμαῖ und Ἑρμαῖα belegt wurden (²²); vielleicht
standen auf ihnen noch steinerne Hermen mit Inscbriften,
wie wir sie jetzt, wenn gleich erst aus Römischer Zeit, auf
der Gränze von Lakonika und Messenien kennen (²³). Wenn
aber, wie dies nicht unwahrscheinlich ist, die von Pausanias erwähnten Gränzsteine ein wenig nördlicher an dem
Wege standen, der von H. Petros nach Phylake führt, und
von wo auch ein Pfad nach Arachova und ins Oenusthal
abbiegt, so könnten οἱ φονευμένοι vielleicht in Übereinstimmung mit ihrem Namen das Siegesmal des Herakles über
den Hippokoon und seine Söhne bezeichnen (²⁴). Eine halbe
Stunde oder etwa zehn Stadien links von hier sah ich auf
einem Bergrücken eine Kirche des H. Theodoros, die ich
leider nicht besuchen konnte; vielleicht nimmt sie die Stelle
des Heiligthums des Zeus Skotitas ein.

(²¹) Pausan. 3, 1, 1: Μετὰ δὲ τοὺς Ἑρμᾶς ἐςὶν ἤδη Λακωνικὴ τὰ πρὸς
ἑσπέρας. Ders. 3, 10, 7: Ἰοῦσι δὲ ἀπὸ τῶν Ἑρμῶν ἐςὶν ὁ τόπος οὗτος ἅπας
δρυῶν πλήρης· τὸ δὲ ὄνομα τῷ χωρίῳ Σκοτίταν (so Bekker) οὐ τὸ συνεχὲς τῶν
δένδρων ἐποίησεν, ἀλλὰ Ζεὺς ἐπίκλησιν ἔσχε Σκοτίτας, καὶ ἔςιν ἐν ἀριςερᾷ τῆς
ὁδοῦ δέκα μάλιςά που ςάδια ἐκτραπομένοις ἱερὸν Σκοτίτα Διός. ἐπανελθόντων δὲ
ἐντεῦθεν προελθοῦσιν ὀλίγον καὶ τραπεῖσιν αὖθις ἐς ἀριςερὰν ἄγαλμά ἐςιν Ἡρα-
κλέους καὶ τρόπαιον· ἀναςῆσαι δὲ ἐλέγετο Ἡρακλῆς ἀποκτείνας Ἱπποκόωντα καὶ
τοὺς παῖδας. 8. Τρίτη δὲ ἐκ τῆς ὁδοῦ τῆς εὐθείας ἐκβολὴ κατὰ τὰ δεξιὰ ἐς
Καρύας ἄγει καὶ ἐς τὸ ἱερὸν τῆς Ἀρτέμιδος. - - ἀναςρέψαντι δὲ καὶ κατὰ τὴν
λεωφόρον ἰόντι ἐρείπια Σελλασίας ἐςί κ. τ. ἑ. Der Skotitas zwischen Tegea
und Sparta, Polyb. 16, 37, 3. 4.

(²²) Λιθηλογέες Ἑρμέω ἱδρύσιες, Anthol. Palat. 6, 253. Ἱερὸν Ἑρμείη
με παραςείχοντες ἔχευαν Ἄνθρωποι λίθινον σωρόν, Anth. Planud. 4, 254.

(²³) Vgl. oben I, 3, bei Anm. 23.

(²⁴) Nur waren der Söhne des Hippokoon wenigstens sechs (Andere nennen noch mehre), und diese hatten ihre Grabmäler (ἡρῷα)
in Sparta. Pausan. 3, 14, 6. 7, und 15, 2.

Die Überreste des Waldes Skotitas ziehen sich von
hier als ein niedriges, aber dichtes Eichengebüsch, welches
bei gehörigem Schutze und forstmäfsiger Behandlung auch
wieder zu Bäumen emporwachsen könnte, nicht allein bis
Arachova, sondern noch mehre Stunden weit über die Höhen zu beiden Seiten des Oenusthals hinunter. Noch von
der Höhe des Berges erkennt man, etwa eine Stunde rechts
oder westlich von Arachova, in dem Thale eines Nebenar-
mes des Oenus, einen isolirten flachen Hügel mit Ruinen,
welche auch die Französische Karte als Paläokastron angiebt. Ich konnte unglücklicher Weise auch diesen Abstecher nicht machen, um die Ruinen in der Nähe zu un-
tersuchen; aber es kann keinem Zweifel unterliegen, dafs
dort Karyä (²⁵) stand, so genau stimmt die Lage des Paläokastron mit der von Pausanias angegebenen Richtung
überein. Auch aus Xenophon ersieht man, dafs Karyä nicht
an der geraden Strafse von Tegea nach Sparta, sondern an
einem Seitenwege lag (²⁶), der aber öfter von Heeren ein-
geschlagen wurde (²⁷). Als ein Gränzort gehörte er zu den-
jenigen Periökenstädten, deren Bewohner leicht zum Abfall
von Sparta geneigt waren, weil sie straflos zu bleiben hofften. Daher boten sich die Karyaten den Thebäern bei ihrem ersten Einfalle in Lakonika zu Führern an, wurden
aber dafür hart gestraft, indem Archidamos später ihre Stadt

(²⁵) Die eigentlich Lakonische Rechtschreibung des Namens war
Κάροια und Καροιᾶτις. Vgl. Stephanos unter Κάρυα.

(²⁶) Xen. Hell. 6, 5, 25 u. 27. Nachdem die Arkader den festen
Flecken Oeon an der geraden Strafse von Tegea nach Sparta einge-
nommen, vereinigen sie sich mit den über Karyä eingedrungenen
Thebäern, und marschiren auf Sellasia.

(²⁷) Liv. 34, 26: Quinctius bricht von Argos auf, et Parthenio
superato monte, praeter Tegeam (indem er Tegea rechts liefs) tertio
die ad Caryas posuit castra. Auch die Lakedämonier marschirten
bisweilen über Karyä nach Argolis, Thukyd. 5, 55.

einnahm und alle Gefangenen schlachtete ([28]). Der Ort war berühmt durch das Heiligtbum der Artemis, mehr noch durch die hier seit frühen Zeiten ([29]) an den Festen der Göttinn aufgeführten Tänze der Jungfrauen ([30]), von welchen die alte Kunst wahrscheinlich das Motiv zu den weiblichen Figuren, die statt der Säulen das Gebälk tragen, den sogenannten Karyatiden, entnommen hat ([31]). Wir fordern künftige Reisende

---

([28]) Xen. a. a. O. und 7, 1, 28: Archidamos Καρύας μὲν ἐξαιρεῖ κατὰ κράτος, καὶ ὅσους ζῶντας ἔλαβεν, ἀπέσφαξεν.

([29]) Schon Aristomenes raubte im zweiten Messenischen Kriege τὰς ἐν Καρύαις παρθένους χορευούσας τῇ 'Αρτέμιδι, Paus. 4, 16, 5.

([30]) Über diese Tänze Paus. 3, 10, 8. Lukian. π. ὀρχήσ. 10.

([31]) Vitruv. 1, 1, 5 hat bekanntlich eine ungereimte, wenigstens unhistorische Geschichte zur Erklärung des Ursprungs und Namens der Karyatiden in der Kunst: „Im Persischen Kriege habe sich Ka-„ryä mit den Feinden vereinigt, und sey dafür nachgebends von den „gesammten Griechen mit Krieg überzogen, die Stadt zerstört, die „Männer erschlagen, und die Frauen zu gröfserem Hohne in ihrem „vollen festlichen Putz in die Knechtschaft geführt worden; dies habe „den Architekten jener Zeit die Idee gegeben, die Frauen von Ka-„ryä an öffentlichen Gebäuden statt der Säulen anzubringen." Offen- bar hat hier Vitruv oder schon sein Gewährsmann den Abfall der Karyaten von Lakedämon zu den Thebäern durch einen argen Mifsgriff in ein Anschliefsen an die Perser verwandelt; ob aber der zweite Theil der Geschichte auch gänzlich zu verwerfen ist? So gut wie die besiegten Perser (Paus. 3, 11, 3. Vitruv. 1, 1, 6), konnten auch die gefangenen Weiber und Mädchen von Karyä einem Lake- dämonischen Architekten den Gedanken eingeben, sie zum Anden- ken an diese Begebenheit auf einem öffentlichen Monumente darzu- stellen. Der Name Καρυάτιδες für solche weibliche Gebälkträgerin- nen scheint in der Griechischen Literatur gar nicht, und auch bei den Lateinern nicht früher vorzukommen, als bei Vitruv. a. a. O. und bei Plin. N. G. 36, 5, 5, wo unter den marmornen Werken des Praxiteles, die in Rom zu sehen waren, auch Mänaden und Thyaden und Karyatiden und Silene aufgeführt werden. Praxiteles aber war ein Zeitgenosse des Zuges der Thebäer gegen Sparta, und überlebte denselben wenigstens um ein Mannesalter. Ob vielleicht erst von seinen Statuen der Name der Karyatiden in die Welt gekommen ist?

auf, anstatt des vielbetretenen Weges von Tegea nach Sparta
über Krya Vrysis lieber den kleinen Umweg über Karyä zu
machen, um dies Paläokastron und seine Umgegend näher
zu erforschen.

Von Arachova bis an den Khan des Krevatàs (τοῦ Κρε-
βατᾶ τὸ χάνι) läuft der Weg fast drei Stunden lang fortwährend im Bette des Oenus ([32]) hin, und passirt diesen Flufs,
der jetzt Kelephina genannt wird, mehr als dreifsig Mal. Gewöhnlich reicht das Wasser den Pferden kaum übers Knie;
nach starken Regengüssen aber schwillt die Kelephina, besonders in dem untern Theile des Thals, nachdem sie die
Nebenflüsse von Karyä und von Vambaku und Vresthena ([33])
aufgenommen hat, bisweilen zu einem wüthenden Strome
an, und reifst Thiere und Menschen mit sich fort. Daher
sagt ein Sprichwort:

ἩΚελεφῖνα φάνισσα, καὶ ὁ Νίρις ὁ λεβέντης.

„Kelephina ist eine Mörderinn, Iris (Eurotas) ein glatter
„Bursche.” Bei dem zerstörten Khan des Krevatàs erweitert
sich endlich das Thal, und der Weg fällt in die von Tegea
kommende Strafse ein.

Die weiblichen Figuren am Kekropion auf der Akropolis in Athen
haben bekanntlich diesen Namen noch nicht, sondern heifsen in der
Inschrift (C. I. G. I, n. 160) blofs Mädchen, Κόραι.

([32]) Ὁ Οἰνοῦς, Polyb. 2, 65. 66. Liv. 34, 28. Athenä. 1, S. 31.
Auch ein Städtchen Οἰνοῦς oder Οἰνόη soll existirt haben: Steph. u.
Οἰνοῦς. Ptolem. 3, 16.

([33]) Man hat in Vresthena (Βρέσθενα) den Berg Barbosthenes bei
Livius wieder erkennen wollen; nicht ohne einigen Schein. Philopömen marschirte von Karyä nach dem Barbosthenes; Liv. 35, 27: Ad
Caryas primum in hostium terra posuit castra. - - Castra ad Barbo-
sthenem (mons est decem millia passuum ab Lacedaemone) promovit.
Nabis lagerte sich ihm gegenüber. Sie waren durch einen Bach
(torrens, rivus) getrennt, ohne Zweifel den Oenus: ebend. 28. Diese
Örtlichkeiten waren noch vor dem Übergange über den Eurotas:
ebendas. 29. 30. Nun werden aber bei Livius Pyrrhi castra erwähnt,
und der Πύῤῥου χάραξ (Polyb. 5, 19) war südlich von Sparta!

VII.

Weg von Tegea nach Sparta. Die Landschaft Skiritis. Schlacht bei Sellasia.

———

1. Der Weg von Tegea nach Sparta, so weit er innerhalb der Gränzen der Tegeatis durch das Thal Symbola längs dem Sarantapotamos oder dem alten Alpheios läuft, bis Krya Vrysis oder Phylake, ist bereits oben (¹) beschrieben worden. In dem zunächst vorhergehenden Aufsatze ist gezeigt worden, daſs die Gränzsäule der Tegeatis gegen Lakonika, an der Ostseite beider Länder, auf dem Rücken des Parnon unweit H. Petros und wahrscheinlich bei 'σ τοὺς φονευμένους stand, und daſs Karyä der erste Ort war auf Lakonischem Gebiete. Hieraus ergiebt sich mit voller Gewiſsheit, daſs der Arm des Sarantapotamos, der westlich von H. Petros und nördlich von Karyä nach Krya Vrysis fließt, auf dieser ganzen Strecke die Gränzscheide bilden muſste.

Weniger scharf läſst sich die Gränze auf der Westseite von Krya Vrysis ziehen. Hier streckt sich ein rauhes, steinigtes und kahles Hochland gegen das Thal von Asea und gegen die Quellen des Eurotas hin, dessen stumpfe Gipfel im Durchschnitt eine Höhe von 2800 bis 3400 Fuſs über dem Meere haben. Dies ist die alte Skiritis, gegen Norden an die Mänalier, gegen Westen an die Parrhasier gränzend, und ursprünglich, wie es scheint, eine Arkadische Land-

———

(¹) Vgl. IV, 1, bei Anm. 12.

schaft (²), aber schon in früher Zeit als Periöken den Lakedämoniern unterwürfig (³). Die Bewohner der Skiritis standen in solchem Rufe der Tapferkeit, daſs der Σκιρίτης λόχος
für einen der besten Theile des Lakedämonischen Heeres galt
und den linken Flügel desselben zu bilden pflegte (⁴). Dennoch fielen auch sie, gleich den Karyaten und Sellasiern, bei
dem ersten Einfall des Epaminondas in Lakonika von den
Lakedämoniern ab, und wurden dafür später feindlich behandelt und gezüchtigt (⁵). Städte und Orte werden in ihrer
Landschaft nicht genannt, auſser Skiros, dessen Existenz
aber in historischer Zeit so wie seine Lage nicht nachweisbar
ist, und Oeon oder Ion. Letzteres war ein Flecken am
Wege von Tegea nach Sparta, wo zur Zeit des ersten Ein-
falls des Epaminondas Ischolaos mit einer Gränzwache aufgestellt war. Die Thebäer hatten anfangs kein Vertrauen zu
der Unternehmung, weil, sagten sie, die Pässe nach Lakonika
an sich schwierig wären und gut bewacht würden. Dann
aber von den abtrünnigen Periöken aufgemuntert, rückten
sie selbst gegen Karyä vor, und lieſsen die verbündeten Arkader auf Oeon marschiren. Ischolaos beging den Fehler,
statt auf den schwierigsten Theil des Passes (ἐπὶ τὰ δύσβατα)
sich zurückzuziehen, in Oeon zu bleiben, damit auch die

(²) Steph. u. Σκίρος· Ἀρκαδίας κατοικία πλησίον Μαιναλίων καὶ Παῤῥα-
σίων. οἱ κατοικοῦντες Σκιρῖται. τὸ θηλυκὸν Σκιρῖτις. (Ob mit diesem Skiros
vielleicht Skirtonion in der Landschaft Aegytis zusammenfällt? Pausan. 8, 27, 3, und aus ihm Steph. u. Σκιρτώνιον.) Daſs die Skiritis an
die Parrhasike gränzte, sagt auch Thukyd. 5, 33.

(³) Schon zur Zeit des Lykurgos, Xenoph. Verf. der Laked. 12,
3. Vgl. Clinton, Fasti Hellen. p. 403 (412 ed. Krueger.).

(⁴) Thukyd. 5, 67. 68. Später blieb das Skiriten-Bataillon immer
beim Könige und diente als Reserve: Diodor. 15, 32. Skiriten kommen auch vor Xen. Hell. 5, 2, 24. 5, 4, 52.

(⁵) Xen. Hell. 7, 24, 1: Ἀρχίδαμος – – ἐδῄου καὶ τῆς Ἀρκαδίας ὅσα ἐδύ-
νατο καὶ τῆς Σκιρίτιδος.

Oeaten genöthigt wären, an der Vertheidigung Theil zu neh-
men. So wurde der Pafs von den Arkadern erstiegen, die
nun den Ischolaos mit seiner Schaar im Orte selbst vom
Rücken und von der Seite angriffen und sämmtlich nieder-
machten (⁶). Darauf vereinten sie sich mit den Arkadern
bei Karyä, und rückten gegen Sellasia vor. Später kommt
Oeon nicht mehr in der Geschichte vor, es sey denn, dafs das
Städtchen Iasos, welches Pausanias als einen Lakonischen
Gränzort erwähnt, der aber in der ersten Hälfte des zweiten
Jahrhunderts vor Christo dem Achäischen Bunde gehorchte (⁷),
mit Oeon einerlei sey.

Vom Khan bei Phylake oder Kryá Vrysis steigt die
Strafse noch eine starke Stunde lang fortwährend bergan, bis
in die sogenannte Klisura (ἡ Κλεισοῦρα), einen engen und
rauhen Pafs auf dem höchsten Puncte der Wasserscheide
zwischen zwei steinigten Höhen. Hier irgendwo mufs Oeon
gelegen haben. Dies Hochland, das im Alterthum nicht

(⁶) Xenoph. Hell. 6, 5, 24: Καὶ γὰρ ἦν Ἰσχόλαος μὲν ἐν Οἰῷ τῆς Σκιρί-
τιδος, ἔχων νεοδαμώδεις τε φρουροὺς καὶ τῶν Τεγεατῶν φυγάδων τοὺς νεωτάτους.
περὶ τετρακοσίους· ἦν δὲ καὶ ἐπὶ Λεύκτρῳ ὑπὲρ τῆς Μαλεάτιδος ἄλλη φρουρά.
(Malea oder Maläa, ein Ort gegen Megalopolis hin, Paus. 8, 27, 3.)
Xenoph. ebend. §. 25: αὐτοὶ μὲν (die Thebäer) κατὰ Καρύας ἐνέβαλον,
οἱ δὲ Ἀρκάδες κατὰ Οἰὸν τῆς Σκιρίτιδος. §. 26: (Ἰσχόλαος) βουλόμενος τοῖς
Οἰάταις συμμάχοις χρῆσθαι, ἔμεινεν ἐν τῇ κώμῃ. Vgl. über den Hergang
Diodor. 15, 64.

Bei Xenophon wird auch Ἰὸν und Ἰάταις geschrieben, aber Οἰὸν
oder Οἰον dürfte das Richtigere seyn. Solche auf rauhen Berghalden
einsam gelegene Städte und Flecken hiefsen gern Oeon oder Oea
(vgl. Harpokr. u. Οἰον), z. B. Oea auf der Insel Thera, und zwei
Demen Oa oder Oea und zwei andere Oeon in Attika.

Vielleicht bezieht sich auf dies Skiritische Oeon auch die Glosse
des Stephanos unter Οἶος· πολίχνιον Τεγέας. Αἰσχύλος Μυσοῖς· οἱ πολῖται
Οἰᾶται.

(⁷) Pausan. 7, 13, 5: (Menalkidas mit den Lakedämoniern) πόλισμα
Ἴασον ἑλὼν ἐξ ἐπιδρομῆς ἐπόρθησεν, ἐν ὅροις μὲν χώρας τῆς Λακωνικῆς, Ἀχαιῶν
δὲ ἐν τῷ τότε ὑπήκοον. Vgl. Suidas u. Ἴασος· ὄνομα τόπου· καὶ Ἰασίτης, ὁ
ἀπὸ τούτου.

schwach bevölkert gewesen zu seyn scheint, hat jetzt auf
mehre Stunden in die Länge und Breite kein Dorf und kein
Haus; sein Anblick ist unwirthlich, der Boden selbst in den
Senkungen zwischen den Hügeln nur wenig zum Anbau geeignet, und das Klima so unfreundlich, dafs Mitte April die
einzelnen niedrigen Eichen, die sich am Wege finden, kaum
zu knospen begonnen hatten, während sie unten im Eurotas-
thale schon kleine Blätter zeigten. Von der Klisura an beginnt der Weg sich abwärts zu senken, und die Gegend wird
nach und nach freundlicher, so wie sie sich dem Oenusthale
nähert. Verschiedene Arten immergrüner Bäume und Ge-
sträuche bilden kleine Haine, die von zahlreichen Quellen
bewässert werden; und endlich betritt man nach ungefähr
drittehalb Stunden von Klisura oder vier Stunden von Krya-
Vrysis, das Oenusthal bei den Ruinen vom Khan des Krevatás, wo der aus der Thyreatis über Arachova kommende Pfad
sich mit der Strafse vereinigt. Der Khan hat seinen Namen
von seinem Erbauer, aus einer ehemals begüterten und ange-
sehenen Familie in Misthrás. Von hier nach Misthrás sind
noch vier Stunden, und nach der neuen Stadt Sparta, auf
den Ruinen der alten, wenigstens drei und eine halbe.

2. (*) Das Oenusthal, von Arachova bis zum Khan des
Krevatás nicht viel mehr als eine Schlucht zwischen Bergen,
die eben nur für das Bette des Flusses und für einen Saumpfad Raum läfst, welcher bald auf dem rechten, bald auf dem
linken Ufer sich hinwindet, erweitert sich südlich von dem
Khan und auf der rechten Seite des Flusses zu einer kleinen
Ebene von zehn Minuten Breite und einer Viertelstunde
Länge. Dann verengt sich das Thal wieder, die Felswände
treten auf beiden Seiten hart an den Flufs hinan und scheinen ihm selbst sein Bett streitig machen zu wollen.

(*) Dieser Abschnitt ist umgearbeitet nach einem Aufsatze in den
Annal. d. Inst. Arch. Vol. 8 (1836), p. 15–21. Das ihn begleitende
Kärtchen ist nach der Französischen Karte vergröfsert.

Jene kleine Ebene ist gegen Osten durch den Berg Olympos (⁸) begränzt, welcher eine Fortsetzung des Berges von Vresthena (Barbostheiles?) ist und sich auf dem linken Ufer des Oenus sehr steil erhebt. Auf der Westseite liegt der Berg Evas, jetzt Turlas (ἡ Τούρλαις), dessen Abhänge sanfter, obwohl für Reuterei immer noch unzugänglich sind. Gegen Norden ist die Ebene durch den Berg geschlossen, über welchen die Strafse von Tegea herunterführt, gegen Süden durch ein anderes noch höheres Gebirge. Der Oenus, der den östlichen Rand des kleinen Thals bespült, ist hier, wo sein Bette sich erweitert, überall ohne Schwierigkeit zu durchwaten. Er nimmt hier das Bächlein Gorgylos auf, welches aus einer tiefen Schlucht an der Nordseite des Evas herunterkommt. Auf dem 834 Meter hohen Gipfel des Berges, der das Thal im Süden begränzt, und über welchen jetzt, wie im Alterthume, die Strafse nach Sparta führt, liegen die Ruinen von Sellasia, von denen ich weiter unten sprechen werde. Die Französische Karte giebt diese Ruinen freilich an, aber durch einen Mifsgriff setzt sie den Namen der Stadt an den Fufs des Berges.

Die oben beschriebene Ebene mit den Bergen Evas und Olympos war der Schauplatz der berühmten Schlacht bei Sellasia (⁹), die über das Schicksal von Sparta entschied. Als Kleomenes der Dritte nach langjährigen Kriegen im dritten Jahre der 139 Olympiade oder im Frühling des Jahres 221 vor unserer Zeitrechnung (¹⁰) einen Angriff von Antigonos

---

(⁸) Dieser Bergname findet sich noch in Lakonika, nur an einer andern Stelle, indem gewisse Dörfer nördlich von Gemki (Geronthrä) die Olympos-Dörfer, τὰ Ὀλυμποχώρια, heifsen. Auch an der Westküste von Attika giebt es einen Ἔλυμπος, d. i. Ὄλυμπος.

(⁹) Über diese Schlacht Polyb. 2,65 flgg. Plut. Philop. 6. Ders. Kleom. 27 flgg. Pausan. 2, 9, 2 und 3. 8, 94, 4.

(¹⁰) Über die Zeitbestimmung vgl. Schoemann. prolegom. ad Plut. Agin et Cleom. (Gryphisw. 1839) p. XXXVIII et LVI.

Doson von Makedonien und den Achäern zu erwarten hatte,
befestigte er die andern Pässe, welche nach Lakonika führen (¹¹), und kam selbst mit seiner Hauptmacht, um die Ebene
unter Sellasia, als den Punct, wo die drei Wege aus der
Thyreatis über den Parnon und aus der Tegeatis über Karyä
und Oeon zusammentreffen, nebst den angränzenden Bergen
zu besetzen. Sein Heer zählte gegen 20000 Mann, und bestand aus Lakedämoniern, Periöken, Bundesgenossen und
5000 Söldnern. Der kriegserfahrne König nahm hier eine
zur Vertheidigung wie zum Angriff gleich gut geeignete Stellung. Den linken Flügel derselben, auf dem Berge Evas,
bildete sein Bruder Eukleidas mit den Periöken und Bundesgenossen; Kleomenes selbst mit den Lakedämoniern und den
Söldnern besetzte den Olympos auf seinem rechten Flügel,
und in der Mitte stellte er in der kleinen Ebene zu beiden
Seiten der Strafse seine Reuterei nebst einem Theile der
Söldner auf (¹²). Die ganze Linie wurde noch mit Wall und
Graben verschanzt.

Bald rückte Antigonos aus Argolis, wo er überwintert
hatte, durch Arkadien gegen Lakonika heran; sein Heer
zählte 27600 Mann Fufsvolk und 1200 Reuter. Ungehindert
kam er bis in das Oenusthal, als er aber die vortheilhafte
Stellung des Feindes sah, trug er Bedenken ihn anzugreifen,
und lagerte sich in geringem Abstande hinter dem Flusse Gor-

(¹¹) Polyb. 2, 65, 6: Κλεομένης – – τὰς ἄλλας τὰς εἰς τὴν χώραν εἰσβο-
λὰς ἠσφαλίσατο φυλακαῖς καὶ τάφροις καὶ δένδρων ἐκκοπαῖς.

(¹²) Polyb. ebend. §. 8: Δύο λόφων ἐπ' αὐτῆς τῆς εἰσόδου κειμένων, τὸν
μὲν Εὔαν, τὸν δ' ἕτερον Ὄλυμπον καλεῖσθαι συμβαίνει. τῆς δ' ὁδοῦ μεταξὺ τούτων
παρὰ τὸν Οἰνοῦντα ποταμὸν φερούσης εἰς τὴν Σπάρτην, ὁ μὲν Κλεομένης, τῶν προ-
ειρημένων λόφων συνάμφω τάφρον καὶ χάρακα προβαλόμενος, ἐπὶ μὲν τὸν Εὔαν
ἔταξε τοὺς παροίκους καὶ συμμάχους, ἐφ' ὧν ἐπέστησε τὸν ἀδελφὸν Εὐκλείδαν·
αὐτὸς δὲ τὸν Ὄλυμπον κατεῖχε μετὰ Λακεδαιμονίων καὶ τῶν μισθοφόρων. ἐν δὲ
ταῖς ἐπιπέδοις παρὰ τὸν ποταμὸν ἐφ' ἑκάτερα τῆς ὁδοῦ τοὺς ἱππεῖς μετὰ μέρους
τινὸς τῶν μισθοφόρων παρενέβαλεν. κ.

gylos am Fufse des Evas (¹³). Nachdem man sich so einige
Tage beobachtet hatte, ohne dafs es dem Antigonos gelang,
seinen Gegner zu einer Blofsstellung zu verlocken, beschlofs
man von beiden Seiten die Schlacht zu liefern (¹⁴). Der Makedonische König ordnete sein Heer den Umständen entsprechend. Er setzte dreitausend Makedonische Peltasten (¹⁵)
nebst dem gröfseren Theile seiner Hülfstruppen, Illyrier,
Akarnanen, Kréter und Achäer, auf seinem rechten Flügel
dem Eukleidás entgegen; seine Reuterei nebst tausend Achäern und ebenso vielen Mégalopóliten stellte er in der kleinen
Ebene auf, und er selbst mit der Makedonischen Phalanx und
dreitausend Söldnern nahm den linken Flügel ein, um den
Kleomenes und die Lakedämonier in ihrer Stellung auf dem
Olympos anzugreifen. Das Gefecht begann am Evas. Die
Illyrier und Akarnanen, die schon seit der Nacht im Bette
des Gorgylos am Fufse des Berges aufgestellt waren (¹⁶), fin-
gen an die Höhe zu ersteigen, ohne in der Front auf Widerstand zu stofsen; denn Eukleidas beging den Fehler, dafs er,
statt ihnen entgegenzugehen und durch das höhere Terrain
unterstützt sie zurückzudrängen, ihren Angriff ruhig auf der
Höhe abwartete. Die leichten Truppen des Kleomenes freilich,
als sie die Illyrier und Akarnanen den Berg hinansteigen sahen, griffen sie im Rücken und in ihrer entblöfsten lin-

(¹³) Polyb. 2, 66, 1: (Antigonos) ϛρατοπεδεύσας ἐν βραχεῖ διαϛήματι,
καὶ λαβὼν πρόβλημα τὸν Γόργυλον καλούμενον ποταμόν. Vgl. ebendas. §. 10:
die Illyrier, die den Berg Evas angreifen, προσηρτημέναι ἦσαν νυκτὸς ἐν
τῷ Γοργύλῳ ποταμῷ, πρὸς αὐτῇ τῇ τοῦ λόφου ῥίζῃ.

(¹⁴) Τέλος ἐξ ὁμολόγου διὰ μάχης ἀμφότεροι προέθεντο κρίνειν τὰς πράξεις.

(¹⁵) Die χαλκάσπιδες τῶν Μακεδόνων (Polyb. 2, 66, 5) scheinen dieselben zu seyn, welche der Geschichtschreiber oben (65, 2) Μακεδόνας
πελταϛὰς τρισχιλίους genannt.

(¹⁶) Polyb. 2, 66, 10; vgl. oben Anm. 13. Dieser Umstand erscheint auch, nur in einer etwas anderen Fassung, in der Erzählung
des Plut. Kleom. 28: Ἀντιγόνου τοὺς Ἰλλυριοὺς καὶ τοὺς Ἀκαρνᾶνας ἐκπερι-
ελθεῖν κρύφα κελεύσαντος καὶ κυκλώσασθαι θάτερον κέρας u. s. w.

ken Flanke an, und brachten sie in Verwirrung; und leicht
hätte sich der Sieg hier für die Lakedämonier entscheiden
können, wenn Eukleidas jetzt vorgerückt wäre, um die schon
erschütterte feindliche Colonne den Berg hinabzustürzen. Allein während er noch zauderte, erkannte ein Achäischer Jüngling, damals noch ohne Ruhm und Namen, den aber die Natur zum grofsen Feldherrn bestimmt hatte, das Entscheidende
des Augenblicks, und gab durch seinen raschen Muth den
Ausschlag zu Gunsten der Makedonen. Dieser Jüngling war
Philopömen von Megalopolis, der im Centrum in der Ebene
bei seinen Landsleuten stand. Er machte die Makedonischen
Befehlshaber aufmerksam auf das, was jetzt geschehen müsse;
und da diese den Rath des unbekannten Jünglings verlach-
ten, warf er selbst, ohne Befehl abzuwarten, sich auf die feindliche Reuterei, seine Landsleute mit sich fortreifsend ([17]). Als
die leichten Truppen des Kleomenes dies neue Gefecht in ihrem Rücken gewahrten, liefsen sie von den Illyriern ab, um
ihren Reutern Hülfe zu leisten und eine Durchbrechung ih-

____

([17]) Aus der Erzählung des Polybios geht mit grofser Klarheit
hervor, dafs Philopömen mit den Reutern die feindliche Reuterei angriff (2, 67): Φιλοποίμην - - - ἐνέβαλε τοῖς πολεμίοις τολμηρῶς. οὗ γενομένου,
ταχέως οἱ προσκείμενοι μισθοφόροι κατ᾽ οὐρὰν τοῖς προβαίνουσιν, ἀκούσαντες τῆς
κραυγῆς καὶ συνιδόντες τὴν τῶν ἱππέων συμπλοκὴν, ἀφέμενοι τῶν προκειμένων, ἀνέ-
τρεχον εἰς τὰς ἐξ ἀρχῆς τάξεις καὶ προσέβαλλον ταῖς παρ᾽ αὐτῶν ἱππεῦσι. Vgl.
ebend. 69, 1 und 6. In diesem Reutergefechte fiel das Pferd des
Philopömen, und als er nichts desto weniger zu Fufse weiter kämpfte,
durchbohrte ihm ein Wurfspiefs beide Schenkel (Polyb. 2, 69, 2).
Geschmückter, aber unwahrscheinlicher, erzählt Plutarchos (Philop.
6) den Hergang. Er läfst den Philopömen die leichten Truppen
(ψιλοί) der Lakedämonier, welche die Illyrier in den Rücken gefafst
hatten, unmittelbar mit der Reuterei angreifen; und weil der Bio-
graph denn doch selbst fühlen mochte, dafs an den rauhen Abhängen des Evas (πρὸς χωρία σκολιὰ καὶ μετὰ ρείθρων καὶ φαράγγων) Reuterei
nicht gut vorwärts kommt, läfst er den jungen Ritter freiwillig ab-
sitzen und so verwundet werden. Der Darstellung des Plutarchos
nähert sich die des Pausanias (8, 49, 4). Jedenfalls aber entschied
Philopömen die Schlacht, und wurde von Antigonos dafür belobt.

res Centrums zu verhindern. Dadurch bekam der rechte
Makedonische Flügel wieder Luft, erstieg den Berg vollends,
und warf mit leichter Mühe den Eukleidas aus seiner Stellung. Eukleidas selbst blieb im Gefechte; seine geschlage-
nen Truppen wurden in wilder Flucht über die steilen Abhänge der entgegengesetzten Seite des Evas hinuntergesprengt.
Die Niederlage des linken Flügels der Lakedämonier war
vollständig, der Weg nach Sparta stand fortan dem Feinde
offen.

Während dies am Evas und in der Ebene geschah, war
auch auf dem Olympos, wo die Könige sich gegenüber standen, der Kampf bereits entbrannt. Anfangs liefsen sie nur
die Söldner und die leichten Truppen mit einander plänkeln;
die beiderseitige Phalanx blieb in ihrer Stellung und schaute
dem Gefechte zu. Als aber Kleomenes seinen linken Flügel
geschlagen und seine Reuterei im Centrum im Begriffe sah,
ebenfalls zu weichen, beschlofs er den letzten Entscheidungs-
kampf, öffnete seine Verschanzungen, und führte seine Hauptmacht dem Feinde entgegen. Mit grofser Gewalt trafen die
Phalanxe auf einander, und eine Weile schwankte das Gefecht hin und her; zuletzt siegte die Makedonische Phalanx
durch ihre Überzahl und durch ihre Überlegenheit in der
Kriegsübung. Die Reihen der Lakedämonier wurden durch-
brochen; von sechstausend Mann sollen nur zweihundert das
Schlachtfeld verlassen haben ([18]); Kleomenes selbst mit wenigen Reutern entkam durch schnelle Flucht nach Sparta,
und eilte sogleich weiter nach Gytheion, um sich nach Ägypten einzuschiffen. Antigonos aber, Herr des Schlachtfeldes
und der Engpässe, marschirte sogleich auf Sellasia, welches
er zerstörte und plünderte ([19]), und weiter auf Sparta. Die
Stadt, ohne König und von Vertheidigern entblöfst, ergab

([18]) Plut. Kleom. 28.

([19]) Pausan. 2, 9, 2. 3, 10, 9.

sich ihm nach kurzem Widerstande ([20]), und wurde mit grofser Milde und Schonung behandelt. Schon nach wenigen Tagen trat der Sieger den Rückmarsch nach Makedonien an, um sein eigenes Reich gegen die Einfälle der feindlichen Illyrier zu schützen.

Diese kurze Darstellung des Herganges jener merkwürdigen und folgenreichen Schlacht wird genügen, um die Identität der oben beschriebenen Örtlichkeiten mit dem Schlachtfelde von Sellasia darzuthun. Erstlich giebt es in dem ganzen Thale des Oenus nur diese Ebene, wo Reuterei sich entwickeln und ein Treffen liefern kann. Ferner wird auch die Lage des Berges Evas auf eine unzweifelhafte Weise durch den Flufs Gorgylos bestimmt, welcher in dem Bache, der eine kleine Strecke südlich vom Khan des Krevatàs in die Ebene eintritt, nicht zu verkennen ist. Aus der Festsetzung dieser beiden Puncte aber ergiebt sich alles Übrige. Es ist zu verwundern, dafs Leake ([21]) sich über diese Lage so sehr hat irren können, dafs er Sellasia beim Kloster Vierzigheiligen (Ἅγιοι Σαράντα) und das Schlachtfeld in einer engen Schlucht nordöstlich von diesem Kloster ansetzt, wo kaum ein beladenes Maulthier durchkommen kann, und wo nie eine grofse Heerstrafse durchgeführt hat. Er hätte sich nur erinnern dürfen, dafs Sellasia an dem grofsen Wege von Sparta nach Tegea und Argos lag ([22]).

Folgen wir jetzt Antigonos nach Sellasia. Vom Schlachtfelde steigt der Weg südwärts den Berg hinan, und läfst nach einer Viertelstunde eine kleine Ruine zur Linken, welche bei

---

([20]) Polyb. 2, 70, 1: Ἀντίγονος ἐγκρατὴς γενόμενος ἐξ ἐφόδου τῆς Σπάρτης. Auch bei Plut. Kleom. 30: ἐξ ἐφόδου: Paus. 2, 9, 2: αὐτὴ Λακεδαίμων ἑάλω. Also fand doch einiger Widerstand statt.

([21]) Morea II, p. 526 folgg.

([22]) Plut. Kleom. 23: ἐξῆγον τὴν δύναμιν ἐπὶ τὴν Σελλασίαν, ὡς τὴν Ἀργολικὴν κακουργήσων. Xenoph. Hell. 6, 5, 27. Diodor. 15, 64. Liv. 34, 28. Pausan. 3, 10, 9 (κατὰ τὴν λεωφόρον).

den Bauern Paläogula (ἡ Παλαιογαῦλα) heifst, und auf unserm
Kärtchen angegeben worden ist. Die Reste ihrer Mauern
sind unzweifelhaft von Hellenischer Bauart, ihr Umfang aber
nur klein; im Innern finden sich, wie gewöhnlich, nur einige
Fundamente und viele Scherben von Vasen und Ziegeln. Ich
kenne keinen alten Namen, der diesem Paläokastron zugetheilt werden könnte; vielleicht war es nur ein provisorischer,
Zufluchtsort für die Bewohner von Sellasia zu einer der Epo-
chen, wo ihre Stadt zerstört war, oder sonst ein von ihnen
abhängiger Flecken.

Die Ruinen von Sellasia liegen noch eine halbe Stunde
jenseit Paläogula, auf dem Gipfel des Berges, welcher eine
ziemlich ausgedehnte Fläche bildet. Der Berg ist mit Ausnahme der Seite, wo der Weg heraufführt, schwer zu ersteigen, und gegen den Oenus hin, der seinen Fuſs auf der Ostseite bespült, fast ganz unzugänglich. Von der Ringmauer
der Stadt sind die Fundamente und einige Steinschichten,
noch in ihrem ganzen Umfange von einer halben Stunde erhalten. Sie haben zehn bis eilf Fuſs Englisch in der Breite,
und bestehen aus irregulären, aber nur kleinen Steinen von
Kalkschiefer; vielleicht war der obere Theil der Mauer nur
aus Backsteinen (πλίνθος ὠμή) aufgeführt. Die Thürme sind
meistens rund, zum Theil auch viereckig. Die nördliche klei-

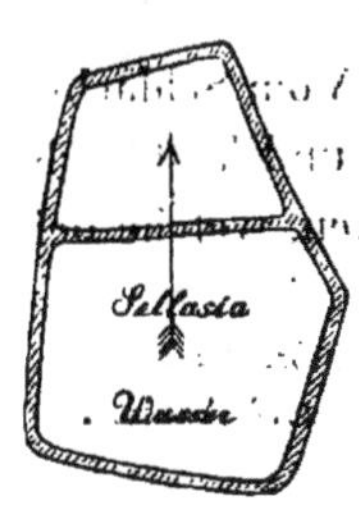

nere Hälfte der Stadt war von der südlichen,
niedriger gelegenen durch eine Quermauer
geschieden; sey es, dafs sie eine Art Akropolis bildete, oder dafs die Stadt in der letzten Epoche ihrer Existenz sich auf diesen
kleineren Raum beschränkt hatte. Im Innern sieht man nur wenige Fundamente von
Häusern und gar keine Marmorstücke. Mit
Wasser war Sellasia, ungeachtet seiner hohen Lage, wohl versehen; man hört in der S. W. Ecke der
Umwallung, wenn man das Ohr auf den Boden legt, einen

unterirdischen Bach rauschen, der einige hundert Fuſs weiter
unten beim Khan von Vurlià als Quelle wieder zum Vorschein kommt. Das Wasser kann nur aus einem entfernten
und hochgelegenen Reservoir kommen, und durch seinen
Druck zwischen den Schieferschichten bis hierher gehoben
werden.

Die Stadt beherrscht von solcher Höhe (831 Meter) eine
weite Aussicht auf die Kette des Taygeton, auf das Eurotasthal und gegen Norden auf die Pässe der Skiritis, durch welche die feindlichen Heere gegen Sparta heranrücken muſsten.
Durch diese Lage über der Heerstraſse war Sellasia daher
dem Schicksale ausgesetzt, bei jedem feindlichen Einfalle zuerst zu leiden. Sie wurde von den Thebäern bei ihrem ersten Einfall in Lakonika geplündert und verbrannt ([23]); und
weil sich damals die Einwohner, gleich andern Periöken, hatten verleiten lassen, zum Feinde überzugehen ([24]), wurde die
Stadt vier Jahre später von den Lakedämoniern selbst unter
Mitwirkung eines von Dionysios dem Jüngern gesandten
Hülfscorps wieder eingenommen und zerstört ([25]). Endlich
erlitt Sellasia dasselbe Loos zum dritten Male nach der Niederlage des Kleomenes, wie oben bereits erzählt worden ist.
Seitdem wurde der Ort nicht wieder aufgebaut; Pausanias
fand ihn noch in Ruinen. Was den Namen betrifft, so würde
er vielleicht richtiger Selasia (von σέλας) geschrieben; wenigstens wird er mit dem Namen der Artemis Selasia in Verbin-
dung gebracht ([26]), welche leicht hier auf dem weithin leuch-

---

([23]) Xenoph. Hell. 6, 5, 27: Τὴν Σελλασίαν ἔκαιον καὶ ἐπόρθουν.

([24]) Ders. ebend. §. 25. Diod. 15, 64: Ἡ πρώτη μερὶς τῶν Βοιωτῶν
ἴσην τὴν πορείαν ἐποιήσατο ἐπὶ τὴν Σελλασίαν καλουμένην πόλιν, καὶ τοὺς τῇδε
κατοικοῦντας ἀπέςησε τῶν Λακεδαιμονίων.

([25]) Xenoph. Hell. 7, 4, 12: (Timokrates, der Feldherr des Dionysios) συνεξαιρεῖ αὐτοῖς τὴν Σελλασίαν.

([26]) Hesych. u. Σελασία· Ἄρτεμις. Ders. u. Σελασία· τόπος τῆς Λακωνικῆς, ὅθεν εἰκὸς κληθῆναι τὴν Ἄρτεμιν. Nur hätte Hesychios den letzten
Satz umkehren sollen.

tenden Berge seit früher Zeit ein Heiligthum gehabt haben mag.

Der heutige Weg nach Sparta läfst Sellasia zur Linken, zieht sich über den Khan von Vurliá den Berg hinunter, und passirt den Eurotas fast eine Stunde oberhalb Sparta vermittelst einer hochgewölbten Brücke, τοῦ Κοπάνου τὸ γεφύρι genannt. Der Brücke gegenüber, noch auf dem linken Ufer, sieht man eine künstlich behauene Felswand und andere Spuren einer alten Bauanlage. War hier das Heiligthum des Apollon Pythaeus am Berge Thornax ([27])? Es scheint mir aber wahrscheinlicher, dafs die alte Strafse näher an Sellasia und zwar auf der Ostseite vorüberführte, von hier den südlichen Abhang des Berges Thornax gegen Kokkino Malli hinunterstieg, wo in der Ebene ([28]) das Heiligthum des Apollon Pythaeus gelegen war, dann den Oenus unweit seiner Mündung in den Eurotas noch einmal passirte, und so fortwährend auf dem linken Ufer des grofsen Flusses blieb, bis zu der Brücke, die von Sparta nach Therapne führte ([29]). Allein die letzteren Puncte können nur im Zusammenhange mit der Topographie von Sparta ihre Erledigung finden.

Als ich im April 1834 Sellasia zum zweiten Male besuchte, stieg ich westwärts über das weinreiche Dorf Vurliá an dem Eurotas hinunter. In einer Schlucht hinter dem Dorfe fand ich die ansehnlichen Ruinen eines mittelalterlichen Schlosses. Von dort erstieg ich zwei kegelförmige

---

([27]) Paus. 3, 10, 10. Herodot. 1, 69. Steph. u. Θόρναξ. Vgl. Paus. 8, 27, 11.

([28]) Xenoph. Hell. 6, 5, 27: Ἐπεὶ δὲ ἐν τῷ πεδίῳ ἐγένοντο ἐν τῷ τεμένει τοῦ Ἀπόλλωνος, ἐνταῦθα ἐστρατοπεδεύσαντο. Folglich kann das Heiligthum nicht an der jetzigen Brücke des Kopanos gelegen seyn, wo kein Platz zu einem Lager ist.

([29]) Xenoph. ebend. Paus. 3, 19, 7. Liv. 34, 28. Polyb. 5, 18. Ob die Βαβύκα? (Plut. Lykurg. 6. Pelop. 16).

Höhen noch auf dem linken Ufer des Flusses, auf denen
zwei Capellen des H. Joannes und des H. Demetrios liegen, allein ich fand auch dort keine alte Reste. Am westlichen Fuſse dieser Hügel entspringt in erstaunlicher Wasserfülle eine reiche Quelle (κεφαλόβρυσις) und ein wenig
weiter nördlich eine ähnliche, welche zusammen das sogenannte Vivari (Fischteich, ἰχθυοτροφεῖον) bilden, und dann
in den Eurotas fallen. Sie werden von Einigen für einen
der unterirdischen Abflüsse der Taka in der Manthurischen
Ebene bei Tegea gehalten ([30]). Wenn man hier den Eurotas passirt, so findet man auf seinem rechten Ufer an den
Hügeln noch Spuren einer Wasserleitung, die das Wasser
jener Quellen nach Sparta geführt zu haben scheint, und
von der zur Rechten des Weges von Kopanu Gephyri nach
Sparta in den Seitenthälern noch mehre hohe gemauerte
Bogen zu sehen sind.

([30]) Vgl. oben III, Anm. 11.

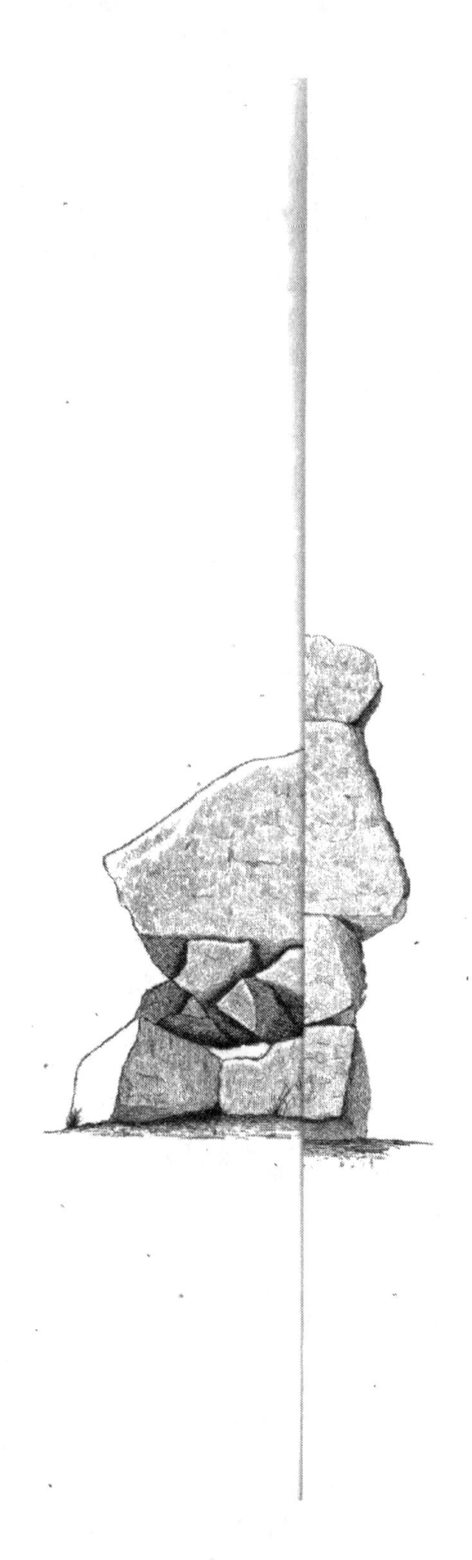

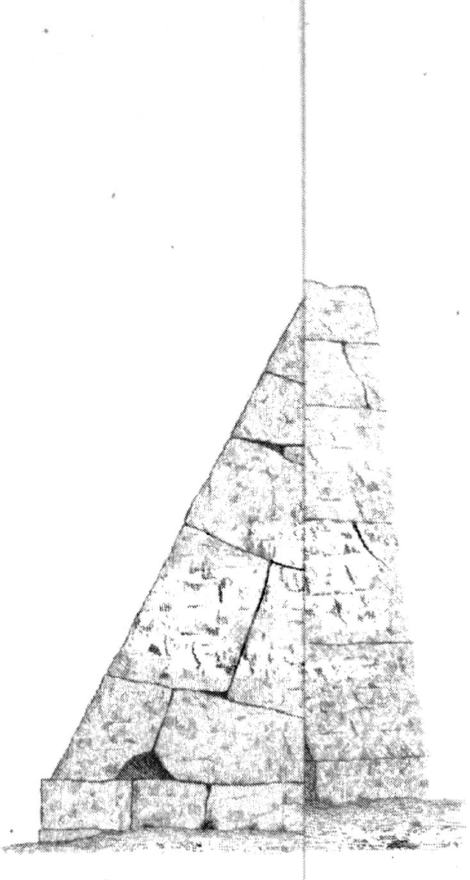

E

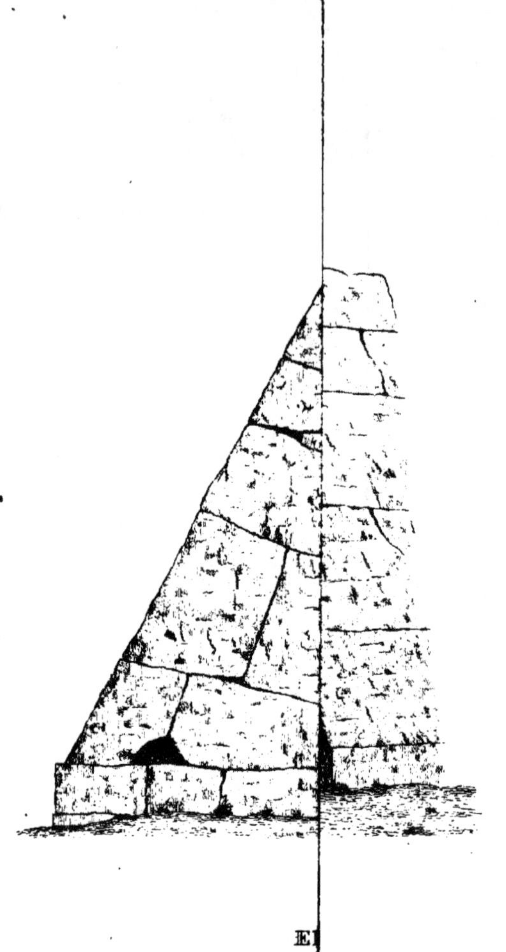

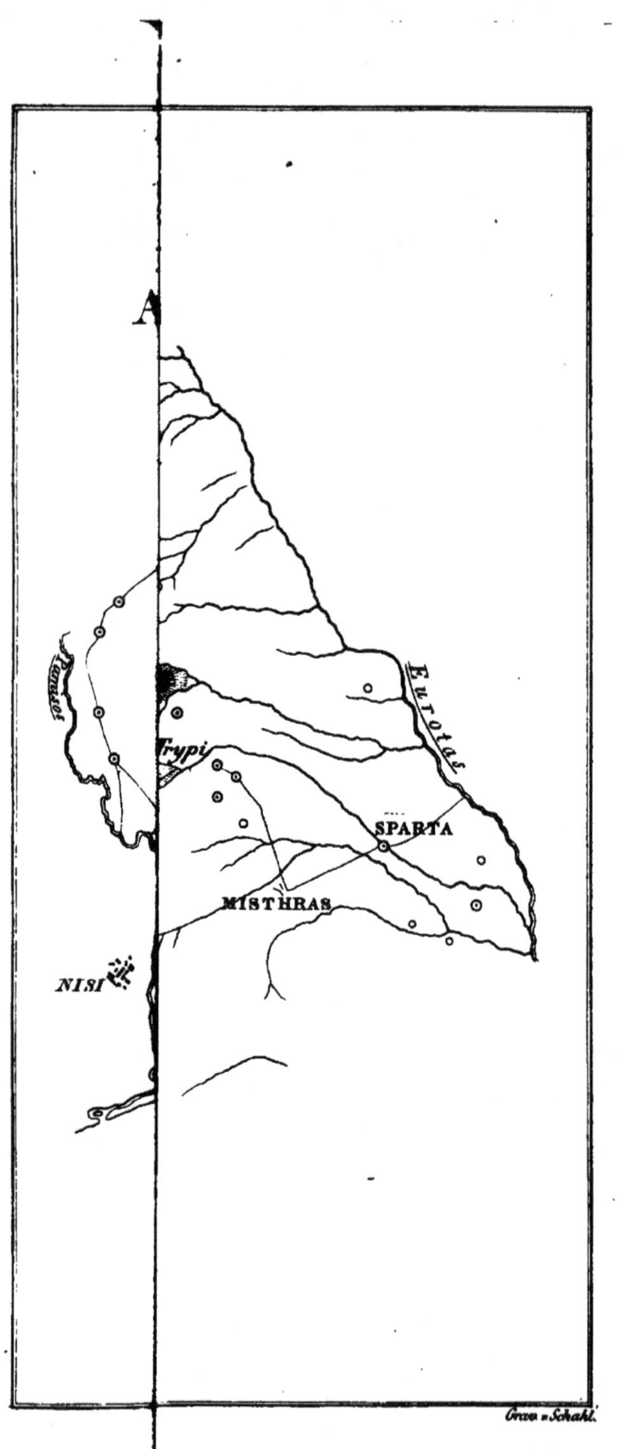

A
Pamisos
Trypi
Eurotas
SPARTA
MISTHRAS
NISI
Grav. v. Schahl.

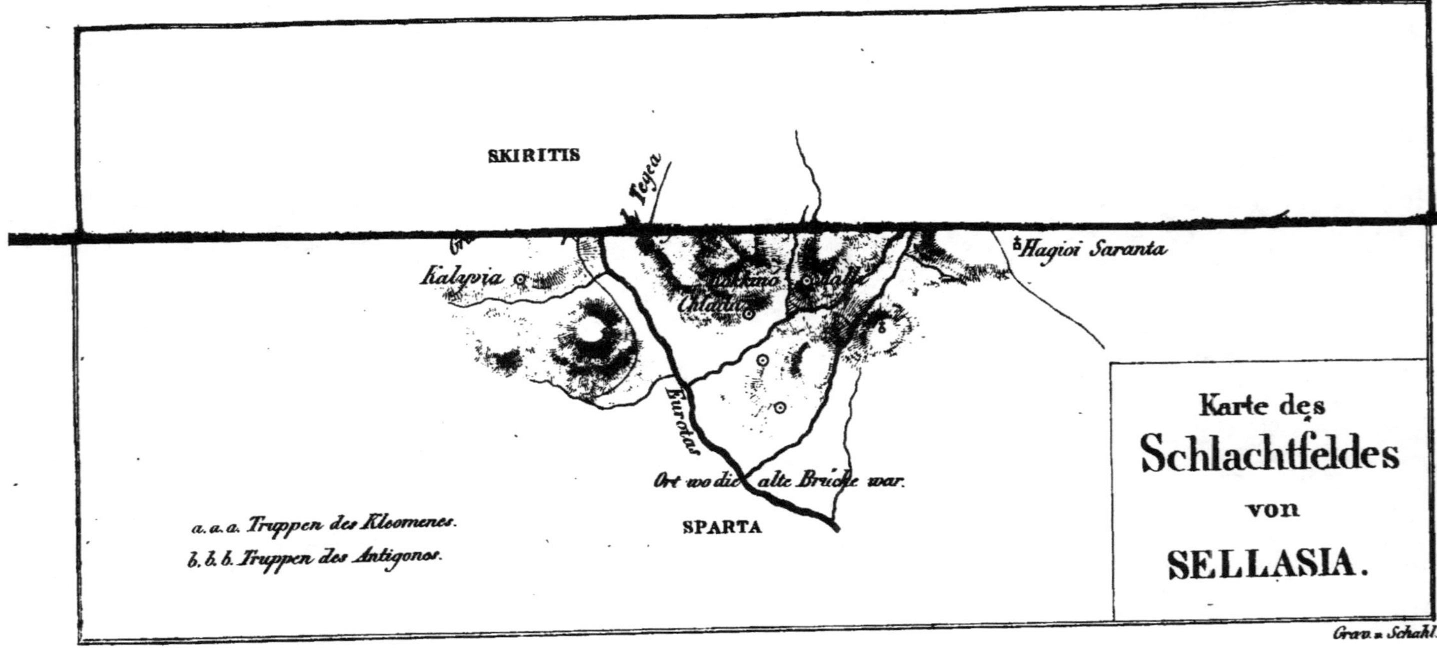

SKIRITIS
Tegea
Hagioi Saranta
Kalyvia
Palaiokastro
Olaria
Eurotas
Ort wo die alte Brücke war.
SPARTA
a. a. a. Truppen des Kleomenes.
b. b. b. Truppen des Antigonos.
Karte des
Schlachtfeldes
von
SELLASIA.
Grav. v. Schahl.